Küche und Staat

Politik der Frauen

Herausgegeben von
Frigga Haug und Kornelia Hauser

Argument-Sonderband AS 180

Reihe Frauenformen

Wir untersuchen, wie Frauen sich in unseren Verhältnissen vergesellschaften. Die beiden Worte Frauen und Formen setzten wir zu einem Begriff zusammen, der es uns erlauben soll, verschiedene theoretische Einsichten zusammenzubauen. Er ist Anspielung an Sèves Kategorie der *Individualitätsform* und verweist damit auf die fertigen Formen, die die einzelnen Individuen in jeder Epoche vorfinden, und in die hinein sie ihre Persönlichkeiten entfalten können und müssen. Damit sind die eigenen Aktivitäten ebenso einbezogen in die Untersuchung wie die Bedingungen, die die einzelnen ergreifen: *Formierung* ebenso wie Selbst*formung*. Zugleich transportiert der Begriff noch eine Zusatzbedeutung: Frauenformen, das sind auch diese Idealmaße, in die die Frauen sich zwängen, körperlich ebenso wie seelisch, es sind die Idealisierungen und ihre Wirklichkeiten und zugleich die Träume und Hoffnungen von Selbstverwirklichung.

Frauenformen 1: Alltagsgeschichten und Entwurf einer Theorie weiblicher Sozialisation (AS 45)

Frauenformen 2: Sexualisierung der Körper (AS 90)

Subjekt Frau. Kritische Psychologie der Frauen (Bd. 1, AS 117)

Der Widerspenstigen Lähmung. Kritische Psychologie der Frauen (Bd. 2, AS 130)

Küche und Staat. Politik der Frauen (AS 180)

Argument-Verlagsbüro: Rentzelstraße 1, 2000 Hamburg 13, 040/45 60 18
Argument-Redaktion: Onkel-Tom-Straße 64a, 1000 Berlin 37, 030/813 50 24
Umschlag: Johannes Nawrath unter Verwendung eines Bildes von Kwang-Ja Yang
PC-Texterfassung durch die Autorinnen
Konvertierung: Fotosatz Barbara Steinhardt, West-Berlin
Druck: alfa-Druck, Göttingen

CIP-Titelaufnahme der Deutschen Bibliothek
Küche und Staat : Politik d. Frauen / hrsg. von Frigga Haug u. Kornelia Hauser
1.-3. Tsd. — Hamburg : Argument-Verl., 1988
(Das Argument : Argument-Sonderband ; AS 180 : Reihe Frauenformen)
ISBN 3-88619-180-X
NE: Haug, Frigga [Hrsg.]; Das Argument / Argument-Sonderband

Inhalt

Statt einer Einleitung

Kurz bevor wir dieses Buch beendeten, beschloß der SPD-Parteitag die Quotierung von Mandaten: 25 % sollen den Frauen bis 1990 gehören, 40 % ab 1998. Die liberale Presse wertete den Beschluß als eine nachträgliche Korrektur der Wirklichkeit; so gab sie zu verstehen, daß die Machtlosigkeit der Frauen schon lange überwunden sei: »Die wirkliche gesellschaftliche Revolution der vergangenen beiden Jahrzehnte haben die Frauen ausgelöst« (Zeit, 9.9.1988). Die Konservativ-Nationalen diskutierten Demokratie-Probleme, nachdem sie deutlich gemacht hatten, daß »die Vorkämpferinnen der Quote selbst ... auf die Quote am wenigsten angewiesen« wären (FAZ, 8.9.88). Wenn — so die Aussage — Wollen und Können ineinsfallen, Leistungsbereitschaft und Leistung, dann muß über ihre Belohnung nicht gesprochen werden, sie tritt automatisch ein. Wenn dem nachgeholfen werden muß, kann das nur Kompetenz- und Leistungslosigkeit nach oben spülen — in die »politische Elite« (ebd.). Nach den Überlegungen, ob nicht »Alter, Berufsstand, Herkunft« (ebd.) ebenfalls als mögliche Kriterien gelten könnten, wird vermeintliches Zagen dadurch, daß die Früchte weiblicher Machtausübung höher gehängt werden, zur gewichtigen Frage: »Im politischen Streit aber gilt die Frage als berechtigt und ernst zu nehmen, ob Frauen eine andere Politik betreiben als Männer — und nichts anderes verbirgt sich hinter der von den SPD-Frauen vereinnahmten Parteitagslosung 'Fortschritt nur mit uns'.« (Ebd.)

Auch unter Frauen ist noch nicht eindeutig ausgemacht, wie die neue Lage zu werten ist. Emma-Kolumnistin C.Filter hält sich beim Hinhören auf dem Parteitag lieber an Männer und zitiert ein angeblich belauschtes Gespräch: »'Paß auf, Josef, gleich wird mit dem Schwanz abgestimmt.' — 'Für so 'nen Quatsch pack ich meinen nicht aus.' — 'Wie, bist du etwa nicht für die Quotierung?' — 'Nein, Karl, aber die geht trotzdem durch.'« (Bielefelder Stadtblatt 37/88)

Die eingeführte neue Ordnung ist zunächst nur eine Chance, die ihre feministischen Möglichkeiten noch zeigen muß. So wie die begonnene Institutionalisierung von Frauenforschung noch kaum sichtbar die Forschung veränderte, weil die verbesserten (äußeren) Rahmenbedingungen nicht »automatisch« in Befreiungsabsicht genutzt werden, so wenig hat die Quotierung *unmittelbar* schon Befreiung zur Folge. Aber der Kampf um sie zeigt schon jetzt Erschütterungen im Gesamtgefüge gesicherter Herrschaft.

1. *Das Vorhaben dieses Bandes*

In diesen neuen Sicherheiten und Unsicherheiten werden unsere Fragen noch dringlicher. Wie begreifen wir das Verhältnis von Persönlichem und Politischem, von Küche und Staat? Sollen Frauen in die parlamentarische Politik und wenn ja, wie kommen sie da hinein — strukturell und als Persönlichkeiten? Arbeit, Politik, Kultur und individuelle Vergesellschaftung sind gegeneinander abgeschottete Bereiche mit eigenen staatlichen, institutionellen und individuellen Zuständigkeiten. Wer über Politik spricht, schweigt zumeist über die Möglichkeiten, politische *Kompetenzen* zu erlangen. Kultur ist Spaß, Politik Ernst. Die komplizierten Delegationen von Aufgaben und Notwendigkeiten der Regulierung einer Gesellschaft verwischen politische Inkompetenzen, machen sie auch erträglich.

Die Trennung in Bereiche und ihre Delegation an Berufspolitiker, Wissenschaftler (Psychologen, Soziologen, Politologen), an den Staat und seine Apparate (Recht, Justiz, Schule und sonstige Erziehungsstätten) und eigene Kulturinstitutionen bedeutet für die einzelnen, daß es in ihrer Verantwortung und in selbst ergriffenen Möglichkeiten liegt, daran teilzuhaben oder nicht. Für Frauen hatte das bisher die Folge, daß sie ausgeschlossen waren aus derartigen Regelungsmöglichkeiten und/oder — so sie zur Bewegung zählten — den Zugang gar nicht selbst erkämpfen wollten, etwa mit der Begründung, daß innerhalb solcher männlich dominierten Hierarchien keine feministische Politik zu machen sei. Die Kämpfe darum begannen schon in der Französischen Revolution und sind — wie die aktuelle Quotierungsdebatte zeigt — keineswegs abgeschlossen.

2. *Die Themen*

Wir wollen Bereichstrennungen in ihrem Zusammenhang untersuchen. Es geht uns darum, sowohl tatsächliche Frauen-Politik und Politik von Frauen zu studieren, als auch der Frage nachzugehen, wie Frauen »politisch« werden, welche Möglichkeiten und Verhinderungen in ihrem Vergesellschaftungsprozeß auszumachen sind, welche »Stützpunkte« brachliegen und ungenutzt blieben.

Der Bereich der Kultur (oder besser: die kulturellen Aspekte) erhält darin — auch durch die Praxen der Frauenbewegung — einen besonderen Platz: die kulturellen Kämpfe bestimmten in den letzten Jahren die Aktivitäten der Frauenbewegung (gegen Kleiderordnung, Sexismus, für separate Zentren, eigene Lebensformen). Diese Art, sich widerständig zu bewegen, ist auch ein Grund dafür, daß die Frauenfragen im Sozio-Kulturellen versickerten. Ihre politische Artikulation übernahmen die Rechten ebenso wie die übrigen Parteien. Kulturelle Vernetzungen sind politisch zersetzt worden. Um sie zu verstetigen, braucht es politisch-organisatorische Antworten und Perspektiven.

Wir untersuchten »große Begriffe« der Politik auf ihre Bedeutung im Vergesellschaftungsprozeß: Interesse und Verantwortung. Wir lasen Rosa Luxemburg noch einmal und fanden bei der bedeutenden theoretisch orientierten Politikerin Handwerkszeug, mit dem wir jetzt und hier in die politische Landschaft eingreifen, »revolutionäre Realpolitik« betreiben können. In der Frauenbewegung wird seit fast zehn Jahren über die Beteiligung der Frauen bei der Wiederherstellung der Herrschaftsverhältnisse diskutiert. Wir prüften, ob und wie das Interesse an den individuellen Aktivitäten die Aufmerksamkeit gegenüber den gesellschaftlichen Rahmenbedingungen zerstreute. Berufsverbot für die MitgliederInnen einer Partei braucht Verarbeitungsweisen, aus denen gelernt werden kann. Wir fanden im Verhältnis von Parteiform und Staat selbst die Verhinderungen der Erfahrungs-Arbeit. Schließlich konkretisiert sich das Politische nicht zuletzt auch im Arbeitsbereich. Stützpunkte und Behinderungen von Frauenteilhabe an den neuen Produktionsbedingungen herauszuarbeiten, ist notwendiger Bestandteil einer Perspektive, die die gesellschaftlichen Verhältnisse so umgestalten möchte, daß alle Bereiche von allen herrschaftsfrei und also gemeinschaftlich geregelt werden können.

Bielefeld und Hamburg
im September 1988

Kornelia Hauser
Frigga Haug

Frigga Haug

Rosa Luxemburg und die Politik der Frauen

Rosa Luxemburg wurde im Jahre 1871 als fünftes Kind einer jüdischen Holzhändlerfamilie in Polen geboren. Sie besuchte ein Mädchengymnasium in Warschau und arbeitete schon während ihrer Schulzeit in der illegalen polnischen Arbeiterbewegung. Noch nicht ganz achtzehn-

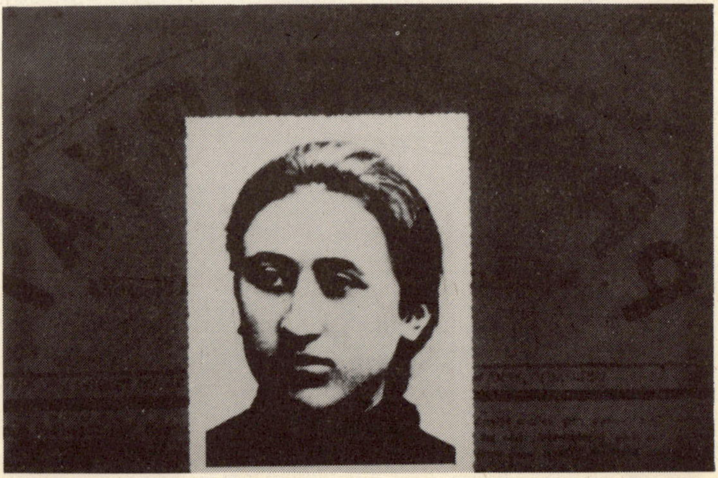

jährig floh sie als politisch Verfolgte in die Schweiz. Hier studierte sie Naturwissenschaften, Mathematik, Staatswissenschaften, Nationalökonomie und promovierte 1897 mit 26 Jahren über die industrielle Entwicklung Polens. Ein Jahr später ging sie nach Berlin, um in der Deutschen Sozialdemokratie mitzuarbeiten. Noch im Exil gab sie zusammen mit Leo Jogiches, Julian Marchlewski und Adolf Warski die erste polnische sozialdemokratische Zeitung heraus — sie war damals 22 Jahre alt. Ihr erster wichtiger Eingriff in die deutsche Sozialdemokratie war die Schrift gegen Bernsteins *Sozialreform und Revolution*, die sie im Alter von 27 Jahren verfaßte.

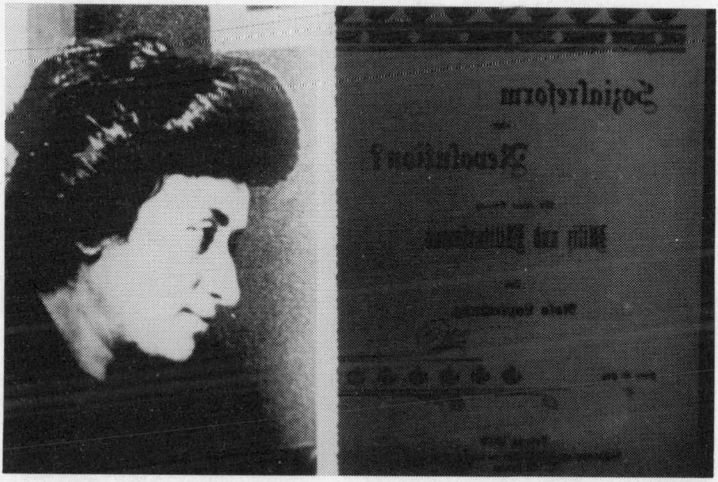

Zehn Jahre lang vertrat sie die Sozialdemokratien Litauens und Polens im Internationalen Sozialistischen Büro in Brüssel. Sieben Jahre lang lehrte sie an der Parteischule in Berlin. Im Jahre 1919 wurde sie in Berlin von Regierungstruppen festgenommen und mit der — wie Lelio Basso es formulierte — wohlwollenden Unterstützung, wenn nicht gar auf direkte Anordnung der Sozialdemokratie ermordet.[1] Sie war 48 Jahre alt. Der Mörder wurde freigesprochen.

Wenn wir uns nicht selbst befreien, bleibt es für uns ohne Folgen (Peter Weiss)

Was können wir von Rosa Luxemburg für unsere Frage nach einer eingreifenden Politik von Frauen lernen? 1902 schrieb sie in der Leipziger Volkszeitung:

»Auch in ihr (der Sozialdemokratie; F.H.) politisches und geistiges Leben müßte mit der politischen Emanzipation der Frauen ein starker frischer Wind hineinwehen, der die Stickluft des jetzigen philisterhaften Familienlebens vertreiben würde, das so unverkennbar auch auf unsere Parteimitglieder, Arbeiter wie Führer, abfärbt.« (Bd. 1/2, 185)

Damals ging es zunächst ums Frauenstimmrecht. Heute streiten wir um die Quotierung und immer noch darum, die gleiche Stickluft zu vertreiben, die so unverkennbar die männlichen Vertreter der Parteien umweht, die Politik in einem Maße bürokratisiert und in einen Nebel persönlicher Vorteile hüllt, daß jede kämpferische Orientierung verlorengeht. Wenn Frauen die Parlamente, Parteispitzen, Gewerkschaftsführung besetzen ebenso wie alle anderen öffentlichen Bereiche der Gesellschaft, dann müßte es — so hoffen wir trotz aller kritischen Einsicht in viele Unzulänglichkeiten unseres Geschlechts — möglich sein, eine andere Politik zu machen: näher an den Bedürfnissen der Menschen, weniger technokratisch, herzlos, verschwenderisch, kriegerisch. Hinter solchen Vorstellungen steckt nicht der Gedanke, daß Frauen »von Natur« aus warmherzige, weiche, freundliche und friedliche Menschen seien — im Gegensatz zum anderen Geschlecht —, unsere Hoffnung auf die Frauendimension in der Politik stammt aus der Analyse der geschlechtlichen Arbeitsteilung. Diese beruht auf der Abspaltung eines Bereichs von Tätigkeiten aus der gesamtgesellschaftlichen Arbeit zu Profitzwecken — die Lohn- oder Erwerbsarbeit — und deren dominanter Zuweisung an Männer; aus der Überlassung aller übrigen Tätigkeiten — vornehmlich der Hege und Pflege der Menschen selber — an Frauen zur unentgeltlichen, aber durch Erwerbsmänner geschützten Wahrnehmung; und der weiteren Abspaltung der Regelung dieses so geteilten Gemeinwesens in einen Bereich professionalisierter Politik gegen Entgelt und daher wiederum in eine Domäne für Männer. In diesem Zusammenhang dachten wir, Frauen in der offiziellen Politik könnten nicht nur die Erfahrungen aus den konkreten Bereichen ihrer Zuständigkeit einbringen und so das Politische aus den Höhen von Paragraphen und lebensfeindlichen Entschlüssen herunterholen; ihr Einzug in diese Männerdomäne würde auch die Struktur der Arbeitsteilung auf eine Weise durcheinanderbringen, daß die allgemeine Reproduktion von Herrschaft und Unterdrückung nicht in gleicher Weise sicher ablaufen könnte. Um solche Gedanken mit konkretem Leben zu füllen, wollten wir[2] u.a. Rosa Luxemburg studieren — die Art ihrer politischen Eingriffe.

In der Frauenbewegung tauchte ihr Name bis vor wenigen Jahren kaum auf. Sie fiel unter das Verdikt der vermännlichten Frauen, also einer Gestalt, die alles Weibliche verleugnen mußte, sich anpaßte an eine Männerwelt, um in ihr überhaupt zurechtzukommen. Wo immer Frauen in der Geschichte hervorragen, fallen sie im Grunde unter dieses Urteil — die Frauen in der Bewegung suchten die Stärken der Frauen in ihrer spezifischen Schwäche und Unterlegenheit, nicht in ihrem Auftauchen in den Männergalerien gesellschaftlicher Bedeutung.[3] Diese Logik ist nachvollziehbar und doch steckt in unserer Vorstellung von einer anderen, von Frauen gemachten Politik hier und heute auch die Annahme, daß jede Frau, die tatsächlich politisch eingreift, also nicht bloß eine Repräsentationsfigur in vorhandenen Strukturen ist, diese historische Arbeitsteilung der Geschlechter auf eine Weise durchbricht, daß die Bereichstrennung so nicht mehr stimmen kann. Sei es, daß sie unsere Bilder verändert, die wir uns als Frauen von der Welt machen, sei es, daß ihre eigenen Bilder von der Ordnung der Welt die Frauenbereiche einbeziehen. In dieser Weise also wollten wir Rosa Luxemburg lesen.

Natürlich war unsere Wahl nicht zufällig. Wir wollen Rosa Luxemburg als Theoretikerin und Kämpferin für Befreiung der Menschen nicht einfach den Annalen einer männlichen Arbeiterbewegung und ihrer Geschichtsschreibung überlassen. Und wir wollten eine feministisch-politische Aktualität an ihr entdecken, so dies möglich war.

Rezeption

Rosa Luxemburg hatte in meiner eigenen politischen Sozialisation in den Jahren vor der Studentenbewegung keine Rolle gespielt. Wir hatten gerade begonnen, die marxistischen Klassiker für uns zu entdecken; als Frauen kamen wir bis zu Bebel. In der schnell wachsenden Frauenbewegung war die Abkehr vom gerade erst gefundenen Marxismus so vehement, daß unsere Festhalteversuche sich an den gewohnten Klassikern orientierten. Eine Frage wie die, ob die Frau Rosa Luxemburg einem sozialistischen Feminismus etwas geben könne, hätte uns in jeder Weise überfordert. Als Sozialistinnen »wußten« wir, daß sie theoretisch nicht viel geleistet hatte, daß sie die »Massen überschätzte« und die »Partei unterschätzte«. Als Feministinnen »wußten« wir, daß sie nichts für die Frauen getan hatte. Ihr Ruf war schlecht und wir hatten ohnehin zu viel zu lesen und zu erarbeiten. So sparten wir uns diese 11 Bücher ihrer gesammelten Schriften, Reden und Briefe.

Mit der Anfang der achtziger Jahre einsetzenden Rezeption Gramscis in der Linken und mit der großen Geschichte der »Ästhetik des Widerstands« von Peter Weiss kam Bewegung auch um Rosa Luxemburg. An vielen Orten in der gesamten Welt — auch in China, Japan — gab es Kongresse und Initiativen und schließlich die Gründung eines internationalen Komitees für die Rosa-Luxemburg-Studien in Zürich 1980. Die Themen: Imperialismus, Frieden, Reformismus zeigen die Aktualität Luxemburgs, aber immer noch keinen Bezug zu den Frauen und kein Echo aus ihrer Bewegung.[4]

Im übrigen scheint die Diskussion um die Perestrojka, in der eine ganze Reihe von Luxemburgforderungen Wirklichkeit werden, wiederum eine neue, abwehrende Rezeption Luxemburgs hervorzurufen. Das neue Buch von Giselher Schmidt (1988)[5], welches voller »freischwebender Platitüden« steckt, erhielt eine wohlwollende Rezension in der FAZ (8.8.1988), die eine Schulung in den alten Waffen des Patriarchats ist. Demnach hat Luxemburg »ein mädchenhaft fröhliches Wesen«, ist »körperlich benachteiligt«, führt sich als »jugendlichen Star« in die SPD ein, sagt »hübsch klingende« Sachen und eben »freischwebende Platitüden« und »erliegt« schließlich der »Verführung«, indem sie »intellektuelle Erfüllung« bei Marx findet. Damit gerät freilich ihre »innere Welt« mehr und mehr aus dem Gleichgewicht.

1982 veröffentlichte Raya Dunayewskaya[6] ihr Buch *Rosa Luxemburg, Women's Liberation and Marx's Philosophy of Revolution* in den USA, das allerdings hierzulande meines Wissens kaum rezipiert wurde. Sie empfiehlt den Feministinnen insbesondere die Gedanken zur Organisationsfrage bei Rosa Luxemburg zu studieren und die Revolution so wie sie als mehrstufigen Prozeß zu sehen, nicht nur als Überwindung von Altem, sondern auch als Aufbau von Neuem. Dafür brauche es die vielfältige Bewegung der Frauen und die persönliche Betroffenheit von Politik. Wichtiger aber noch ist ihr die Person Rosa Luxemburg als mögliches Ideal von Frauenbefreiung. Gerade, daß sie sich einer Eingrenzung auf die Frauenfrage widersetzte und statt dessen im Sprechen und Schreiben die gewöhnlichen Grenzen des Weiblichen überschritt, scheint ihr Luxemburg als Modell für Frauenbefreiung auszuzeichnen. Sie berichtet begeistert, daß Rosa Luxemburg schon mit 26 Jahren als leidenschaftliche Rednerin öffentlich auftrat, daß sie wegen eines politischen Dissenses mit ihrem Gefährten brach und also unabhängig urteilte und lebte, und widerspricht den Interpretationen üblicher männlicher Luxemburg-Biographen (etwa Nettl 1966), denen zufolge die Jahre nach der Trennung von ihrem Lebensgefährten Jogiches »verlorene Jahre« waren; sie zeigt vielmehr, daß Luxemburg in eben dieser Zeit ihre wichtigsten politischen Auseinandersetzungen führte, ihre bedeutendsten Schriften verfaßte und zudem einzige Lehrende in der Parteischule war. Die Frauenbefreiung, so lautet Dunayewskayas These, beginnt dort, wo Frauen sich öffentlich zu Wort melden und in dieser Weise die Grenzen des Weiblichen doppelt überschreiten.

Der Gedanke an politische Vorbilder war für uns zunächst ungewöhnlich, da wir in einer so ausschließlich männlich besetzten Öffentlichkeit aufgewachsen waren, daß das Fehlen von Frauen so wenig bemerkt wurde wie das Fehlen von Jungen in einer Mädchenschule. Das Studium der Rolle und Rezeption Rosa Luxemburgs in der Arbeiterbewegung jedoch stieß uns darauf, daß die Unsichtbarkeit von Frauen auch in diesem Bereich der politischen Vorbilder eine eigene kulturelle Tat war und ist, der wir entgegenarbeiten wollten. Rosa Luxemburg zu lesen wurde ein immer aufregenderes Unterfangen.

Margarethe von Trotta scheint in ihrem Luxemburg-Film ein ähnliches Ziel verfolgt zu haben. Überzeugend führt sie die *Haltung* Rosa Luxemburgs vor und entläßt auf diese Weise die Zuschauer in einer Aufbruchstimmung, in der Veränderungswille und eine fast atemlose Traurigkeit sich mischen. Sie zeigt sie als Revolutionärin, die von allem Lebendigen angerührt ist und von daher die Leidenschaft zu leben nimmt wie die Unerbittlichkeit, die es zum Verändern braucht. Das Eigentümliche an diesem Film ist, daß er Luxemburg immer wieder als Rednerin zeigt, ohne jedoch ihre Auffassungen, Theorie und Politik wirklich vorzuführen. Ebensogut hätte es in dieser Frage auch ein Stummfilm sein können.

In den Zeiten fortschreitender Naturzerstörung fiel die Lektüre der Luxemburg-Briefe auf fruchtbaren Boden. Ihre Freude an jeder Blume, die zärtliche Beschreibung der Vögel im Garten, ihre Liebe zur Katze waren eine einzige Aufforderung, die kämpferische Sozialistin Luxemburg in eine Frau zu verwandeln, die wunderbare weibliche Gefühle hatte, trotz aller kalten Rationalität. Wir waren von solcher Lektüre nicht unbeeindruckt. Doch störte uns, daß die große Menschlichkeit, die nun ihren Schriften (Briefen) zuerkannt wurde, sich in wenig von dem unterschied, was uns über die Jahrhunderte der Frauenunterdrückung als weiblich zugeschrieben wurde: die Liebe zur Natur, Gefühlsreichtum, die Liebe überhaupt bis hin zur Fähigkeit, solches in Briefen auszudrücken. Das Mißtrauen gegen solche Lesart hat die Auswahl unserer Lektüre mitbestimmt, d.h. die Briefe standen nicht im Zentrum unserer Arbeit.

Auch die in der Arbeiterbewegung tradierte Sicht, daß Rosa Luxemburg »theoretisch wenig geleistet« habe, beeinflußte unsere Text-Auswahl, wenn auch gegensätzlich.[7] Eine Frau, die fast die gesamte Zeit ihres Lebens in der täglichen Politik, in Reden und Versammlungen, beim Schreiben von Zeitungsartikeln verbringt, wollten wir an eben diesen Orten ihrer Taten studieren. Wir beschlossen also, uns nicht hauptsächlich auf ihr theoretisches Hauptwerk »Die Akkumulation des Kapitals« zu konzentrieren, sondern die vielen kleinen Schriften, Reden und Artikel ebenso in den Mittelpunkt unserer Arbeit zu rücken wie die einflußreichen »Junius-Thesen« und die Artikel zum Massenstreik.

Die Frau Rosa Luxemburg
Erste Lese-Erfahrungen — die Sprache

Die Sprache mutet uns einiges zu. Eigensinnig werden Worte benutzt, die uns zuwider sind. Militärische zunächst — da steht die Partei in *vorderster Front*, in *Reih und Glied*, *Mann für Mann* — und das, obwohl Luxemburg als leidenschaftliche Friedenskämpferin in unsere Geschichte einging. Als »Kämpferin«? Immerhin, wir gebrauchen sie auch, die kriegerischen Worte — aber nicht so häufig und nicht so unumwunden, scheint mir. In den Zeiten der Frauenbewegung sensibler geworden für die selbstverständlichen Männlichkeiten in der Sprache, wissen wir doch nicht, was an die Stelle der Herr/Knecht-Metapher zu setzen wäre. Wendet man sie, wie Rosa Luxemburg, so umstandslos auf das Proletariat an, welches sich zum »Herrn des eignen Schicksals« machen soll, werden unterderhand auf die gleiche Weise Frauen ausgeschlossen, wie dies durch die von Marx verwandte Sprache im *Kommunistischen Manifest* geschieht.[8] Aber damit nicht genug, hängt bei ihr »Die Zukunft der Kultur und der Menschheit ... davon ab, ob das Proletariat sein männliches Kampfschwert mit männlichem Entschluß in die Waagschale wirft.« (4, 62) Schreiben wir solchen Sprachgebrauch auf das Konto der Arbeiterbewegung, in der Luxemburg sich und Clara Zetkin einmal als die »einzigen Männer« bezeichnete?

Ihre Sprache ist im übrigen voller Bilder und scharfem Witz, der seine populäre Anziehungskraft häufig daraus gewinnt, daß Theorien, politische und wirtschaftliche Taten mit Worten und Szenen aus dem Haushalt oder sonstigen weiblichen Bereichen bezeichnet werden. Da gibt es »Hausmittel« der Staatskunst (4, 98); und »die Gesetzgebung und die Revolution sind also nicht verschiedene Methoden des geschichtlichen Fortschritts, die man in dem Geschichtsbüffet nach Belieben wie heiße Würstchen oder kalte Würstchen auswählen kann ...« (1/1, 428). Sie arbeitet mit Sprichwörtern, die sie zugleich in ihrer einfachen Richtigkeit wie ihrer herrschaftlichen Verwendung vorführt. Die Wendung z.B.: »Wenn das Haus brennt, muß man da nicht vor allem löschen, statt nach dem Schuldigen zu suchen, der den Brand angelegt hat?« (4, 132), diente nach ihrer Auffassung dazu, die Benutzung der Arbeiter »als Kanonenfutter« in den gesunden Menschenverstand zu pflanzen. Der österreichische Imperialismus tritt als »Zwillingsbruder« des deutschen auf und es geht für den letzteren darum, die »erzherzöglichen Leichen zu benutzen, solange sie frisch waren« (4, 105). Der Imperialismus wird weiter charakterisiert als einer, »wo sich Faden an Faden mit der Notwendigkeit eines Naturgesetzes knüpfte, bis das dichtmaschige Netz der imperialistischen Weltpolitik fünf Weltteile umstrickt hatte — ein gewaltiger historischer Komplex von Erscheinungen, deren Wurzeln in die Plutonischen Tiefen des ökonomischen Werdens hinabreichen, deren äußerste Zweige in die undeutlich heraufdämmernde neue Welt hinüberwinken.« (4, 137) Sie bevorzugt Metaphern aus dem Sexualitäts- und Fortpflanzungsbereich: in der Kritik an Bernstein scheint ihr die Sozialdemokratie »nicht als legitimes Kind der kapitalistischen Gesellschaft, sondern als Bastard der Reaktion« (1/1, 437), »Die Reservistenzüge werden nicht mehr vom lauten Jubel der nachstürzenden Jungfrauen begleitet ...«, statt dessen gibt es »Heiratsvermittlung für die Witwen der Gefallenen ...« (4, 52). Der wirtschaftliche wird mit dem sozialen Kampf »vermählt« (4, 54); und »die südrussischen Unternehmer, die Schoßkinder der Regierung, wissen auch, womit sie sich ihre Gunst zu weiteren Zollerhöhungen und allerlei Liebesgaben erhalten können ...« (1/1, 281). Solche bildhaften Verdichtungen, die sie zur Veranschaulichung von Zahlenmaterial oder von theoretischen Zusammenhängen benutzt, haben zum einen den großen Vorteil, die schwer zugänglichen Geschehnisse der Weltpolitik oder ihrer theoretischen Durchdringung unmittelbar in die Erfahrungswelt individueller Haushalte und ihrer Beweggründe zu holen. Das macht das Lesen lustvoll, Begreifen einfach. Zum anderen aber hat dieser Umgang mit Bildern aus der Frauenwelt den Effekt, daß von eben diesen Bereichen ansonsten überhaupt nicht die Rede ist, die Vorgänge dort als selbstverständlich vorausgesetzt werden. Welch stillschweigendes Einverständnis mit der Verurteilung des Opfers steckt zum Beispiel in jenem ungeheuerlichen Bild, das sie in der Verzweiflung nach dem ersten Weltkrieg schrieb:

»Geschändet, entehrt, im Blute watend, von Schmutz triefend — so steht die bürgerliche Gesellschaft da, so ist sie. Nicht wenn sie, geleckt und sittsam, Kultur, Philosophie und Ethik, Ordnung, Frieden und Rechtsstaat mimt — als reißende Bestie, als Hexensabbat der Anarchie, als Pesthauch für Kultur und Menschheit, so zeigt sie sich in ihrer wahren, nackten Gestalt.« (4, 53)

Befremdet im sprachlichen Zuhause suchten wir als erstes in den Schriften Rosa Luxemburgs nach Texten, die unmittelbar von Frauen handeln, an sie gerichtet sind. Es ist ja inzwischen allgemein bekannt, daß die Frauenbewegung für sie kein politischer Ort war, daß sie Frauenfragen weitgehend ihrer Genossin Clara Zetkin überließ. In seiner Dissertation arbeitete ein Autor z.B. (Niggemann 1981, 234)[9] heraus, daß nicht einer von Rosa Luxemburgs Beiträgen in Parteitagsdebatten zu Frauenfragen sprach. Wie aber steht es mit ihren Texten? Wir fanden insgesamt vier kleinere Schriften zum Internationalen Frauentag, zum Frauenwahlrecht und Klassenkampf, zu Frauen- und Kinderarbeit; sie umfassen 12 in einem Gesamtwerk von fast 4.000 Seiten.[10] Kein Zweifel: die Frauenfrage interessierte Rosa Luxemburg nicht. Die Durchführung ist auf den ersten Blick zudem so, wie traditionell aus der Arbeiterbewegung erwartet: da geht es um die Frauenerwerbsarbeit, die ganz im Gegensatz zu dem erfrischenden Eingangszitat über die stickige Familienluft und »die kümmerliche(n) Geistlosigkeit und Kleinlichkeit des häuslichen Waltens« an anderer Stelle (3, 164) wie üblich den Untergang der Familie beklagt:

»Über 50000 Frauen und Kinder des Volkes wurden im Laufe eines Jahres durch den eisernen Besen der Proletarisierung aus dem Familienheim auf den Arbeitsmarkt, den Markt der lebendigen Ware gefegt; mehr als 50000 Frauen und Kinder der Arbeiterklasse, die noch ein Jahr zuvor von dem Verdienste ihrer Männer und Väter leben konnten, werden nun auf der eigenen Hände Arbeit angewiesen sein ... sind Familienleben, Gesundheit, Sicherheit der Existenz nun zu leeren Worten geworden.«

Es folgen die bekannten Argumente, daß Frauenarbeit den Lohn der Männer senke, daß qualifizierte durch unqualifizierte (weibliche) Arbeit ersetzt werde bis hin zur Aufforderung zum Klassenkampf (1/1, 291f.).

Eine besonders lehrreiche und widersprüchliche Zumutung aber stellte für uns die Lektüre des kleinen Textes *Die Proletarierin* (3, 410ff.) dar.[11] Der Text wirkte auf uns unzeitgemäß, er gab uns trotz seines Pathos keine Möglichkeit zur Identifikation, ja, wir fanden die Wortwahl und die Bilder im Grunde frauenfeindlich. Ich zitiere einen Passus, der uns am meisten erregte:

»Für die besitzende bürgerliche Frau ist ihr Haus ihre Welt. Für die Proletarierin ist die ganze Welt ihr Haus, die Welt mit ihrem Leid und ihrer Freude, mit ihrer ganzen Grausamkeit und ihrer rauhen Größe. Die Proletarierin wandert mit dem Tunnelarbeiter aus Italien nach der Schweiz, kampiert in Baracken und trocknet trällernd ihre Säuglingswäsche neben Felsen, die mit Dynamitpatronen in die Luft fliegen. Als Saisonlandarbeiterin sitzt sie im Frühjahr im Lärm der Bahnhöfe auf ihrem bescheidenen Bündel, ein Tüchlein auf dem schlicht gescheitelten Kopfe, und wartet geduldig, um vom Osten nach dem Westen verladen zu werden. Auf dem Zwischendeck des Ozeandampfers wandert sie mit jeder Welle, die das Elend der Krise von Europa nach Amerika spült, in der buntsprachigen Menge hungernder Proletarier, um, wenn die rückläufige Welle einer amerikanischen Krise aufschäumt, nach der heimatlichen Misere Europas, zu neuen Hoffnungen und Enttäuschungen, zur neuen Jagd nach Arbeit und Brot zurückzukehren.«

Wir lasen diesen Text zunächst in der Suche nach einer Art Frauenleitbild. Das Gefundene ärgerte uns: In diesen proletarischen »Ideal«-Frauen, die »ein Tüchlein auf dem schlicht gescheitelten Kopfe«, »trällernd« und »geduldig«, also so brav, ungerührt und unanstößig sich in den elenden Bedingungen einzurichten verstehen, wollten wir uns nicht wiederfinden. Uns fehlten darin die frechen, die aufbegehrenden und wehrhaften Linien — die listigen Unruhestifterinnen und sabotagefreudigen politischen Strateginnen, willens, Sand ins Getriebe zu streuen und das Dynamit für andere Zwecke zu entwenden. Unsere Vorstellungen von Frauenpolitik waren darin nicht zu entdecken; statt dessen scheint umgekehrt als Tugend gefeiert zu werden, was einer Erkenntnis in der Frauenbewegung zufolge Frauenunterdrückung reproduziert: Die Geduld der Frauen ist die Macht der Männer.

Eine erste Irritation erfuhr unser Zorn, als wir entdeckten, daß diese besonders weiblichen Zuschreibungen, denen sie uns blindlings zu folgen schien, wie Geduld, Bescheidenheit und die abwartende Hoffnung, bei Luxemburg ebenso üblich für die männliche Arbeiterklasse verwendet werden. Hier macht sie also keinen Unterschied zwischen den Geschlechtern. Die Tugenden sind solche der Unterdrückten überhaupt. Wir wollten unseren unsicheren Ärger produktiv wenden und beauftragten eine von uns, die geschilderte Szene für uns umzuschreiben, also die von uns erwarteten Haltungen und Taten in die Figuren einzubauen. Das Ergebnis war lehrreich. Die Schilderung der Weltumstände war sehr düster ausgefallen, die Welt war unbewohnbar für unsere Proletarierin, deren größere Widerständigkeit dementsprechend hilflos wirkte. Wir fanden keine Brücke zwischen den von uns vorgestellten starken Frauen und der schlechten Welt. Kurz, was wir an Rosa Luxemburg vermißten, war eine radikale aber unpraktische Rhetorik. Es wurde klar, daß wir bei aller Kritik noch gar nicht herausgefunden hatten, was sie genau als Stärke der proletarischen Frauen vorführt, und wie sie dies tut.

Eine erneute Lektüre zeigt: Luxemburg beschreibt gar nicht, wer die Proletarierin ist, sondern sie zeigt in drei Situationen, wie sie sich in großen, internationalen, ja interkontinentalen Räumen bewegt. Die Orte haben keine besonderen Funktionen, vielmehr trifft die Proletarierin an jedem von ihnen mit gleich großer Wahrscheinlichkeit und

Selbstverständlichkeit auf »Leid und Freude«, »Hoffnungen und Enttäuschungen«. Heimat und Familie, die wir als Orte der Zuflucht gewohnt sind, tauchen so nicht auf; umgekehrt spielen Ausland und Öffentlichkeit nicht die Rolle, feindselige Fremde zu sein. Denn die Proletarierin ist überall gleichermaßen fremd und zu Hause. Wir kommen zu dem für uns jetzt doch überraschenden Ergebnis, daß Luxemburg in diesen wenigen Zeilen die Trennung des Privaten vom Öffentlichen überschreitet und die gewohnte Zuständigkeit gesellschaftlicher Instanzen wie Familie als Ort der Wärme, des Wohllebens und der Ruhe negiert. Statt dessen legt sie uns nahe: seid menschlich an jedem Ort in eurem Tun; und in eben der ganzen beschriebenen Geduld steckt zugleich doch die Aufforderung, nicht auf den anderen Ort, die andere Aufgehobenheit zu warten, sondern lebensbewußt und -freudig hier und jetzt zu sein, auf Bahnhöfen, Ozeandampfern, Sprengsätzen.

Die Ungeduld, die wir beim ersten Lesen ihrer proletarischen Frauen verspürten, richtet sich gegen uns selbst, die wir spontan etwas für sein Gegenteil lesen, Schwäche vermuten, wo von Stärke die Rede ist. Mit der zweiten Lektüre fühlen wir uns einverstanden. So stellten wir uns die Frage nach der Wirkung ihrer Worte in der politischen Agitation. Wir kamen zu dem Ergebnis, daß ihre Rede auch optimistische Züge trug, Ermunterung und Stärkung der Zuhörerinnen wahrscheinlich waren, wenngleich die Orte ihres Wirkens: Arbeit, Familie, Politik gar nicht explizit erörtert wurden.

Die Familie ist praktisch im zweiten Absatz ihrer Rede erledigt durch die Feststellung, daß der Kapitalismus die Frau aus ihr herausgerissen habe. In der hier noch erwähnten Trennung von öffentlichem und privatem Bereich erscheint die »häusliche Enge« gleichermaßen inakzeptabel wie das »Joch der gesellschaftlichen Produktion« (410). Im weiteren Text ist die Familie bereits überwunden und die Proletarierin wird allein über die Teilhabe am gesellschaftlichen Prozeß bestimmt, »in der das Weib erst zum Menschen wird« (411). Hier tritt sie gleich dem männlichen Proletarier als potentielles Subjekt einer gesamtgesellschaftlichen Emanzipation auf.

Die Politik wird am Ende des Textes genannt, wenn die Frauen »im politischen Leben durch ihre Betätigung auf *allen Gebieten* festen Fuß fassen« sollen (412). Luxemburg appelliert an die Selbsttätigkeit der Frauen für ihre Befreiung — nicht für die ihrer Männer oder Kinder. Und indem sie die Arbeiterfrau als »Ärmste der Armen« (413) kennzeichnet, sieht sie sie folgerichtig auch als »Vorkämpferin der Arbeiterklasse und zugleich des ganzen weiblichen Geschlechts« (410).

Wir sind es gewöhnt, daß Reden an Arbeiterinnen ihnen jedenfalls ihre zweifache Unterdrückung als Arbeiterin und als Frau vor Augen führen, um so ihre Empörung und womöglich kämpferische Auflehnung hervorzurufen. Nichts davon bei Rosa Luxemburg. In der Art, wie sie die Lage der Arbeiterinnen skizziert, ist ebensoviel Kritik wie zugleich damit Perspektivisches vorgeführt wird. Die Proletarierin hat kein eigenes Haus, aber ihr Haus ist die Welt. Sie hat keine Familie, sondern ihresgleichen; sie hat keine Muttersprache, sondern bewegt sich im bunten Sprachengemisch der Völker der Welt. Der Wohlstand der bürgerlichen Frauen ist zugleich die engende Fessel, die sie hält und bindet. Die Proletarierin in ihren Worten hat beides nicht. Daß sie losgerissen ist, macht, daß sie das andere Ufer erreichen kann. Insofern unterscheidet sich Luxemburgs Agitation radikal von der gewöhnlichen, die die Beschwörung des Elends für eine wirksame Befreiungskraft hält. Sie schreibt auch nicht umgekehrt so, als ob nichts als Stärke und vorwärtsstürmende Freude die Unterdrückten bewege. Sie zeigt statt dessen, daß es Dimensionen dessen sind, was wir gewöhnlich als Elend wahrnehmen, welches Hoffnung auf Befreiung birgt. Insofern sind ihre Reden auch Zumutungen an uns, weil sie uns zwingen, anders über das Elend und also anders über das uns heute erstrebenswerte Glück nachzudenken. Ihre Negation ist ins Öffentlich-Zukünftige gerichtet und überführt damit unseren spontanen Standpunkt der Kritik als einen, der seine Füße noch nicht über die Schwelle des privaten Heims nach draußen gelenkt hat. Insofern schreibt sie auch nicht populistisch, wie wir wegen ihres populären Gebrauchs von häuslichen und also spontane Zustimmung provozierenden Bildern zunächst angenommen hatten. Sie schreibt gegen die Einfühlung ins Hier und Jetzt, welches die Klage hervorruft. Dagegen sucht sie im Beklagenswerten das Zukünftige. Die Weise der Negation ist befremdlich — weil fremd, vertraut nur als Hoffnung. Indem sie die Hoffnung zugleich als Trauer des Losgerissenseins, des eben Nicht-zu-Hause-Seins vorführt, ist ihre Kritik wirklich radikal. Sie führt das Voranschreiten nicht als friedlichen Ringelreihen vor, sondern als das, was es ist, als Losreißen vom Gegenwärtigen. Die Kraft, die auf diese Weise in ihre Reden kommt, ist dabei auch eine, die absieht von den Widrigkeiten des Alltags, wofern nichts Zukünftiges in ihnen steckt. In dieser Weise entgeht ihr das Geschlechterverhältnis als Bestandteil der Produktionsverhältnisse geradezu systematisch.

Von daher zugleich aufgeregt und bekümmert über Rosa Luxemburgs Umgang mit der Frauenfrage können wir nachvollziehen, warum sie bis vor kurzem in den Annalen der feministischen Geschichtsschreibung kaum Berücksichtigung fand. Sie war keine Feministin. Wer aber war sie als Frau unter Sozialisten? Warum fand sie in der Ahnenreihe der sozialistischen Klassiker kaum mehr Beachtung als unter den neuen Feministinnen? Und weiter bleibt die Frage, was wir als sozialistische Feministinnen für Wissenschaft und Politik noch von ihr lernen können.

Worte in Bewegung: zweite Lese-Erfahrungen

Die männlich-militärischen Worte, die häufige eigenartige Verwendung von Frauenbildern sind nicht die einzigen Sprachhindernisse, die Luxemburg unseren Köpfen zumutet. Ohne Zeichen der Zurücknahme oder wenigstens des Zögerns stehen da Worte wie »Masse«, wie »Führer«, die zu gebrauchen uns unangenehm ist und die darum Abwehr erregen. Hinter dem Wort Masse stecken Ideologiepolitik mehrerer Jahrzehnte und damit Praxen der Vielen und unsere Gefühle/Haltungen. Masse, das sind zunächst immer die anderen — eine ungezielte Betriebsamkeit, ein großer Lärm. Wir wissen uns als Teil der Masse und können uns doch immer distanzieren, so wir von Masse sprechen. Das Aussprechen birgt ein Doppeltes. Indem wir uns distanzieren, nähern wir uns zugleich auf beängstigende Weise unserer Teilhabe an der Masse, müssen auch wir uns wahrnehmen als Moment, als Teil eines Gewimmels.

Gegen die Massenbewegungen in den ersten Jahrzehnten dieses Jahrhunderts trat eine neue Disziplin auf den Plan, die diese in den Massen liegenden Möglichkeiten erkunden sollte: die Massenpsychologie. Sie lehrte auch die Verachtung der Massen als ein Mittel für den einzelnen, sich jederzeit zu distanzieren. Insofern scheint das Tabu über die Verwendung des Massenbegriffs auch eine Form von Wiedergutmachung.

Rosa Luxemburg schreibt gegen unsere Sprachgewohnheiten, die sich darum offenbaren als eingemauerte Denkweisen. Masse — indem wir so nicht sprechen, bleibt der Gedanke doch. Masse, das sind die da unten, für die es Massenkultur gibt, die wir zu kritisieren gelernt haben als Verdummungsmachwerk und der wir uns selbst nur mit schlechtem Gewissen, gewissermaßen bigott hingeben; und Massenkonsum, der entpolitisiert und Massentourismus, der die schönen Sehnsüchte unserer Urlaubshoffnungen verwandelt in Massenhaftes eben. Unsere Sprechweisen kanalisieren unser Denken. Was verschweigen wir noch, wenn wir nicht mehr von Masse sprechen?

Über unser erstes Zögern hinweg lesen wir Luxemburgs Begeisterung für die Masse. Masse, das ist das Volk, wenn es in Bewegung ist, wenn es sich sammelt und zur Veränderung schreitet. Zur Masse gehören auch die Intellektuellen, die der Bewegung zur Sprache verhelfen. Die Masse braucht keine Führer, eben weil sie das politisch gewordene Volk ist. Das Wort ist selbst in Bewegung geraten. Indem es unmittelbar auf das Volk als tätiges, aufbrechendes verweist, entstehen Bilder von Menschen auf Kundgebungen, Demonstrationen, im Streik, und wir ertappen uns bei der Hoffnung, es möchten viele sein und mehr werden von Stunde zu Stunde. Zu den Bildern kommen Töne, Lieder — statt bloßer Lärm. Unsere Skepsis gegen die Masse als ein Wort für eine Menge, zu der wir nicht gehören wollten, und für das Verderben vormals erhabener Freuden hat sich gewendet. Ohne weitere Umstände fühlen wir uns selbst als Moment der Masse, aktiv, hoffend und in Bewegung.

Die Lehren über verdummendes Schweigen sind nicht die einzigen, die uns Luxemburgs Sprechweise erteilen. Auch andere Worte, die wir mit Ehrfurcht umgeben und so vor Reflexion schützen, geraten in Bewegung. Friede z.B. kann ein Wort für Imperialismus und Krieg sein. Und dies ist nicht einfach ein manipulatorischer Trick der Bourgeoisie. Selbst Friedenskonferenzen von Sozialisten werden zu Schwatzbuden, die den vernichtenden Schlag gegen den Frieden vorbereiten. Die Worte verlieren ihre Festigkeit. Sie haben aber eine feste Bedeutung in der Hoffnung der Völker, in der sozialistischen Perspektive. Bis dahin sind sie formbar und in jeder Anordnung von anderer Bedeutung. Moral, Ehre, Reichtum, Gewissen, Arbeiterschutz, Verteidigung — es ist fast gleichgültig, aus welchem Bereich die Worte stammen — sie geraten in einen wilden Tanz, dessen Figuren zu entziffern, Aufgabe der sozialistischen Intellektuellen wird. — In dieser Weise ist das Werk Rosa Luxemburgs auch eine Sprachschule bzw. ein Vorschlag, wie Sprache zu verwenden ist. Sie schreibt wie Brecht später vorschlug: ihre Worte sind wie Schneebälle, fest und doch jederzeit schmelzbar, in Bewegung, um fallengelassen zu werden, formbar, um benutzbar zu sein. Lassen wir uns erst ein auf diese Weise, mit Wörtern umzugehen, so werden wir vom Festland der unreflektierten Gewißheiten gezogen in den Strudel widerstreitender Interessen. Die atemlose Bewegung bleibt in unseren Köpfen. So wenn wir der »Friedensformel des Arbeiter- und Soldatenrats« »keine Annexionen, keine Entschädigungen, ein Friede aufgrund der Selbstbestimmung der Nationen« (4, 275) zustimmend folgen und in schneller Folge dahin geführt werden, daß diese Formel nicht bleibt wie sie ist, sondern »kraft der objektiven Sachlage und ihrer Logik ... den Interessen des Ententeimperialismus dient« (4, 276f.), »... und das russische Proletariat kämpft so im Grunde genommen, indem es für den allgemeinen Frieden kämpft, um den Strick für den eigenen Hals.« (4, 281) Die Sprache erteilt politische Lehren: indem die Worte in den verschiedenen Anordnungen nicht bleiben, wie sie zu sein scheinen, verraten sie uns etwas über Anordnungen, die unsere Sprechgewohnheiten leiten, bzw. sie stiften dazu an, uns beim Umgang mit Wörtern genauer zu beobachten. Darüber hinaus aber zeigt Luxemburg praktisch in jeder Problemstellung, daß es darum gehen muß, über die Anordnung zu bestimmen, nicht in ihr zu kämpfen, wenn wir nicht zu tragischen Spielbällen der alten Herrschaftsverhältnisse werden wollen oder schlimmer, denn jetzt bleibt nichts mehr wie es war: »Der internationale Sozialismus fungiert tatsächlich seit Ausbruch des Weltkrieges als der zuverlässigste Wächter der bürgerlichen Klassenherrschaft« (4, 289). Und in diesem Kontext benutzt sie Worte wie »treu«, »Verständigung« und »Friede«, die allesamt Wegbereiter für den Imperialismus und ein »Leichentuch« für die russische Revolution werden.

Und in der Krise verdichten sich ihre Worte zu ungeheuerlichen Bildern. Die Krise macht der prinzipienlosen Verwandlung aller Worte ein praktisches Ende. Die Gesellschaft zeigt sich, wie sie ist. »Der Schutzmann an der Straßenecke (wird) der einzige Repräsentant der Menschenwürde«, und »Das im August, im September verladene und patriotisch angehochte Kanonenfutter verwest in Belgien, in den Vogesen, in Masuren in Totenäckern, auf denen der Profit mächtig in die Halme schießt ...« (4, 52).

Ihre Worte sind mitreißend, ihre Argumentation so bewegend wie die Begriffe selber in Bewegung sind. Es ist diese Leidenschaft, die ihr politisches Engagement bis in die Theoriebildung bestimmt, welche neuerlich Frauen dazu gebracht hat, sie unter feministischen Gesichtspunkten neu zu lesen.[12]

Das Lebendige und das Tote

Irene Dölling nennt ihre Haltung und Schreibweise eine »politische und kulturelle Programmatik«, Mensch zu sein. Sie schreibt:

»Sie besaß die seltene Fähigkeit, die Welt mit scharfem analytischen Verstand zu sehen und zu beurteilen und sich diese Welt gleichzeitig und gleich stark emotional, mit allen Sinnen zu erschließen. Es ist diese Freude am Leben, das Vermögen, die kleinen Dinge des Lebens zu genießen, mit der Natur und der Kreatur eins zu sein, aus denen Luxemburg nicht nur die Kraft schöpfte, in den komplizierten Zeiten, den innerparteilichen Auseinandersetzungen und den Enttäuschungen über das Versagen der Sozialdemokratie 'fest und klar und heiter' zu bleiben.«[13]

Sie schlägt vor, Rosa Luxemburgs Liebe zur Natur, ihr (Mit-)Leiden mit der Kreatur als einen Quell ihres politischen Engagements und ihrer Widerstandskraft zu begreifen.

Christel Neusüß geht viel weiter.[14] Angesichts von Atomenergie, Umweltzerstörung und Gentechnologie versucht sie, die Ersetzung alles Lebendigen durch Männlich-Totes im abendländischen Denken zu rekonstruieren. Marx als der Erfinder des »Kopf-Hand-Baumeister-Modells« wird als eine Figur neu gelesen, die den toten Dingen, den von Menschen/Männern im Kopf erdachten und dann von Hand hergestellten vor allem Lebendigen-Weiblichen, vor Natur und Bauch historische Dominanz zuwies. So vergaß er das Wesentliche und ihm folgend setzte die Arbeiterbewegung dieses Werk einer patriarchalischen Denaturalisierung der Welt fort. In diesem Kontext liest sie Rosa Luxemburg neu. Ihr Fazit: »Ihr Blick auf die Gesellschaft ist der Blick einer Frau ...« (282) Wo sie hinblickt, sieht sie Gewalt. Sie rückt Rosa Luxemburg an die Seite des »Natürlichen«:

»Künstlich — natürlich, diese Gegenüberstellung findet sich schon in den frühesten Schriften ... Der soziale Entwicklungsprozeß ist keine Maschine, nicht vom Kopfe her nach genauem Plan konstruiert und demnach auch nicht wie eine Maschine kontrollierbar, ein- und ausstellbar, regulierbar und auch gar nicht machbar nach purem Kopfwillen und Plan irgendeines sogenannten Subjekts.« (331)

Und ein wenig später konkretisiert sie als Politikmodell:

»Ohne Lernen aus der Erfahrung gehe es nicht. Das könne die Partei den Massen nicht abnehmen ... Lernen können durch Erfahrung, gerade das unterscheidet ja die Menschen von den Tieren. Gerade deshalb kommen sie ja nackt und bloß, unwissend, hilflos aus dem Mutterleib. Gerade deshalb ist es ja auch notwendig, daß die Erwachsenen sich so lange um sie kümmern, und in der Regel sind das eben die Mütter.« (337)

Es ist ein Verdienst von Christel Neusüß, die Dimensionen des Lernens und der Erfahrung, der Verbindung zu den lebendigen Menschen aus dem Werk Rosa Luxemburgs herausgestellt und den Feministinnen zur Lektüre empfohlen zu haben. Der Hohn auf Parteiführungen, die Revolutionen bestimmen oder Klassenkampf abstellen wollen, Kampfformen diktieren und den Marxismus als eine dogmatische Doktrin mißbrauchen, statt als Ariadnefaden, der die Orientierung gibt, ist in allen Texten und Reden und zu allen Zeiten unübersehbar. So u.a.: »... große Volksbewegungen werden nicht mit technischen Rezepten aus der Tasche der Parteiinstanzen inszeniert« (4, 148). »Der 'bestvorbereitete' Massenstreik kann unter Umständen just, wenn ein Parteivorstand zu ihm 'das Signal' gibt, kläglich versagen oder nach einem ersten Anlauf platt zu Boden fallen. Ob große Volkskundgebungen und Massenaktionen, sei es in dieser oder jener Form, wirklich stattfinden, darüber entscheidet die ganze Menge ökonomischer, politischer und psychischer Faktoren, die jeweilige Spannung der Klassengegensätze, der Grad der Aufklärung, die Reife der Kampfstimmung der Massen, die unberechenbar sind und die keine Partei künstlich erzeugen kann.« (4, 149)

Aber die Hinwendung zu den sorgenden Müttern, die sich um die hilflosen unwissenden Kinder kümmern, hat mich verwirrt. Bei Luxemburg lernen die Massen, die Bewegung, die Klasse, die Partei. Über Kinder handelt sie nur im Zusammenhang mit Kinderarbeit. Da heißt es z.B. im von ihr geschriebenen Programm der neugegründeten KPD 1918/19 schlicht: »Beseitigung der Fabrikarbeit der Kinder in der heutigen Form. Vereinigung der Erziehung mit der materiellen Produktion usw.« (4, 488). Wir kennen diese Gedanken noch von Marx und den ersten Ausführungen zur polytechnischen Erziehung. Die Verschiebung von Rosa Luxemburg auf die Seite von Mutter und Kind, von Natur, Tradition und Bewahrung wird m.E. ermöglicht durch die Behauptung, die Entwicklung der Produktivkräfte sei ihr, bis auf ein bescheidenes Maß, ein »Horror« gewesen (Neusüß 282). »Begeisterungsrufe« über die Funktion des Weltmarkts bei der »Entwicklung der totalen Weltgesellschaft ... gehen ihr nicht über die Lippen.« (Ebd., 315) Neusüß belegt, wie heftig Rosa Luxemburg alles Gewalttätige, Zerstörende im Kapitalismus herausarbeitet und anprangert, und behauptet dann: »Die Fähigkeit zur Begeisterung über die in der Landschaft sehenswürdigen Resultate der Baumeistertätigkeit geht ihr völlig ab. Wunderwerke rufen bei ihr keine relevanten Gemütsregungen hervor.« (287) Das Gegenteil ist richtig. Und wenn das eine zutrifft, die Begeisterung für das Lebendige, für Menschen, Lernen, Erfahrung, Kultur, und das andere dennoch auch stimmt, eine ebensolche Begeisterung für die Baumeistertätigkeiten, den technischen Fortschritt, und wenn auch noch richtig ist, daß sie aufs schärfste die Gewalt und die Zerstörung geißelte, die der Kapitalismus und Imperialismus auf seinem Weg den Völkern brachte, dann, so müssen wir schließen, trifft für ihre Denk- und Arbeitsweise offenbar diese Logik des Entweder/Oder, künstlich oder natürlich, dafür oder dagegen nicht zu.

Ich möchte im folgenden Luxemburgs Begeisterung für die Produktivkraftentwicklung vorführen und damit eine Anknüpfung an Marx herausstellen, die ich in dieser Betonung und Dringlichkeit für eine weibliche Arbeitsweise halte, und von der wir für unsere eigne Vorgehensweise lernen können: die Logik der Krisen und Brüche[15].

Produktivkräfte und Krise

Zunächst zwei von einer Vielzahl von begeisterten Wendungen über die Entwicklung der Produktivkräfte. Ich nehme ausdrücklich ganz konkrete Beispiele aus technologischen Projekten, über die wir heute in jedem Fall auch dann problematisierender sprechen würden, wenn wir ansonsten Gutes von der Produktivkraftentwicklung erhofften: Schaffung von Wasserstraßen und Eisenbahnlinien.

»Einstweilen sind die beiden Riesenunternehmungen (Wasserkonstruktionen in Nordamerika; F.H.) Kinder ganz platter kommerzieller und kriegerischer Interessen, sie werden aber ihre Schöpferin — die kapitalistische Wirtschaft — überdauern. Sie zeigen auch wiederum, welche kolossalen Produktivkräfte im Schoße unserer Gesellschaft schlummern und welchen Aufschwung der Fortschritt und die Kultur nehmen werden, wenn sie einmal die Fesseln des kapitalistischen Interesses losgeworden sind.« (1/1, 283)

»Auf die bürgerliche Welt können die großen Verkehrsmittel (Eisenbahnlinien; F.H.), wie alles, was sie schafft, am Ende nur zerstörend wirken. Aber für den allgemeinen Kulturfortschritt sind sie von enormem und bleibenden Wert.« (1/1, 287f.)

Die Aussagen sind eindeutig. Technologische Entwicklung tritt auf als Fortschritt und im Kontext von Kultur, die es zu bewahren gilt, als Wert in einer anderen Gesellschaft. Rosa Luxemburg macht offensichtlich ernst mit dem von Marx herausgearbeiteten Widerspruch von Produktivkräften und Produktionsverhältnissen. Im Schoße der bürgerlichen Gesellschaft, so heißt es bei Marx, reifen die Produktivkräfte heran, die die Form sprengen werden, in der sie hervorgebracht wurden. Was Luxemburg von anderen Theoretikern der Arbeiterbewegung trennt, ist nicht die Absage an den technischen Fortschritt — im Gegenteil; es ist die radikale Anwendung des Marxschen Widerspruchsdenkens auf den Zustand der bürgerlichen Gesellschaft. Was diese an Produktivkräften entwickelt, sind in ihr und für sie zugleich Destruktivkräfte. Ihre Unvereinbarkeit mit den alten Formen zeigen sich unmittelbar und in dieser Weise vor allem auch für die in ihnen lebenden Gesellschaftsmitglieder, allen voran die Arbeiter selbst und die kolonisierten Völker. Von daher sieht Luxemburg Gewalt und Zerstörung als Wegbegleiter eben jener Kräfte, die in einer anderen höheren Form der Gesellschaft kulturellen Wert haben. Und sie sieht sehr scharf, daß solch widersprüchliche Verhältnisse zerreißend wirken auf die Arbeitenden selber.

»Es ist klar, daß, was die Technik der Produktion betrifft, das Interesse des (einzelnen) Kapitalisten mit dem Fortschritt und der Entwicklung der kapitalistischen Wirtschaft vollkommen zusammenfällt. Es ist die eigene Not, die ihn zu technischen Verbesserungen anspornt. Die Stellung des einzelnen Arbeiters hingegen ist gerade entgegengesetzt: Jede technische Umwälzung widerstreitet den Interessen der direkt dadurch berührten Arbeiter und verschlechtert ihre unmittelbare Lage, indem sie die Arbeitskraft entwertet. Insofern sich die Gewerkschaft in die technische Seite der Produktion einmischen kann, kann sie offenbar nur im letzteren Sinne, d.h. im Sinne der direkt interessierten einzelnen Arbeitergruppen handeln, d.h. sich Neuerungen widersetzen. In diesem Fall handelt sie aber nicht im Interesse der Arbeiterklasse im Ganzen und ihrer Emanzipation, das vielmehr mit dem technischen Fortschritt, d.h. mit dem Interesse des einzelnen Kapitalisten übereinstimmt, sondern gerade entgegengesetzt, im Sinne der Reaktion.« (1/1, 390)

In dieser Situation, in der die Kapitalisten zunächst spontan mit dem Fortschritt verbunden sind, die Arbeitenden auf seiten der beharrenden Kräfte stehen, entwickelt sie ihre schwierige und zugleich mitreißende Agitation und sozialistische Politik. Sie muß gegen das Kapital schreiten und zugleich mit ihm und gegen die spontanen Arbeiterinteressen und leidenschaftlich für die Interessen der Arbeitenden. Dabei geht sie keinesfalls von analytisch bestimmten falschen Interessen der Arbeitenden aus, um dann die richtigen von oben zu diktieren. Sie ruft statt dessen das Volk an, als säße es an der Regierung. Ihre Aufrufe sind konkret gegen den Staat gerichtet und arbeiten langfristig an der Übernahme der politischen Macht durch das Volk. Jeder Schritt konkreter alltäglicher Politik geht in diese Richtung.

Sie knüpft mit dieser scharfen Bewußtheit der Widersprüche in unserer Gesellschaft an eine tragende Figur in Marx' Schriften an, die ich aber sonst nirgends und schon gar nicht in dieser Schärfe wieder aufgenommen fand. Marx beschreibt z.B. das Elend in der Fabrik. Das ist vielfach nachvollzogen und wurde geradezu zu einem Kanon in der Industriesoziologie. Er kennzeichnet die Arbeiter mit den schrecklichsten Attributen, als verroht, verkümmert, geschunden, vereinseitigt, moralisch verkommen etc. Dann springt er offenbar und baut auf eben diese Geschöpfe die Hoffnung der Veränderung — Revolution und sozialistische Perspektive. Das Bindeglied zwischen dem Elend und der Hoffnung ist ein Bruch, eine Krise. Dabei sind unsere Gefühle spontan auf seiten des Alten, der Hindernisse gegen die neue Gesellschaft. Man vergleiche etwa das berühmte Zitat aus dem *Kommunistischen Manifest*:

»Alle festen eingerosteten Verhältnisse mit ihrem Gefolge von altehrwürdigen Vorstellungen und Anschauungen werden aufgelöst, alle neugebildeten veralten, ehe sie verknöchern können. Alles Ständische und Stehende verdampft, alles Heilige wird entweiht, und die Menschen sind endlich gezwungen, ihre Lebensstellung, ihre gegenseitigen Beziehungen mit nüchternen Augen zu sehen.« (MEW 4, 465)

Trotz des eindeutig negativen Umfelds sind es doch Altehrwürdiges, Festes, Stehendes, Heiliges, deren Untergang wir feiern sollen. Im Kapital sind es die Fertigkeiten, das Geheimnis, das Spezialistenwissen, welche auf der Seite des Unterganges stehen. In diesem Wirbel sind unsere spontanen Gefühle auf seiten des Alten, und die wissenschaftliche Durchdringung wird Voraussetzung für die Arbeit mit den Gefühlen. Dabei muß doch auch auf Erfahrung gesetzt werden, die eben das Heilige als ideologisch zu verabschieden bereit ist.

Diese Figur wird von Rosa Luxemburg weitergeführt. Sie benutzt die sprachlichen Figuren aus diesem Kontext immer wieder zur eindringlichen Darstellung der Kriegskatastrophe und der Krisenbewegung. So heißt es etwa in dem kleinen Text »Trümmer« (1914):

Aber jeder Krieg vernichtet nicht nur leibliche Güter, nicht bloß materielle Kulturwerte. Er ist zugleich ein respektloser Stürmer gegen hergebrachte Begriffe. Alte Heiligtümer, verehrte Einrichtungen, gläubig nachgesprochene Formeln werden von seinem eisernen Besen auf denselben Schutthaufen geworfen, auf dem die Reste zerschossener Kanonen, Gewehre, Tornister und sonstiger Kriegsabfälle lagern« (4, 10).

Und in den heftigen Eingangspassagen zur *Krise der Sozialdemokratie* malt sie die Worte aus dem Kommunistischen Manifest aus zum Bild der bürgerlichen Gesellschaft:

»Das Geschäft gedeiht auf Trümmern. Städte werden zu Schutthaufen, Dörfer zu Friedhöfen, Länder zu Wüsteneien, Bevölkerungen zu Bettlerhaufen, Kirchen zu Pferdeställen; Völkerrecht, Staatsverträge, Bündnisse, heiligste Worte, höchste Autoritäten in Fetzen zerrissen; jeder Souverän von Gottes Gnaden den Vetter von der Gegenseite als Trottel und wortbrüchigen Wicht, jeder Diplomat den Kollegen von der anderen Partei als abgefeimten Schurken, jede Regierung die andere als das Verhängnis des eigenen Volkes der allgemeinen Verachtung preisgebend; und Hungertumulte … und Pest … und Elend und Verzweiflung überall.« (4, 52f.)

Aber nicht dieser »Hexensabbat« gilt ihr als »weltgeschichtliche Katastrophe« (ebd.), sondern die »Kapitulation der internationalen Sozialdemokratie« in dieser Anarchie.

»Und was erlebten wir in Deutschland, als die große historische Probe kam? Den tiefsten Fall, den gewaltigsten Zusammenbruch. Nirgends ist die Organisation des Proletariats so gänzlich in den Dienst des Imperialismus gespannt, nirgends wird der Belagerungszustand so widerstandslos ertragen, nirgends die Presse so geknebelt, die öffentliche Meinung so erwürgt, der wirtschaftliche und politische Klassenkampf der Arbeiterklasse so gänzlich preisgegeben wie in Deutschland. Aber die deutsche Sozialdemokratie war nicht bloß der stärkste Vortrupp, sie war das denkende Hirn der Internationale.« (4, 55)

Die verzweifelte Empörung über die Rolle der Sozialdemokratie bei der Bewilligung der Kriegskredite gründet in dieser Auffassung, daß es der beständigen Bündelung und Artikulation der Bewegungen der Massen bedarf, ohne die jede Orientierung unmöglich wird. Indem die Sozialdemokratie für die Dauer des Krieges die Stornierung des Klassenkampfes versprach, raubte sie damit der Arbeiterbewegung Sinn und Plan. Dadurch konnten die steuerlosen Massen in die Arme des imperialistischen Krieges geworfen werden.

Daß sie in ihrer Agitation im Krisenpunkt versucht, gegen Beharrendes nach vorn zu schreiten, macht, daß ihre Argumentationsweise zunächst wider alles geht, was wir spontan für gut halten. Gegen das Zuhause setzte sie die Welt. Indem alles in Bewegung ist und damit zur Verfügung gestellt wird, hält sie fest an: Geduld, Ausdauer und Fröhlichkeit, empfiehlt sie, Freude aus dem Bestehenden zu gewinnen. Dieser Halt im Bestehenden ist zugleich eine Haltung. Sie verbindet die Stärken der Freude mit der Empörung über die schlechten Zustände in der Gesellschaft. In dieser Weise vermeidet sie eine Kritik, die Frauen (oder überhaupt Menschen) als Opfer sieht. Sie zeigt, wer mit welcher Kraft wohin geht. Der Weg geht in die Welt, nicht zurück ins Haus. Eben deshalb ist es wichtig, ein klares scharfes Bild von der Welt zu haben, weil sie uns etwas angeht — sie ist unser Zuhause; in ihr muß die Perspektive gefunden werden. Unsere eigene Gesellschaftskritik, die wir dagegen halten könnten, gerät uns spontan immer als Aufforderung zur Flucht. In der gesellschaftlichen Entwicklung finden wir keine Stützpunkte (vgl. Rechtswende, Tschernobyl, Gentechnologie etc.). Rosa Luxemburg führt dagegen vor, daß sozialistische Elemente im Kapitalismus eben nicht als sozialistische erfahren werden, sonst würden sie den Kampf für den Sozialismus als Kampf mit den einzelnen und um sie überflüssig machen. In einer Vielzahl von Reden, Artikeln, Beispielen zeigt sie, daß die Reformen, die für die Verbesserung der Lage der Arbeitenden gemacht werden, immer auch im Interesse der herrschenden Klasse sind (etwa der Arbeiterschutz; vgl. auch ihre Diskussion in *Bürgerliche Arbeiterschutzgesetze und die Sozialdemokratie,* 1/1, 791).

Schutzbestimmungen bezeichnet sie als Normierung, als Ordnung von Ausbeutung (u.a. 1/1, 394). Dieses Zusammengehen erreicht einen Höhepunkt, an dem dann die Kapitalisten sich gegen die Gesellschaft wenden. Sie führt das u.a. vor am Beispiel von Zollpolitik und Militarismus. Selbst dem Militarismus, den wir ausschließlich negativ denken, gewinnt sie dabei noch etwas Voranschreitendes ab: »Zollpolitik wie Militarismus — haben in der Geschichte des Kapitalismus ihre unentbehrliche und insofern fortschrittliche, revolutionäre Rolle gespielt.« (1/1, 396) Sie unterscheidet die kapitalistische *Entwicklung* und deren Standpunkt im widersprüchlichen historischen Prozeß vom Wirken der Kapitalisten*klasse*. Während die erstere die Entwicklung der Gesellschaft vorantreibt durch Krieg, Mord, Raub, greift die letztere fürchterlicher noch in die Gesellschaft ein, weil sie über ihre Zeit hinaus wirkt. Die Kapitalistengruppen bekämpfen einander und bedienen sich der inzwischen für die kapitalistische Entwicklung überflüssig gewordenen Kampfmittel wie Zollpolitik und Militär. Jetzt wird der Staat zum Klassenstaat, indem er die Interessen der gesamten Gesellschaft verläßt und auf die der nationalen Kapitalisten überwechselt. Es spitzen sich die Widersprüche innerhalb des Staatswesens zu. Dieses komplizierte Verhältnis ist das Feld der politischen Einmischung. Rosa Luxemburgs Anti-Staatspolitik wendet das Gesamtgesellschaftliche gegen das im Politischen sich äußernde Klasseninteresse der Kapitalisten. Solche politischen Analysen führen sie weit weg von einem schematischen Basis-Überbau-Modell. In einem Brief an Robert Seidel spottet sie vielmehr:

»Materialisten, welche behaupten, daß die ökonomische Entwicklung gleichsam wie eine selbstzufriedene Lokomotive durch das historische Geleise saust und die Politik, die Ideologie etc. bloß wie tote Güterwagen hilflos und passiv ihr nachtrotten, einen solchen Auffasser werden Sie gewiß auch nicht in dem entlegensten russischen Gouvernement vorfinden (und in Rußland ist man, wie Sie wissen, in diesen Dingen sehr beschlagen; man wird Ihnen auf Wunsch aus allen alten und neuen Materialisten in fünf Minuten eine solche Omelette bereiten, daß Sie selbst vergessen werden, wo Sie den Kopf und wo die Beine haben); und wenn Sie einen solchen Kauz wirklich je finden sollten, so lassen Sie ihn im Panoptikum ausstellen.«[16]

Statt dessen führt sie vor, wie Politik und Recht zu Schutzmauern einer Gesellschaft werden, die in sich selbst widersprüchlich ist:

»Die Produktionsverhältnisse der kapitalistischen Gesellschaft nähern sich der sozialistischen immer mehr, ihre politischen und rechtlichen Verhältnisse dagegen errichten zwischen der kapitalistischen und der sozialistischen Gesellschaft eine immer höhere Wand. Diese Wand wird durch die Entwicklung der Sozialreformen wie der Demokratie nicht durchlöchert, sondern umgekehrt fester und höher gemacht. Wodurch sie also niedergerissen werden kann, ist einzig der Hammerschlag der Revolution, d.h. die Eroberung der politischen Macht durch das Proletariat.« (1/1, 400)

Wir sind wieder beim Proletariat gelandet und seiner historischen Rolle. Aber weit entfernt davon, dies als Gesetz oder gar historischen Automatismus zu fassen, denkt Luxemburg die Notwendigkeit des proletarischen Eingriffs, um die Gesellschaft vor dem Untergang zu bewahren. Dieser bleibt historische Möglichkeit:

»Der Sozialismus ist Notwendigkeit geworden nicht bloß deshalb, weil das Proletariat unter den Lebensbedingungen nicht mehr zu leben gewillt ist, die ihm die kapitalistische Klasse bereiten, sondern deshalb, weil, wenn das Proletariat nicht seine Klassenpflichten erfüllt und den Sozialismus verwirklicht, uns allen zusammen der Untergang bevorsteht.« (4, 494)

Die Politik, die gegen die spontane Einlassung der einzelnen gemacht wird und mit ihnen für sie ist, ist in sich selbst widersprüchlich und von daher notwendig wissenschaftliche Politik. Die Analyse begleitet jeden Schritt.

Die Anknüpfung an die Marxsche Logik der Krisen und Brüche, die damit gegebene unbedingte Einlassung auf die widersprüchlichen Erfahrungen der einzelnen und die Suche nach der Hoffnung im Elend macht das spezifische Luxemburgsche Pathos aus. Diese Politik mit den Erfahrungen, die Artikulation von Alltäglichem ins Politische, der Umbau von Beharrungsverlangen in Veränderungswillen ist für eine Politik der Frauen auf jeden Fall unerläßlich. Die wissenschaftliche Analyse, die ihre alltäglichen Bedrückungen zu strategischen Losungen bündelt, steht allerdings noch weitgehend aus.

Erfahrungen und Subjekte

Der Versuch, eine Krisenpolitik zu entwickeln, eine Strategie, die in der Destruktion von Traditionen, Kulturen, Formen die Stützpunkte für eine andere Gesellschaft sucht und findet, erhielt in der weiteren Arbeiterbewegung wenig Echo. Er führte Rosa Luxemburg zur heftigen Ablehnung einer Gewerkschaftspolitik, die in der Wahrung von Besitzständen ihrer Auffassung nach reaktionär handelte. Eigentümlicherweise ist nicht diese Wendung ein nennenswerter Konfliktpunkt in der Tradition der Arbeiterbewegung gewesen. Sondern Luxemburg ging in ihre Geschichte ein als jemand, die »die Massen überschätzte«. Dies war der Hauptvorwurf. Er wurde selbst noch von Christel Neusüß übernommen und von der Feministin Bonacchi[17] wiederholt. Aus ihrer theoretischen Anordnung hätten wir schließen können, daß Luxemburg die spontanen Wünsche und Hoffnungen der Massen zumindest politisch hintanstellt im Namen einer Perspektive, die ihnen in den alten Formen noch nicht unmittelbar einleuchtet. Das Gegenteil ist der Fall. Gerade die Einsicht in die Krisenhaftigkeit von Entwicklung macht es ja notwendig, daß die einzelnen auch gegen ihre unmittelbaren spontanen Interessen handeln. Dies können sie nur, wenn sie selbst dies wollen, die Bewegung durchschauen, in dieser Weise Intellektuelle werden. Mit großer Begeisterung bezieht sie sich hier auf Marxens *Kritik der Hegelschen Rechtsphilosophie* (MEW 1, 390f.) und zitiert die folgende Passage zu der Frage, wie es möglich sei, den Menschen als unterdrücktes und mißhandeltes Mitglied der Gesellschaft zu befreien:

»In der Bildung einer Klasse mit *radikalen* Ketten, einer Klasse der bürgerlichen Gesellschaft, welche keine Klasse der bürgerlichen Gesellschaft ist, eines Standes, welcher die Auflösung aller Stände ist, einer Sphäre, welche einen universellen Charakter durch ihre universellen Leiden besitzt ... einer Sphäre endlich, welche sich nicht emanzipieren kann, ohne sich von allen übrigen Sphären der Gesellschaft zu emanzipieren, welche mit einem Wort der *völlige Verlust* des Menschen ist, also nur durch die *völlige Wiedergewinnung des Menschen* sich selbst gewinnen kann. Diese Auflösung der Gesellschaft als ein besonderer Stand ist das *Proletariat* ... Wie die Philosophie im Proletariat ihre *materiellen*, so findet das Proletariat in der Philosophie seine *geistigen* Waffen, und sobald der Blitz des Gedankens gründlich in diesen naiven Volksboden eingeschlagen ist, wird sich die Emanzipation der *Deutschen* zu *Menschen* vollziehen.« (1/2, 140)

Schulung ist so für Luxemburg ein leidenschaftlich besetzter Hoffnungsträger, die die Unterdrückten und Ausgebeuteten befähigen soll, selbst strategisch zu handeln. Schulung aber ist nicht einfach eine Indoktrination von oben, nicht bloße Aufklärung oder Belehrung. Sie spricht zwar von Erziehung und Aufklärung (vgl. u.a. 4, 482f.), aber ihre Ausführungen sind eindeutig. Unter Aufklärung versteht sie nicht die Enttarnung von versteckten Übeltaten, sondern eher den Aufruf nach mehr Wissen nach der Devise: Das Wissen, das wir brauchen, fehlt noch.[18] In ihren Zeitungsartikeln finden wir in dieser Hinsicht einen großen Umfang von Wissen für das Volk aufbereitet. Schulung ist in allererster Linie Selbsttätigkeit der Massen. Dies ist ein weiterer Zusammenhang, aus dem wir als Frauen und für unsere Politik von Rosa Luxemburg lernen können. Schließlich müssen wir das paradoxe Problem lösen, daß Frauen zugleich aus gesellschaftlicher Öffentlichkeit und Politik weitgehend ausgeschlossen sind und es doch nicht darum gehen kann, in diese Strukturen einfach hineinzuwachsen, sondern darum, daß Frauen in ihrer Befreiung zugleich die sie unterdrückenden Anordnungen überwinden müssen. Es geht also nicht um kompensatorische Bildung, wie dies den Frauen in der weiteren Geschichte der Arbeiterbewegung zugestanden wurde, nicht um das Aufholen von Defiziten. Rosa Luxemburg schreibt:

»Ich meine, die Geschichte macht es uns nicht so bequem, wie es in den bürgerlichen Revolutionen war, daß es genügte, im Zentrum die offizielle Gewalt zu stürzen und durch ein paar neue Männer zu ersetzen. Wir müssen von unten auf arbeiten, ... daß wir die Eroberung der politischen Macht nicht von oben, sondern von unten machen müssen.« (4, 510)

Die Schule des Lernens ist die Tat. Sie knüpft an das berühmte und zumindest als praktische Anweisung an sozialistische Politik in Vergessenheit geratene Marxzitat aus den Thesen gegen Feuerbach an: »Das Zusammenfallen des Änderns der Umstände und der menschlichen Tätigkeit oder Selbstveränderung kann nur als revolutionäre Praxis gefaßt und rationell verstanden werden.« (MEW 3, 5) und baut diesen Gedanken mit großer Eindringlichkeit wieder und wieder aus. Eine Sammlung ihrer Textstellen zu diesem Thema würde allein ein kleines Buch füllen. Ich begnüge mich mit einigen wenigen.

Ihr Grundgedanke ist: die sozialistische Umgestaltung kann nur ein Werk der Massen sein, die dafür allerdings geschult sein müssen.

»Heute, wo die Arbeiterklasse sich selbst im Laufe des revolutionären Kampfes aufklären, selbst sammeln und selbst anführen muß ...« (2, 148) Oder: »Mit der Psychologie eines Gewerkschaftlers, der sich auf keine Arbeitsruhe bei der Maifeier einläßt, bevor ihm eine genaue bestimmte Unterstützung für den Fall seiner Maßregelung im voraus zugesichert wird, läßt sich weder Revolution noch Massenstreik machen. Aber im Sturm der revolutionären Periode verwandelt sich eben der Proletarier aus einem Unterstützung heischenden vorsorglichen Familienvater in einen 'Revolutionsromantiker', für den sogar das höchste Gut, nämlich das Leben, geschweige das materielle Wohlsein im Vergleich mit den Kampfidealen geringen Wert besitzt.« (2, 133)

Die für diesen Prozeß bzw. sein Resultat gebrauchte Vokabel ist die der *Reife*. Dieses Wort wurde im Diskurs der damaligen Arbeiterbewegungsführung immer wieder als ein Zustand aufgefaßt, auf den gewartet werden sollte; sie aber denkt ihn als eine Art »Selbstentwicklung«, die in der Bewegung ruckhaft geschieht und von der Partei unterstützt werden kann. Demgemäß ist diese Schulung zuallererst eine Handlung der Massen selbst, sofern sie in Bewegung sind. »Die Masse muß, indem sie Macht ausübt, lernen, Macht auszuüben. Es gibt kein anderes Mittel, ihr das beizubringen.« (4, 509f.) Hier setzt sie auf das Experiment der Arbeiter- und Soldatenräte (vgl. insbesondere ihre Ausführungen zum *Gründungsparteitag* (4, 484), für das sie die Massen keineswegs als »reif« genug erachtete, wohl aber annahm, sie könnten die Ausübung der »öffentlichen« Gewalt lernen, indem sie es tun. Das Experiment ist gescheitert. Es bleibt aber doch der wichtige Gedanke, daß Lernen aus Erfahrung eine wesentliche Grundlage von Selbstbestimmung sein muß.

Hat sie nun die Massen überschätzt? Das Urteil ist so allgemein, daß eine kurze Überprüfung wichtig scheint. Das vorweggenommene

Resultat: die Einschätzung entstammt einer dem Luxemburgschen Denken fremden Statik über die Bedeutung des Wortes Masse selbst.

Nehmen wir das Urteil zunächst so, wie es gemeint ist, und suchen ihre Worte über die Masse der Arbeitenden oder des Volkes zu ihrer Zeit, so finden wir die schärfsten Verurteilungen. Zunächst die »Unreife«. Da heißt es in der Schrift zum Gründungsparteitag (4, 482): »Wir kennen die Zustände, die in den Massen herrschen, wie sehr sie noch unreif sind.« In der Krise der Sozialdemokratie schildert sie mit heftigen Worten die kriegsbegeisterte Masse, ihren »patriotischen Taumel« (4, 64), ihre Teilhabe an der »Massenschlächterei«, die zum »ermüdenden Tagesgeschäft« wurde (4, 51); und schließlich das Gemälde des Ganzen:

»Vorbei ist der Rausch. Vorbei der patriotische Lärm in den Straßen, die Jagd auf Goldautomobile, ... die Straßenexcesse des spionewitternden Publikums, das wogende Menschengedränge in den Konditoreien, wo ohrenbetäubende Musik und patriotische Gesänge die höchsten Wellen schlugen; ganze Stadtbevölkerungen in Pöbel verwandelt, bereit zu denunzieren, Frauen zu mißhandeln, hurra zu schreien und sich selbst durch wilde Gerüchte ins Delirium zu steigern; eine Ritualmordatmosphäre, ... in der der Schutzmann an der Ecke der einzige Repräsentant der Menschenwürde war.

Die Regie ist aus. Die deutschen Gelehrten, die 'wankenden Lemuren', sind längst zurückgepfiffen. Die Reservistenzüge werden nicht mehr vom lauten Jubel der nachstürzenden Jungfrauen begleitet, sie grüßen nicht mehr das Volk aus den Wagenfenstern mit freudigem Lächeln; sie trotten still, ihren Karton in der Hand, durch die Straßen, in denen das Publikum mit verdrießlichen Gesichtern dem Tagesgeschäft nachgeht.« usw. (4, 51f.)

Hier kann von Überschätzung kaum die Rede sein, im Gegenteil, die Massen sind die rauschhafte, unwürdige, mordlustige Menge, wie sie die bürgerliche Gesellschaft hervorbringt, wie sie selbst in dieser Gesellschaft zu agieren in der Lage ist. »... nur die standhafte Kadaverhaltung des deutschen Proletariats« (4, 378) ermöglichte es dem deutschen Imperialismus, die russische Revolution für sich auszunützen, und die Reaktion konnte sich das gewagte Experiment nur leisten »im felsenfesten Vertrauen auf den unerschütterlichen Stumpfsinn der deutschen Volksmassen« (4, 375). Ja, selbst die Arbeiterklasse agiert als »willige Henker fremder Freiheit« (4, 381). So folgt Luxemburg auch nicht dem üblichen Schema, nur auf die klassenbewußten Arbeiter zu setzen — ein solches Vorgehen kritisiert sie im Gegenteil (in ihrer Rede auf dem Gründungsparteitag, in der sie zur Wahlbeteiligung der KPD aufruft) als bequeme Haltung (der Gruppe um Otto Rühle) (4, 481f.). Aber Masse ist ihr zugleich kein feststehender Begriff, kein Aggregatzustand. Die Massen sind immer in Bewegung. Sie sind nicht unbedingt heute, aber als Menschen in der Lage, ihr Schicksal in die eigenen Hände zu nehmen. Dies ist für Luxemburg Inbegriff von Sozialismus und der Sinn, warum es für ihn zu streiten lohnt. Es ist zugleich ihre Vorstellung vom Menschsein:

»Die gesamte menschliche Kultur ist ein Werk des gesellschaftlichen Zusammenwirkens vieler, ist ein Werk der Masse. ... Diese Geschichte (der Menschheit; F.H.) wimmelt von Heldensagen, von Großtaten einzelner, sie hallt vom Ruhme weiser Könige, kühner Feldherren, verwegener Entdeckungsreisender, genialer Erfinder, heldenhafter Befreier. Aber all dies bunte und schöne Treiben einzelner ist gleichsam nur das äußere geblümte Kleid der menschlichen Geschichte. Auf den ersten Blick ist alles Gute und Böse, das Glück wie die Not der Völker Werk einzelner Herrscher oder großer Männer. In Wirklichkeit sind es die Völker, die namenlosen Massen selbst, die ihr Schicksal, ihr Glück und ihr Wehe schaffen« (4, 206).

Man erkennt in diesen Worten leicht die Formulierungen, die Brecht für sein Gedicht über das siebentorige Theben übernahm, und in diesem Text entwickelt sie im folgenden auch die Konstellation, die Peter Weiss in der *Ästhetik des Widerstands* ausbaute: »Nein, die Pyramiden sind in Wirklichkeit das Werk Tausender und aber Tausender geduldiger Sklaven, die in schwerer Zwangsarbeit unter lautem Stöhnen die steinernen Zeugnisse der eigenen Versklavung errichteten.« Die Masse, das ist die Menschheit selbst, als Opfer und Täter der eignen Geschichte. »Kein Krieg ist möglich, den nicht die Volksmassen selbst, sei es durch kriegerische Begeisterung oder wenigstens durch unterwürfige Duldung, verantworten.« (Ebd.) »Die Menschen machen ihre Geschichte nicht aus freien Stücken. Aber sie machen sie selbst. Das Proletariat ist in seiner Aktion von dem jeweiligen Reifegrad der gesellschaftlichen Entwicklung abhängig, aber die gesellschaftliche Entwicklung geht nicht jenseits des Proletariats vor sich, es ist in gleichem Maße ihre Triebfeder und Ursache, wie es ihr Produkt und Folge ist. Seine Aktion selbst ist mitbestimmender Teil der Geschichte.« (4, 61) Aber gerade, weil die Massen zugleich unmündig und unreif in den Verhältnissen stecken, hängen Verwirklichung des Sozialismus und Revolution davon ab, daß sie ihren Reifungsprozeß selber bewirken. Das Medium ist die Erfahrung. Wir erinnern uns, daß die Erfahrung auch die Schranke gegen das Voranschreiten, gegen Entwicklung war, weil sie zum Verharren und Bleiben auffordert. Diese Haltung zu überwinden, macht wissenschaftlichen Umgang mit Erfahrung wichtig und bestimmt damit die transitorische Aufgabe der Intellektuellen in der Arbeiterbewegung und die Notwendigkeit, daß die Arbeitenden selber Intellektuelle werden. Die besondere Weise, in der Luxemburg agitatorisch mit dem Volk spricht, und in der es mit sich selber sprechen kann, läßt bei oberflächlicher Lektüre den Eindruck der Überschätzung aufkommen: die Menschen werden angerufen als zukünftige, als Menschen, die sie sein können und werden wollen.

Ich komme jetzt zu dem Schluß, daß es vielleicht doch nicht die aktuelle Überschätzung der Massen war, sondern deren scheinbare Kehrseite, die Relativierung der Rolle von Partei und Führung, die Luxemburg diesen Stempel einer Massenromantikerin aufdrückte. Hier sind ihre Auffassungen und Aussagen eindeutig: die Führung gibt den Massen »politischen Ausdruck, Losung und Richtung«, aber sie dient den Massen, nicht umgekehrt. Die politische Leitung übernehmen, heißt, »daß in jeder Phase und jedem Moment die ganze Summe der vorhandenen und bereits ausgelösten, betätigten Macht des Proletariats realisiert wird ... nie unter dem Niveau des tatsächlichen Kräfteverhältnisses ...« (4, 149f.) Diese Anordnung verändert abermals die Bedeutung der Worte. Nehmen wir Disziplin: So kann die »sozialdemokratische Disziplin niemals bedeuten, daß sich die achthunderttausend organisierten Parteimitglieder dem Willen und den Bestimmungen einer Zentralbehörde, eines Parteivorstandes zu fügen haben, sondern umgekehrt, daß alle Zentralorgane der Partei den Willen der achthunderttausend organisierten Sozialdemokraten auszuführen haben« (3, 39). Auch dieser Vorgang ist in Bewegung: die Parteibehörde wird bürokratisch, wenn die Masse schläft. Luxemburg kommt zu dem Schluß, daß die »proletarische Masse keine 'Führer' im bürgerlichen Sinne braucht, daß sie sich selbst Führer ist.« (3, 42) So sehr dieser Satz das Urteil von der geradezu illusionären Überschätzung der Massen zu bestätigen scheint, besagt er doch im Grunde nur den einfachen Umstand, daß die Befreiung der Menschen ihr eigenes Werk sein muß, oder keine Befreiung, sondern eine andere Form von Subalternität ist.

»Es muß auch offen gesagt werden: Erst dann, erst bei der Umkehrung des jetzigen abnormen Verhältnisses würde das Parteileben auf normaler Basis stehen. Die Befreiung der Arbeiterklasse kann nur das Werk der Arbeiterklasse selbst sein, sagt das Kommunistische Manifest, und es versteht unter Arbeiterklasse nicht etwa einen sieben- oder auch zwölfköpfigen Parteivorstand, sondern die aufgeklärte *Masse* des Proletariats in eigner Person. Jeder Schritt vorwärts im Emanzipationskampfe der Arbeiterklasse muß zugleich eine wachsende geistige Verselbständigung ihrer Masse, ihre wachsende Selbstbetätigung, Selbstbestimmung und Initiative bedeuten.« (3, 38)

Dies gilt für alle Menschen, und doch hat es auch eine besondere Bedeutung für Frauen. Die Arbeitsteilung zwischen den Geschlechtern und die Bereichstrennungen zwischen Politischem und Privatem, Öffentlichem und Häuslichem rücken die Frauen an eine Stelle, in der gerade die gesellschaftliche Unmündigkeit Kerker und Trost in einem ist. Auch in der Geschichte der Arbeiterbewegung befreien sich Frauen nicht, sie werden befreit. So kommt es zu dem merkwürdigen Umstand, daß die Frauenfrage seit 100 Jahren auf der Tagesordnung ist und dort bis auf weiteres den letzten Platz besetzt, der niemals drankommt, aus Zeitmangel. Die politische Anordnung, in der beständige Verschiebungen für die männlichen Mitglieder der Bewegung stattfinden, gibt diesen immerhin die Möglichkeit, sich einzumischen, sich als Menschen in gesellschaftlicher Teilhabe zu üben. Nicht so den Frauen. Wenn ihre Lage sich bessern soll — und das hat sie z.B. sozial in den letzten 20 Jahren trotz enorm gewachsenen gesellschaftlichen Reichtums kaum getan —, so müssen sie ihre Sache in eigne Hände nehmen. Wir sind noch nicht einmal so weit, daß dieses Menschlichsein von Frauen Selbstverständlichkeit ist. So ist Rosa Luxemburg auch in diesem Punkt für die Frauenfrage aktuell: Frauen müssen selber handeln, sonst werden sie ewig verhandelt. Das ist nicht bloß oder nicht nur der gewohnte Aufruf, sich zu bewegen. Sondern in der bescheidenen Arbeitsteilung zwischen Sorgenden und Versorgten, die heute wieder politische Konjunktur hat, steckt auch die Festigkeit unserer Verhältnisse der Subalternität. Nur wenn man es für möglich hält, daß andere z.B. weibliche Menschen in großen Massen in Unmündigkeit leben können, kann man sich selbst in partieller Unterwerfung einrichten. In dieser Weise sind die Frauen bzw. ihre Stellung in der Gesellschaft auch eine Münze, die den gültigen Wechselkurs stabil hält.

Wir entdeckten die Dimensionen, die sie als Sozialistin in der Arbeiterbewegung schwer verdaulich machten: die Respektlosigkeit gegen die Führung, das unbedingte Setzen auf die Massen als ihr Inbegriff des Marxismus, die Logik der Krisen und Brüche, die es ihr gleichzeitig ermöglichte, das ungeheure Leid und die Zerstörung mit Namen zu nennen und doch auch darin und in dieser Weise voranschreitend die Herausbildung einer anderen Gesellschaft, anderer Menschen, einer menschlichen Menschheit zu entdecken. Die Perspektive ist die Ergreifung der politischen Macht durch das Volk. Alle diese Dimensionen schienen mir für eine Politik der Frauen unentbehrlich zu sein. Sie sind zugleich allgemein und abstrakt und doch auch konkret zu füllen, jeweils historisch neu. Für dieses alltägliche Tun erfand Rosa Luxemburg den Begriff: *revolutionäre Realpolitik.*

Die Suche nach nützlichen Lehren für eine Politik der Frauen führte uns zu Rosa Luxemburg. Sie führte uns unversehens hinaus in ein Projekt revolutionärer Umgestaltung von Politik insgesamt. Wo immer wir Wesentliches, Aufhebenswertes für die Frauenpolitik entdeckten, war es zugleich Kritik an einer Auffassung, die Politik von oben denkt, Partei als Form, der die unteren zu dienen haben, ihre Struktur bürokratisch verhärtet, ein Passivierungsdispositiv für die Massen. Wo die Repräsentationsmuster in herrschende Unterdrückungsverhältnisse eingebaut sind, so die Lehren der Rosa Luxemburg, ist der politische Kampf auf allen Ebenen notwendig. Er umfaßt die Verwendung der Sprache, die Einbeziehung der Erfahrungen der Vielen in Verhältnissen, in denen die spontanen Gefühle sich mit den Fesseln verbünden, von denen sich die Menschen befreien müssen. Dieses Müssen ist als eine Notwendigkeit gedacht, die das Überleben der Menschheit bestimmt. Die Kraft zur Veränderung erwächst aus eigenem Tun. So ziehen wir schließlich die Lehre, daß bisherige sozialistische Politik die Befreiung der Frauen nicht notwendig einbezogen hat, daß aber umgekehrt eine radikale Befreiungspolitik der Frauen nur als allgemeines Projekt der Befreiung der Menschen formulierbar und durchführbar ist.

Anmerkungen

1 Lelio Basso, 1969: Rosa Luxemburgs Dialektik der Revolution. Frankfurt/M., 8.

2 In einem Frauenseminar an der Universität Hamburg 1987/88.

3 Vgl. etwa Bettina Heintz, Claudia Honegger: Listen der Ohnmacht. Frankfurt/M., New York.

4 Eva Senghaas-Knobloch veröffentlichte in der Zeitschrift Leviathan (4/1976) einen Aufsatz zu Rosa Luxemburg, in dem sie deren Auffassung, das Kapital bedürfe zu seiner Reproduktion der ständigen Ausbeutung und Zerstörung nicht-kapitalistischer Welten, auf die Hausarbeit der Frauen auszudehnen versuchte. Dieser Gedanke wurde später von Claudia von Werlhof und Veronika Bennholdt-Thommsen aufgenommen und weitergeführt. Die weltweite Hausarbeit/Subsistenzarbeit wurde als der nichtdurchkapitalisierte Teil bestimmt, dessen der Kapitalismus für seine Reproduktion bedarf.

5 Giselher Schmidt, 1988: Rosa Luxemburg. Sozialistin zwischen Ost und West. Persönlichkeit und Geschichte 132/133. Göttingen.

6 Raya Dunayewskaya, geboren 1910 in Rußland und gestorben 1987 in den USA, gilt als Begründerin einer »marxistisch-humanistischen Philosophie«. Wesentlicher Impuls ihrer Arbeit war der Gedanke, die existierenden Befreiungsbewegungen in eine marxistische Theorie einzubauen und sie von daher selbst mit einer orientierenden Theorie zu versehen. Als wichtige revolutionäre Kräfte in diesem Kontext sah sie die Schwarzen, die Jugend und die Frauen.

7 Exemplarisch studiere man Robert A. Gormans Artikel zu Rosa Luxemburg im neuen Lexikon des Sozialismus. Hier finden wir eine ausführliche Biographie, die von ihren körperlichen Gebrechen ebenso handelt wie von ihrer »hervorragenden Intelligenz«, ihrem Mut und Einfluß. Nach der Lektüre weiß man auch, daß sie aus »politischem Opportunismus« einen Herrn Luebeck geheiratet hatte. Theoretisch wird sie als schwach bezeichnet und als zweitrangig, weil Lenin sie ablehnte (202). Hervorgehoben wird ihre Agitation gegen den Weltkrieg, ihr strategisches Kämpfertum. Immerhin gibt es eine knappe Skizze des Akkumulations-

buches. Im Widerspruch zur Aussage, sie sei keine Theoretikerin gewesen, wird das Buch als wissenschaftliche Erhellung und Verifikation Marxscher ökonomischer Theorien bezeichnet mit dem Schwerpunkt der Selbstzerstörungskräfte des Kapitals. Im Anschluß wird behauptet, sie sei Engels und Kautsky tief verbunden gewesen, so daß sie die orthodoxe Verurteilung von Reformismus und Nationalismus geteilt habe. Darüber hinaus wird ihre Betonung der Spontaneität des proletarisch revolutionären Massenbewußtseins skizziert. Angeblich sei eine revolutionäre Partei ihrer Auffassung nach unfähig, eine Revolution hervorzurufen oder zu verhindern, weil sie den menschlichen Geist nicht kontrollieren könne. Die Leninsche Parteibürokratie würde auf taube Ohren fallen. Es folgt die Erwähnung ihrer Ausführungen zum Massenstreik als nützliche Form revolutionärer Aktion. Schließlich wird sie zur Kronzeugin für das bolschewistische Versagen gemacht. In diesem Kontext wird behauptet, sie sei bis zum Schluß orthodox geblieben und habe gleichzeitig die einzige Institution, die die Orthodoxie realisierte, die Leninsche Partei, verneint — ein lebendiger Widerspruch. Sie habe an die Determination der Geschichte ebenso geglaubt wie an die Spontaneität der Massen. In einem impliziten Hegelianismus habe sie die Subjektivität als Lücke im Bolschewismus erkannt. In dieser Weise habe sie die scharfsinnigeren Arbeiten von Lukacs, Korsch und Gramsci vorweggenommen. — In der Geschichte der Arbeiterbewegung wird sie von Lenin zunächst begeistert als »Adler« und nützlich »bei der Erziehung vieler Generationen von Kommunisten der ganzen Welt« (LW 33, 195), von Karl Radek als »der größte, tiefste theoretische Kopf des Kommunismus« (Karl Radek: Rosa Luxemburg, Karl Liebknecht, Leo Jogiches. Hamburg 1921, 25) und von Franz Mehring (schon 15 Jahre früher) als der »genialste Kopf unter den Erben von Marx und Engels« (Franz Mehring: Historisch-materialistische Literatur. In: Neue Zeit XXV (1906-1907), Nr. 41, 507) gefeiert. Georg Lukacs bezeichnete sie in *Geschichte und Klassenbewußtsein* als einzigen Schüler von Marx, der sein Werk wirklich weitergeführt habe (Berlin 1923, 56). Aber schon ein Jahr nach Lenins Tod legte sich (wie Lelio Basso, vgl. Anm. 1, dies ausdrückt) ein Ring des Schweigens um sie. Die Sozialdemokratie ging nach rechts und legte nur die wenigen Schriften wieder auf, die sich kritisch mit der russischen Revolution befaßten. Unter Stalin verdammte die erweiterte Executive der Kommunistischen Internationale eine Reihe ihrer Thesen. Ein Neudruck ihrer Schriften war unmöglich geworden. Ihr Name wurde nur zusammen mit schmählichen Urteilen genannt. Ruth Fischer etwa prägte das Wort von Luxemburg als der »Syphilis der Partei«. Erst 40 Jahre nach ihrem Tod wurde von kommunistischer Seite mit dem Neudruck ihrer Schriften in Polen begonnen. Die DDR-Ausgabe wurde 1972 angefangen. Mit solchem Interpretationsgepäck begannen wir unsere Lektüre.

8 Da heißt es bekanntlich u.a.: »Aber die Bourgeoisie hat nicht nur die Waffen geschmiedet, die ihr den Tod bringen. Sie hat auch die Männer gezeugt, die diese Waffen führen werden — die modernen Arbeiter, die Proletarier.« (MEW 4, 468)

9 Niggemann, Heinz, 1981: Emanzipation zwischen Sozialismus und Feminismus. Die sozialdemokratische Frauenbewegung im Kaiserreich. Wuppertal, 234.

10 Frauen- und Kinderarbeit (1 Seite) in Wirtschaftliche und Sozialpolitische Rundschau von 1898, 1/1, 291f. Internationale Konferenz sozialistischer Frauen am 17. und 19. August 1907 in Stuttgart (1 Seite), 2, 233f. Frauenwahlrecht und Klassen-

kampf (7 Seiten) von 1912, 3, 159ff. Die Proletarierin (3 Seiten) von 1914, 3, 410 ff.

11 Die Wiedergabe unserer Arbeit mit diesem Text geschieht unter Verwendung einer Seminarvorlage von Anja Weberling.

12 Vgl. auch die soeben erschienene Biographie von Elzbieta Ettinger, »Rosa Luxemburg: A Life«, London 1988, die das ungewöhnliche Leben Rosa Luxemburgs u.a. in ihrer Loslösung von gewöhnlichen weiblichen Fesseln zu begreifen sucht: im Verhältnis zu Familie, Heimat und Sexualität.

13 Dölling, Irene, 1987: Zum Luxemburgfilm der Margarete von Trotta. In: Weimarer Beiträge 4, 633.

14 Christel Neusüß, 1985: Die Kopfgeburten der Arbeiterbewegung oder die Genossin Luxemburg bringt alles durcheinander. Hamburg.

15 Vgl. dazu meinen Beitrag zum hundertsten Todestag von Karl Marx, 1983: Verelendungsdiskurs oder Logik der Krisen und Brüche. Marx neu gelesen vom Standpunkt heutiger Arbeitsforschung. In: Aktualisierung Marx'. Argument-Sonderband 100. West-Berlin.

16 Briefe, Bd. 1, 9.

17 Bonacchi, Gabriella, 1986: Autoritarisme et anti-autoritarisme dans la pensée de Rosa Luxemburg. In: Weill und Badia (Hg.): Rosa Luxemburg aujourd'hui, 101-107.

18 Vgl. dazu den Artikel von Regina Gruszka und Anja Weberling, 1987: Was sich von Rosa Luxemburg zur Frage der Volkszählung lernen läßt. In: Das Argument 162.

Kornelia Hauser

Vom Mit-Opfer zur Selbst-Täterin?

Die Geschichte eines einfachen Gedankens, der schwer zu denken ist und also schwer zu praktizieren

»Da der Mensch heute in sehr großen Verbänden lebt und in allem von ihnen abhängt, und er lebt immer zugleich in mehreren Verbänden, muß er überallhin große Umwege gehen, um etwas zu erreichen. Nur scheinbar kommt es nicht mehr auf seine Entscheidungen an. In Wirklichkeit sind die Entscheidungen bloß schwieriger geworden.«
(B.Brecht: Der Messingkauf, GW 16, 525)

»Wer wirklich kämpft, der kämpft naturgemäß ums Ganze.« (Lenin, Werke Bd. 8, 42)

Vorbemerkung

Zum zwanzigsten Mal jährt sich »1968«. Das war einem Teil der damaligen Studenten Anlaß, über sich selbst zu lächeln, einem anderen Grund, Lehren zu ziehen. Die politischen Diskussionen der Linken befinden sich in einem eigentümlichen Auseinander zu den wissenschaftlichen. Jutta Ditfurth (Die Grünen) verkündet: »Eine gesellschaftliche Emanzipation *von oben* wird es nicht geben« (1988, 275) und scheitert dann mit ihrer utopischen Vorstellung an der von ihr selbst so konstruierten widerspruchsfreien Allgegenwärtigkeit der Manipulation, der Verdummung, der fehlenden Politisierung von unten. Während Soziologen und Politologen über neue gesellschaftliche Anforderungen an die Individuen nachdenken, Sinnstiftung vermissen und das »Hineinkommen in Gesellschaft« für immer problematischer halten (Stichworte: Individualisierung, Zwei-Drittel-Gesellschaft), steht dem politisch eine hilflose Diskussion über die »historischen Subjekte« der Veränderung gegenüber. Spontaneität und Kreativität der »68er« werden mit selbstzweckhafter Bedeutung besetzt und — ihrer politischen Dimensionen entkleidet — romantisch erinnert (vgl. Stamm 1988). Zwanzig Jahre neue Marxismus-Rezeption, d.h. zwanzig Jahre Studium der Bedingungen für umfassende gesellschaftliche Veränderung, sind nicht viel — aber viel, wenn wir uns vergegenwärtigen, wie wenig *systematisch* an einer hegemoniefähigen Theorie gearbeitet wurde.

Für zentral oder wichtig erachtete Fragen beizubehalten gegen den Zeitgeist, auch wenn die Bedingungen des Handelns sich erschweren, macht einen Teil der Stärke von Bewegungen aus. Wenn das theoretische Denken sich vom Probehandeln entfernt (bzw. umgekehrt) oder ein enges Verhältnis durch gesellschaftliche Bedingungen verhindert ist, werden beide geschwächt, aufgerieben und entmutigt. Eine solche Situation liegt in der BRD der achtziger Jahre vor und gilt doch für jede Bewegung anders.

So wundert es zunächst nicht, daß die Aufarbeitung der Studentenbewegung durchweg ohne Beachtung der Frauenbewegung auskommt und die Frauenbewegung zwar ihrem zehnjährigen Bestehen schriftlich nach-dachte, kaum aber den letzten zwanzig Jahren. Die gemeinsamen Wurzeln des Widerstehens sind von den geschiedenen Wegen und auch Zielen, der Vielfalt der politischen Gruppen überdeckt.

Die Frauenbewegung behielt ihre »großen Themen«, ihre Fragen der ersten Stunde bei: die Antworten wechselten; aber es wird — wie ich noch zeigen werde — häufig genug die »erste Stunde« vergessen, zugunsten der Behauptung, etwas völlig Neues »gefunden« zu haben. Eine solche Diskussion ist die um die Möglichkeiten und Grenzen der individuellen Entwicklung in herrschaftlichen Verhältnissen. In ihrem Zentrum steht die Untersuchung der *Kulturformen*, die nach zwei Seiten Bedeutung erlangen: zum einen, wie in ihnen Klassen- und Geschlechtergegensätze so transformiert werden, daß viele sie ertragen und bejahen. Zum anderen, wie sie sich als Innenverhältnis den einzelnen vermitteln und in ihnen persönlicher Sinn ausgemacht wird. Ein Slogan für diesen Zusammenhang lautete: das Persönliche ist politisch! Die konkrete Benennung wechselte von »Frauen — Opfer oder Täter« Ende der siebziger zu »Mittäterschaft« Ende der achtziger Jahre. Was wechselte noch, was haben zehn Jahre Frauenforschung Zusätzliches gebracht? Ist das Thema wirklich dasselbe geblieben? Steht überhaupt noch die Handlungsfähigkeit der einzelnen im Zentrum?

Erste Station: Vom Opfer, das zur Tat schreitet

> Es ist so, »daß die Individuen, die die Gesellschaft bilden, ihre 'Eigenheit' bewahren, daß sie bleiben wollen, wie sie sind, während sie von der Gesellschaft eine Veränderung verlangen, die bloß aus ihrer *eignen* Veränderung hervorgehen kann.« (MEW 3, 465)

Wenn das Fehlen von Vergesellschaftungsmöglichkeiten von denen eingeklagt wird, denen sie entzogen wurden, bleibt es zunächst bei einfachen Forderungen, und häufig werden sie nicht sehr selbstbewußt artikuliert. Erst recht, wenn die Betroffenen noch am Anfang eines kollektiven Politisierungsprozesses stehen. Mit ihrer Frage »Opfer oder Täter?«[1] analysierte Frigga Haug ein verbreitetes spontaneistisches Gesellschaftsverständnis in der Frauenbewegung, das sozialdemokratische und damit sozialstaatliche Züge trug. Es lautete verkürzt so: Aus der gesellschaftlichen Veränderung erwächst die veränderte Lage für Frauen. Ändert die Lage, das ändert uns!

F. Haugs Gegensicht schlug vor, Individuen und Gesellschaft auf einer Seite zu sehen, als untrennbare Einheit, die nicht ineinander aufgeht. Sie schlug folgendes vor: 1. Frauen müssen den Verhältnissen zustimmen, wenn sie sie wiederherstellen. Da allüberall sichtbar ist, daß sie dies auch unglücklich, unzufrieden und widerständig tun, braucht es mehr als nur das Wissen um die Klassenverhältnisse. Was nottut, ist die Untersuchung der ideologischen Mächte, Normen und Werte. Auch sie vergesellschaften Frauen und organisieren die Selbst-Sicht und das Selbstbewußtsein; letzteres ist als in dieser Weise fremd-bestimmt in selbstbestimmter Unterstellung zu fassen.

2. Die »Male der Unterdrückung« sind als besondere Verhinderungen beim Ändern der Umstände mitzubegreifen (ihr Beispiel waren die »Beziehungsprobleme«, die Frauen systematisch aus der Frauenbewegung trieben. Das Problem wird uns in diesem Text noch beschäftigen). 3. Sie machte der Frauenbewegung den Vorschlag, sich selbst zu ermächtigen, eine Kultur zu zerstören, die Frauen die Selbstbestimmung verwehrt und ihnen die Vermenschlichung verweigert. Dies sei nur in Kollektiven möglich, da die Verunsicherungen der Normalität die eigene Verunsicherung einschließe und diese vereinzelt unaushaltbar sei. Das Losreißen von alten Verhältnissen sei schmerzhaft, das Neue sei so haltbar wie die gemeinsamen Bemühungen um es. 4. Sie forderte dazu auf, die eigenen *Erfahrungen* zum Untersuchungsgegenstand zu machen und in ihnen Zustimmungen, Widerstände und liegengelassene Handlungsmöglichkeiten auszumachen. Sie unterstellte, daß die *Organisation der Erfahrungen* ein zentrales Herrschaftsinstrument sei.

Es ist nachfolgend leider nie darüber diskutiert worden, wie passend der Titel für diesen Vortrag gewählt worden ist. F. Haug verschiebt darin die Perspektive: sie beginnt bei den »wirklichen Opfern«, denen schon etwas getan wurde und auf die jetzt alle blicken können. Hier stehen die *sozialen Umstände* im Zentrum, die etwas produzieren. Sobald sie über die Bewegung spricht und die gemeinsamen Ziele, werden aus den wirklichen Opfern mögliche Täterinnen. Hier geraten Frauen in den Blick, die die Umstände produzieren. Die Konnotation von Schuld und Recht wird durch den Perspektivwechsel zersetzt, ohne daß die Inhalte wechseln: Es geht immer noch um die Erfahrungen und das Wollen der Frauen, ihre Ängste, ihre Widersprüche und nicht um Enteignung, Vergesellschaftung der Schlüsselindustrien, allgemeine Revolution. Nur sind die so neu formulierten *Frauenformen* nicht als Resultat, sondern als Beginn gefaßt. Knapp zusammengefügt: es spricht die sich von unten organisierende Unruhe, die auf kein Oben hofft, sondern die Möglichkeiten selbst in die Hand nehmen wird.

Was aus einem Text gelesen wird, ist historisches Produkt. Vor knapp zehn Jahren wurde die »freiwillige Unterwerfung« unter die Herrschaftsverhältnisse sehr heftig diskutiert. Mit all dem Wissen um den *Ausschluß* von Frauen aus der Geschichte, Politik und Macht wirkte der von F. Haug unterstellte *Einschluß* skandalös aufrührend: von Teilen der Frauenbewegung wurde schnell begriffen, daß, wer schon mal drinnen ist, nicht draußen anklopfen muß; von innen konnte gleich angefangen werden mit der Arbeit; Frauen mußten nicht länger warten, daß die Verhältnisse für sie geändert würden. So sie selbst mitproduzierten, konnten sie selbst an der Änderung mitwirken.

»Opfer-Täter« war der Versuch, die Innenansicht der Verhältnisse selbst zum Gegenstand zu machen mit dem Ziel, das Wissen um die Zustimmung der Frauen zu den sie beherrschenden Verhältnissen in Gegenstrategien zu überführen. Ganz in der Tradition von Marx und Engels forderte F. Haug die Untersuchung der ideologischen Mächte, die diese Zustimmung organisieren, die Berücksichtigung der Lebensbedingungen von Frauen. Persönlichkeitstheoretisch orientiert wollte sie zusätzlich etwas über die Verhinderungen von »eigentlich« gewollter Veränderung wissen. Erweiterte Handlungsfähigkeit — so die politische Anmaßung — von *allen* Frauen ist Voraussetzung geworden für jede umfassende Veränderung.

Ihr Vortrag brachte zwei in der Bewegung miteinander zerstrittene Positionen »ins Gespräch«: die anhaltende Selbstveränderungsdebatte, die — als Antwort auf soziale Bedingungen — vereinzelten Frauen mehr Selbstbewußtsein geben wollte, und die Diskussionen um Gesellschaftsveränderung, die das Ändern der Umstände für die erste Pflicht hielten. Als Lehre zog F. Haug: Das Ineinander von äußerer und innerer Fesselung muß mit kollektiver Selbstveränderung und horizontaler Gesellschaftsveränderung beantwortet werden, wenn es wirksam bekämpft werden soll. Beide brauchen *eigene* Formen, in denen die Kämpfe reifen können.

Zweite Station: Mittäterin beim kollektiven Selbstmord

»Eine revolutionäre Theorie unterschiedt sich von einer Theorie der Revolution. Eine revolutionäre Theorie ist eine solche, deren Aussagen die Gesellschaft unter dem Aspekt ihrer Veränderbarkeit darstellen ...«
(Hans-Jürgen Krahl 1969)

Christina Thürmer-Rohr konstatiert: »Frauen sind gescheitert. ... Alle Selbstverständlichkeiten haben sich beendet, auch alle vertrauten Kategorien von Widerstand.« (1987, 39) und kommt dazu, sich »neu die Frage nach den gesellschaftlichen Tätern« (1988, 212) zu stellen. Wer ist zuständig für den Nato-Doppelbeschluß, das Patriarchat, die Atomkraftwerke, den möglichen Atomkrieg, die Umweltzerstörung? Ihr Konzept der Mittäterschaft fragt »nach der systematischen Funktionalisierung der Frau für die Macht-Taten des Mannes, einer Funktionalisierung, in die die Frau als Handelnde, als Tätige eingebaut ist und sich selbst einbaut. Mittäterschaft fragt schließlich nach der Beteiligung der Frau an der *historischen Gesamthandlung*, am historischen Gesamtprodukt dieser selbstherrlichen und sich gleichzeitig selbst hinrichtenden Männerkultur. Aus dieser ist die Frau nicht nur *ausgegrenzt*, sondern sie ist auch eingeschlossen, in sie *eingegrenzt*.« (Ebd., 213) Ihr Vorschlag ist, »*stolz* und *hoffnungs-los* zu leben« (1987, 49).

In den wenigen Zitaten sind alle Elemente enthalten, von denen in weiteren Beiträgen gehandelt wird; hinzu kommen zwei — allerdings sehr zentrale — Begriffe: Moral und Unmoral; sie korrespondieren mit Wahrheit und Gemeinheit (s.u.). Die Überlegungen von C. Thürmer-Rohr sollen aus mehreren Gründen diskutiert werden: zum einen ist ihre Suche nach selbst-tätigen Frauen in der Frauenforschung immer noch die Ausnahme. Zum anderen sind die tiefe Hoffnungslosigkeit, der Nihilismus, die beide durch das Mittäterschaft-Konzept ziehen, so zeitgeistig, daß sie beunruhigen. Sie stehen in einem völligen Gegensatz zu den Ermutigungen aus dem Opfer-Täter-Theorem. Wenn die Selbsttätigkeit in einen aktiven Nihilismus mündet, *kann* die Perspektive nicht unmittelbar Befreiung sein, sondern ist eher als *eine* direkte Antwort auf bestimmte soziale Gegebenheiten zu verstehen, also als ein bestimmter Widerstand, dessen Nutzen zur Diskussion steht.

Eigentlich organisiert C. Thürmer-Rohr einen neuen — und für die feministischen Zusammenhänge nicht ganz selbstverständlich — politischen Selbstvergewisserungs-Prozeß über die sichtbaren Tatbestände: den Kampf um die Pershings haben wir verloren, die Rechtsachse USA-GB-BRD stabilisierte sich, die Umweltbedingungen sind kaum »natürlicher« geworden. Aus dieser Vogelperspektive sind kaum *Auswege* zu finden; aus ihr kann nur eine Landkarte entstehen, die nichts vom spezifischen Geruch eines Landstrichs hergibt, uns keinen Schluck Wein erlaubt, der uns das Land näher bringt, und schon gar keine Menschen, die in vielen Kämpfen Siege errangen und Niederlagen erlitten.

Aber prüfen wir das Konkrete, das ja von Frauen und Männern handeln muß. Thürmer-Rohr unterstellt einen »Sinn«, der allen Taten unterliegen muß, auch den zerstörenden, vernichtenden, menschenmordenden. Dieser Sinn wird von Frauen produziert. »Auf diesem Hintergrund konnten sich Männer ihren Ritt ins Desaster, ihre moralische Pleite und Verrottung leisten. Frauen hielten die Fiktion aufrecht, daß alles seinen Sinn hat. Sinn als Lebensmittel« (1987, 50). Warum taten sie dies? »Die Priorität der Harmonie des Privaten hat sich zumindest in den weiblichen *Handlungen* durchgesetzt«, Frauen wollen Männer »vor Belastungen und Schuldgefühlen ... bewahren« (ebd., 49f.). Die Folie, auf der das Bedeutung erlangt, ist: Männer und Frauen sind voneinander abhängig; verdeckt wird: wie wird ihre Abhängigkeit *sozial* organisiert? Thürmer-Rohr faßt Erfahrungen zusammen, die alle machen (können); sie benennt die Resultante einer gesellschaftlichen Anordnung und Bereichstrennung, die die einzelnen als eine bestimmte Haltung leben (bei Thürmer-Rohr eher eine bestimmte Eigenschaft).

Die Produktion von Sinn ist Frauentat, auf der anderen Seite wird als

Gegenstück die Unmoral (auch Gemeinheit genannt) von Männern gebildet. Frauen halten fest an einer Moral, deren Kehrseite die Unmoral der Männer ist. Sie versuchen zwischen beiden Seiten einen Balanceakt, der durch *Demoralisierung* zerstört werden könnte. Frauen sollten die Wahrheit sagen, die Tatsachen benennen, die Sinnproduktion verweigern. »Unser einziger Weg ... ist der Mut, den Dingen ins Gesicht zu sehen und nicht nach Perspektiven und Weiterentwicklungen Ausschau zu halten, wo es sie nicht gibt. ... Aber wir sollten uns jetzt an das halten, was gewiß ist. ... Und wenn wir gegen den Skandal auf dieser Erde revoltieren, dann nur aus einem Grund: Weil das Leben immer noch unverseuchte Augenblicke enthält.« (Ebd., 55f.) Der ausschließliche Blick auf die individuellen Erfahrungen gibt ihr die Vorschläge vor: Erfahrungen sollten bewußt gemacht und verändert werden. Was unangetastet bleibt, sind die »fremden« bestimmenden Mächte. Thürmer-Rohr untermauert ihre Vorschläge noch, indem sie zu dem aufruft, was »gewiß« sei, so als seien bestimmte Gewißheiten den lebensbesetzenden fremden Mächten schon entrissen und für sich lebbar.

Marx und Engels schrieben im Kommunistischen Manifest: »Alles Ständische und Stehende verdampft, alles Heilige wird entweiht, und die Menschen sind endlich gezwungen, ihre Lebensstellung, ihre gegenseitigen Beziehungen mit nüchternen Augen anzusehen.« (MEW 4, 465) Aber als Grund nannten sie die »fortwährende Umwälzung der Produktion, die ununterbrochene Erschütterung aller gesellschaftlichen Zustände, die ewige Unsicherheit und Bewegung« (ebd.). Bei Thürmer-Rohr wälzt sich die Gesellschaft (die Welt) ausschließlich in Richtung Mord und Tod um. Frauen sind darin keine Heilsbringer, aber eine Kassandra-Gemeinschaft, die durch *Sprechen* diesen Tatbestand klarwerden läßt. Sie wollen nicht retten, sondern *sagen*.

Das An- und Abstoßende an diesem Konzept ist, daß es viele Wirklichkeiten enthält, die nur immer auf der falschen Bühne gezeigt werden. Im »wirklichen Leben« z.B. sprechen Frauen unter sich häufig schlecht von Männern (seltener über Raketen); sie wissen, was ihre Männer alles nicht wissen (dies bezieht sich häufig auf Haushaltsangelegenheiten); sie *glauben* nicht, daß ihre Männer so großartig und allwissend sind, wie sie zu Hause vorgeben (dies aber mit Ressentiment), und sie sagen ihnen dies auch in Streitsituationen. Aus diesem »wirklichen Leben« kommen aber nicht die Überlegungen von Thürmer-Rohr, sie unterstellt die allseits politisch entwickelte weibliche Persönlichkeit, die weiß, daß wenn sie den Abwasch macht, sie die geschlechtliche Arbeitsteilung reproduziert, wenn sie den Mann vom Streik abhält, sie die Klasse als ganze schwächt. Kurz: die mit ihren Taten nichts für sich erwirkt, sondern für ihn: er kann sich ausruhen und muß nicht streiten, er wird beim Unternehmer in gutem Licht dastehen. Und deshalb geht die Welt zugrunde.

Ein wirklicher Skandal scheint mir, daß die Unterstellung, Frauen wüßten schon, nur teilten sie es nicht zur richtigen Zeit am richtigen Ort mit, die jahrtausendelange Unterdrückung von weiblichen Entwicklungspotenzen, ihre Einsperrung für nichtig erklärt. Frauen stimmen weniger den Pershings zu als vielmehr der Situation, von der aus sie keinen Einfluß auf Stationierungen haben.

Es ist nicht leicht, gegen das Mittäterschaft-Konzept zu streiten, es hat unentwegt die großen — allseits als solche akzeptierten — gesellschaftlichen Probleme und Frauen zum Thema. Von ganz niedrigen Ebenen handeln dagegen Taten der »freiwilligen Unterwerfung«: fehlende Schulabschlüsse, die Wahl der weniger qualifizierten Arbeitsplätze, die wieder zunehmende Akzeptanz, daß sie beim Kind bleiben muß, die Aufgabe von vormals eigenen Lebensperspektiven. Thürmer-Rohr hat eine geschlossene Gesellschaft vor Augen, deren Zerstörungspotential die Möglichkeiten von Frauen überdeckt. Nur so ist es überhaupt möglich, daß die historischen Veränderungen für Frauen und das Fehlen von Frauen in ihnen ihr kein Thema sind. Damit aber wird ein Hauptproblem der schwach gewordenen Frauenbewegung zum blinden Fleck: die gesellschaftlich bzw. ideologisch organisierten Selbstbehinderungen von Frauen, durch die sie den Formen der Unterwerfung besonders ausgeliefert sind, da sie über die Innensicht der Verhältnisse kaum hinauskommen.

Thürmer-Rohr spricht zu den objektiven Bedingungen, sie sagt: die Wege des Änderns sind versperrt bzw. unbegehbar. Kurz, sie behauptet, daß sie aus den objektiven Bedingungen die Möglichkeiten individueller Handlungsfähigkeit vollständig *ableiten* könne, und ist so einer bestimmten Marxismus-Rezeption sehr nahe, die allerdings mit dieser Art, die Verhältnisse zu begreifen, scheiterte. Gleichzeitig ist in ihrem Konzept eine individuelle Willensethik angelegt: »Daß Menschen selbst entscheiden, was sie sind, gilt — grundsätzlich zumindest — auch für Frauen.« (1987, 44) Die Vorschläge changieren — auch weil sie die Verhältnisse nicht von dem individuellen Verhalten trennen — zwischen absoluter Fremdbestimmung und absoluter Selbstbestimmung. Das mag ein Grund für die Schwärze sein, denn der daraus resultierende mögliche Aufruf: »Ihr könnt nicht, aber ihr müßt!« kennt weniger ein politisches Ziel als den Kampf mit den »inneren Feinden« einer weiblichen Seele, die sich bestechen ließ.

Dritte Station: Zurück zu den Anfängen

Daß die Diskussion um die individuelle Reproduktion der gesellschaftlichen Verhältnisse zum gegenwärtigen Zeitpunkt wieder stärker wird, ist selbst schon bemerkenswert. Einige Strömungen bei den Grünen und große Teile der sozialen Bewegungen vertreten seit Jahren — auch gegen Fehlschläge — basisdemokratische Konzepte. Politik wird dort als ein Bereich verstanden, in den sich alle Mitglieder eines Gemeinwesens involvieren müssen, wenn es demokratisch reguliert werden soll. Aus dem »Perestrojka«-Vorstoß erhalten diese Vorstellungen unvorhergesehene Unterstützung; Gorbatschow formuliert programmatisch, daß »das besondere Merkmal und die Stärke der Perestrojka ist, daß sie gleichzeitig eine Revolution von oben und von unten ist.« (1987, 69) Für die »umfassende Demokratisierung aller Bereiche der Gesellschaft« (ebd., 36) will er den »Faktor Mensch« aktivieren (ebd., 32). Ein in Worten ähnliches Konzept hört man von der politischen Rechten. Auch hier ist vom »Faktor Mensch« die Rede, von Nachbarschaftshilfe, von Selbstversorgung gegen »Vater-Staat«-Konzepte. Die Wörter haben nur unterschiedene Bezugspunkte: auf seiten der Linken beziehen sie sich auf Regelungen des *Gemeinwesens*, auf seiten der Rechten auf die Regelungen des *sozialen Privatlebens*. Die einen sprechen von der Machtzunahme von vielen, die anderen von der »Entmachtung« (lies: Entbürokratisierung) des Staates, ohne daß gesagt würde, wohin diese »Abgabe« dann fließen wird.

Das Individuum und sein Verhältnis zum Gemeinwesen ist gegenwärtig Schnittpunkt großer alltags-politischer Debatten, und ob die demokratische oder die »private« Besetzung die Oberhand gewinnt, ist noch nicht ausgemacht. In diesem Feld von Bedeutungskämpfen um politische Benennungen wie Selbsttätigkeit und Selbstverantwortung sind auch Begriffe wie Mittäterschaft und Opfer-Täter angesiedelt; zumal auch sie ein bestimmtes Verhältnis von Individuum und Gesellschaft unterstellen, das zugleich ein herrschaftliches ist und Herrschaft reproduziert.

Die Verhältnisse vermitteln sich den einzelnen vielfältiger, sie verstehen sich nicht »von selbst«. Die Zunahme an potentiell *freiwilligen* Selbstanbindungen an das Vorhandene, die Loslösungen von familiären und — in Grenzen — von schichtspezifischen Bedingungen bei der Herstellung eigener Lebensweisen gehört zu dem historisch erkämpften Individualisierungsprozeß, der die Menschheitsgeschichte auszeichnet. Gleichzeitig werden zwei Bewegungen sichtbar: daß es auf den einzelnen (mehr) ankommt, sowie auch, daß es auf *bestimmte* einzelne nicht ankommt. Die gesellschaftliche (soziale) Gliederung legt fest, ob auf diese zunehmende Individualisierung so geantwortet wird, daß bereits in der »Kalkulation« eine bestimmte Anzahl von Menschen auftaucht, die nicht gesellschaftlich sinnvoll ins Gemeinwesen eingegliedert wird (diskutiert wird die Zahl von 33 %), oder ob alle *vorgesehen* sind und dann einige wenige (Gorbatschow nennt sie — nach Lenin — Parasiten) sich selbst ausschließen.

Dieser Vereinzelungsprozeß beinhaltet auch, daß — bedingt durch die schnelle Umwälzung der Produktivkräfte — die Strukturen der *Vergewisserungen* (seiner selbst und der »Welt«) sich rascher verändern, weniger tradiert werden können; anders gesagt: das alte und das neue Wissen gehen neue Bündnisse ein, und der Anteil dessen, was »festgeschrieben« ist, also ehern, wird kleiner sein als das neue Wissen.

Die neuen Kenntnisse, die »ewige Weiterbildung« sind funktional z.B. für einen Produktionsprozeß; sie sind weder schon selbstverständlich noch in andere gesellschaftliche Bereiche wie z.B. in die Privatsphäre eingesickert. Werden sie bloß mitgenommen — wie z.B. wenn Programmierer die Logik des Problemlösens auf Probleme ihrer Ehe übertragen (vgl. PAQ 1986) —, können sie zerstörerisch auf Personen und Strukturen wirken.

Wenn Individualisierung und Vereinzelung zunehmen, verkomplizieren sich die Vermittlungen der gesamtgesellschaftlichen Prozesse mit dem Alltagshandeln der einzelnen. *Wie* man die Verhältnisse sieht und sich darin, ist multivalent bestimmbar. Alle Instanzen, Formen, Strukturen, die diese vermittelnden Aufgaben übernehmen, sind unter kapitalistischen Bedingungen maßgeblich an der Wiederherstellung auch von Herrschaftsverhältnissen beteiligt. Als »Vermittlung von gesellschaftlichen und individuellen Reproduktionsnotwendigkeiten« bestimmt Irene Dölling die *Kultur* (1988, 558). Als Verhältnis des Menschen zum Menschen »werden die jeweiligen Möglichkeiten und Grenzen individueller Entwicklung und damit der kulturelle Entwicklungsstand einer Gesellschaft praktisch erfahren und unmittelbar sinnfällig« (ebd., 561). »Kultur als Ensemble von Formen, ... in denen eine je spezifische Handlungsfähigkeit der Angehörigen einer Gesellschaft ausgebildet wird, ist auf verschiedenen Subjekt-Ebenen zu untersuchen: Z.B. als Kultur einer Gesellschaft in ihrer formationsspezifischen Qualität, als Kultur von (gegensätzlichen) Klassen beziehungsweise ihrer Fraktionen innerhalb einer Gesellschaft, als Formenensemble, in dem sich individuelle Vergesellschaftung und Reproduktion vollzieht ...« (ebd., 562f.).

Unter diesen Voraussetzungen, daß die verallgemeinerte Individualisierung die Bedeutung der Kultur für unsere Befreiungskämpfe zentral werden läßt, weil die Sicht auf die Verhältnisse und auf sich selbst kulturell hergestellt wird und Kultur selbst wieder einen angeordneten Platz in den Produktionsverhältnissen hat und gleichzeitig auf einer anderen Ebene Individuen anordnet, scheint es mir nützlich, sich Überlegungen von Marx und Engels noch einmal vorzunehmen. Der Gesichtspunkt ist immer noch derselbe: die Selbsttätigkeit in der eigenen — großen und kleinen — Geschichte.

»Wir machen unsere Geschichte selbst, aber erstens unter sehr bestimmten Voraussetzungen und Bedingungen. ... Zweitens aber macht sich die Geschichte so, daß das Endresultat stets aus den Konflikten vieler Einzelwillen hervorgeht, wovon jeder wieder durch eine Menge besonderer Lebensbedingungen zu dem gemacht wird, was er ist; es sind also unzählige einander durchkreuzende Kräfte, eine unendliche Gruppe von Kräfteparallelogrammen, daraus eine Resultante — das geschichtliche Ergebnis — hervorgeht, die selbst wieder als das Produkt einer, als Ganzes, *bewußtlos* und willenlos wirkenden Macht angesehen werden kann. Denn was jeder einzelne will, wird von jedem anderen verhindert, und was herauskommt, ist etwas, das keiner gewollt hat. So verläuft die bisherige Geschichte nach Art eines Naturprozesses und ist auch wesentlich denselben Bewegungsgesetzen unterworfen.« Engels schrieb dies 1890 in einem berühmt gewordenen Brief an J.Bloch; er wandte sich gegen ein totalisierendes Verständnis der »letzten Instanz«, die für ihn und Marx die Ökonomie einnahm. In letzter Instanz wird die Geschichte von der Ökonomie bestimmt. Schon damals gab es (wie später in der 2. und 3. Internationale) »Ökonomisten«, die *alles* aus der Ökonomie ableiteten.

Vier Jahre zuvor kritisierte er die Geschichtsphilosophie (und hier besonders Hegel), die zwar anerkenne, »daß die ostensiblen und auch die wirklich tätigen Beweggründe der geschichtlich handelnden Menschen keineswegs die letzten Ursachen der geschichtlichen Ereignisse sind, daß hinter diesen Beweggründen andere bewegende Mächte stehn, die es zu erforschen gilt; aber sie sucht diese Mächte nicht in der Geschichte selbst auf, sie importiert sie vielmehr von außen, aus der philosophischen Ideologie, in die Geschichte hinein.« (AS II, 360)

Engels' Argumentation hat etwas Einleuchtendes, das, was er sagt, ist wiedererkennbar: da will jemand etwas, und er kann nicht, wie er will. Oder jemand tut etwas, und es schlägt gegen seine Absicht zurück. Befragt werden müssen die »bewegenden Mächte« — der Wille der einzelnen ist fraglos klar. Vielleicht hatte Engels Männer vor Augen, die von eindeutigen Interessen getrieben, selbst eindeutig — also widerspruchsfrei — sind.

Die Verstrickungen der Individuen mit ihren Verhältnissen und die verschiedenen Arten der Behinderung waren schon sehr viel früher wirklichkeitsnäher von Marx und Engels bestimmt worden; so behaupten sie in der Deutschen Ideologie, daß »die Umstände ebensosehr die Menschen, wie die Menschen die Umstände machen« (MEW 3, 38), und in den Feuerbachthesen resümiert Marx: »Das Zusammenfallen des Ändern[s] der Umstände und der menschlichen Tätigkeit oder Selbstveränderung kann nur als *revolutionäre Praxis* gefaßt und rationell verstanden werden.« (MEW 3, 6)

Es ließen sich noch viele Passagen finden, in denen die Bedeutung der menschlichen Praxen und ihre Hemmung in einer bestimmten gesellschaftlichen Anordnung ausgeführt werden. Interessant ist, daß sowohl gegen die Vereindeutigung aller menschlichen Zusammenhänge auf *ein* Bestimmtsein als auch gegen die Hineinnahme verhimmelter Bestimmungen mit den konkreten Menschen bzw. deren Praxen gestritten wird. Von dem allgemeinen Zusammenhang von »Menschen und Umständen« wird gesagt, er habe viele — widersprüchliche — Bestimmtheiten. Zunächst die Ökonomie — das scheint noch das Klarste —, und es gibt bewegende Mächte, unzählig einander durchkreuzende Kräfte, besondere Lebensbedingungen und eine bewußtlos und willenlos wirkende Macht. Das scheinbar Widersprüchliche ist, daß die Handlungsmöglichkeiten der einzelnen als ihre Geschichte abgebildet werden und diese wiederum als durch die Handlungen der einzelnen bestimmt gilt, ohne daß die einzelnen darüber bestimmten. Als — wenn auch nicht unendlich — variable Posten gelten Geschichte und Menschen. Das widersprüchliche Wechselverhältnis ist weiter fortzusetzen: die Vermenschlichung der Geschichte wird von Menschen verhindert; die Geschichtlichkeit des Menschen durch die Geschichte, da er sich in ihr und sie selbst als zufällig und gleichzeitig ewig erfährt. Die Begriffe, mit denen Marx und Engels das Verhältnis von Individuum und Gesellschaft thematisieren, sind sozio-logische oder besser gesellschafts-theoretische. Die Innenansicht der Verhältnisse, zu denen auch die »Nebelbildungen im Gehirn der Menschen« (MEW 3, 26) gehören, die Schnittstelle von Aneignung der Bedingungen und ihre Veränderung stand nicht im Zentrum ihrer Untersuchungen. Sie interessierten sich für die Formen, in denen ideologische und notwendige individuelle Persönlichkeit organisiert wurde, und schlußfolgerten, daß die Proletarier den Staat stürzen müssen, »um ihre Persönlichkeit durchzusetzen« (MEW 3, 77).

Parallel zu diesem Satz formulierten wir: Die Frauen müssen die Familie stürzen, um ihre Persönlichkeit durchzusetzen. Die stärkste Fessel, so unsere Unterstellung, ist für Frauen die Privatform, in der ihnen

Vergesellschaftungsmöglichkeiten verweigert werden und die gleichzeitig gesellschaftlich notwendige Aufgaben bereithält, die so sehr mit der Form verschmelzen, daß sie naturwüchsig wirken.

In der Frauenbewegung wurde lange Zeit Wissen über die Verhinderungen von Frauenleben zusammengetragen. Die »Umstände« schlugen über ihnen zusammen und zeigten sich den einzelnen Frauen von ihrer bloß ewigen Seite. Die Innenansicht der Machtlosigkeit ist leider nicht revolutionär, sondern zunächst eine Bestandsaufnahme der Verluste und also eine Mängelliste des möglichen Gewinns. Die positiven Parolen lauteten entsprechend »wir wollen auch ...« oder »wir wollen alles«; sie waren noch unspezifisch auf Partizipation gerichtet. Gleichheit — und sei es gleiche Ausbeutung — war mehr als es je zuvor gab; es war noch die heute vielfach verschmähte Gleichheit mit dem Mann. Wer die historischen Materialien der letzten zwanzig Jahre liest, wird viel über Bedingungen, die gleich sein sollten, erfahren und weniger über die Gleichheit der Geschlechter. Das Geschlecht — auch das soziale — ist erst später in die Diskussion gekommen, als Maßstab, nicht als Wirklichkeit. Die theoretischen Diskussionen liefen den praktischen Kämpfen voran: unbescheiden — wie die Studentenbewegung — wollten Frauen die ganze Gesellschaft verändern und verändert wissen. Sie begannen wie die Wlassowa bei Brecht, dort, wo sie lebten; und sie mußten alles auf einmal lösen: die Auseinandersetzung mit dem Staat um die fehlenden Kindergärten, mit den Unternehmern um gleichen Lohn, mit dem Ehemann oder Freund um individuelle Freiheiten und Glück, mit den Genossen um das Wort. Den großen Worten, die ja leitende Begriffe für jede politische Bewegung sind, wie Freiheit, Gleichheit, Schwesterlichkeit stand neben den Kämpfen im »kleinen« die eigene »Kleinheit« entgegen. All das, was Frauen sich sehnlichst wünschten, war an Lernprozesse gebunden, die Zeit brauchten; wer »ein Zimmer für sich allein« fordert, muß das Alleinsein als Voraussetzung zur literarischen, intellektuellen Produktion kennenlernen und ein Produkt wollen, also ein Ziel haben; wer aus der streitenden Familie in die Frauengruppe möchte, muß den Streit als Auseinandersetzungsform, als Kampfmittel für eine gemeinsame dritte Sache *erfahren*; wer den Mann verläßt, muß die heterosexuelle Kultur, die einzelnen Frauen zur Bedrohung werden kann, als Gefahr bekämpfen können usw. usf.

Die Frauenbewegung hat keine straff geführte Organisation ausgebildet. So hing es von jeder selbst ab, ob sie zurückging zum Vertrauten, dem sie mißtraute, oder aufbrach in ein Fremdes, das von Wollen durchdrungen war. Zumeist traten beide Gefühle gleichzeitig auf: Frauen wollen etwas, was sie nicht wollen, und umgekehrt. So hing es besonders vom Stand der Bewegung ab, ob diese individuellen Widersprüche in Lösungen überführt werden konnten oder bloß eliminiert wurden.

Die Bewegung mußte in sehr kurzer Zeit und ohne das theoretische Handwerkszeug schon ausgearbeitet zu haben, lernen, daß sie alte Kulturformen und -inhalte zerstören mußte, um neue aufzubauen; durch die bisherigen Formen und ihre Einwilligung in sie fanden sie sich auf Plätzen wieder, auf denen sie als Frauen gebraucht wurden und noch nicht als Menschen. Die Vermittlung zur Gesamtgesellschaft war und ist für sie immer noch fadenscheinig und der Zugang zu den Ressourcen dieser Gesellschaft und ihrer Regulation ist längst noch nicht selbstverständliche Frauensache.

Die individuellen Widersprüche konnten nicht individuell gelöst werden, sie bedurften der gesellschaftlichen Lösungen; sie mußten dort in Bewegung gebracht werden, wo sie entstanden; diese Einsicht war ein Riesenschritt in der politischen Bewegung. Über sich etwas wissen zu wollen, bedeutete in Gesellschaft zu gehen, und was man dort sah, wollte man nicht sein.

Vierte Station: Männer

> »Man muß so radikal sein wie die Wirklichkeit.«
> (B.Brecht)

Welche gesellschaftliche Tendenzen und Widersprüche werden von Frauen theoretisch bearbeitet und welche Antworten gesucht? Aus der Frauenbewegung kam der politisch leidenschaftliche Impuls, die eigene Subjektivität in die Kämpfe einzubeziehen, die Erfahrungen ernst zu nehmen, Selbstveränderung als Problem von Gesellschaftsveränderung zu fassen. Was ist aus dem Impuls unter den sich schnell umwälzenden Verhältnissen geworden?

Nicht zufällig, sondern als eine Tendenz in der Frauenforschung soll der Beitrag »Private Gewalt von Männern und feministische Sozialwissenschaft« von Lerke Gravenhorst (1988) unter diesem Gesichtspunkt angesehen werden. Männer sind — als Väter, Geliebte — zum Gegenstand von Frauenforschung geworden. Anfang der siebziger Jahre dominierten eher Begriffe, die Strukturen begreifbar machen sollten: das Männliche, das Patriarchat, die Männlichkeit. In ihren Orientierungen waren sie für Frauen zum einen entlastend, da sie das *unmittelbare* Mann-Frau-Verhältnis nur begrenzt als Ort von Befreiung behaupteten, und gleichzeitig verlangten sie eine komliziertere Fassung der Kämpfe. Der »einfache Mann auf der Straße« war schon gemeint, aber mehr noch eine Herrschafts*anordnung*, in der verschiedene Unterdrückungsweisen Bündnisse eingehen können. In den linken Fraktionen des Feminismus kristallisierte sich das Verhältnis von Klasse, Geschlecht und Rasse als zentrale Frage heraus.

Die Entlastung, nicht jeden theoretischen Gedanken mit dem konkreten Mann zu Hause in Verbindung bringen zu müssen, hat m.E. ermöglicht, daß wissenschaftliche und politische Diskurse radikal werden konnten. Das eigene Leben stand nicht sofort unmittelbar in all seinen Facetten zur Disposition. Gleichzeitig verlangte die Ungleichzeitigkeit der Befreiungsanstrengungen — in der Theoriebildung schon Land erobernd und in den privaten Beziehungen noch um zu spülende Tassen »kämpfend« — ein Leben in der »dritten Person« und Einsicht in die notwendige Uneinheitlichkeit der Lebensweise. Die historische Last der gegeneinander abgeschotteten Bereiche, *ohne* eine Belohnung für die Einhaltung der Teilungen, muß strukturell von Frauen getragen werden. Das Private hatte im Zuge der Bewegung das Verlockende verloren.

Die Radikalität, mit der die Geschlechterverhältnisse auch als Herrschaftsformen benannt wurden, wird von einigen Frauenforscherinnen bekämpft, indem eine Gegen-Radikalität entwickelt wird, die — wie z.B. von Lerke Gravenhorst — nach einer »übergreifenden Einheit des weiblichen und männlichen Lebenszusammenhanges« (1988, 24) sucht. Auch ihre Betrachtungen finden auf der Folie von »Opfer-Täter«-Überlegungen statt. Sie ist ganz offensichtlich von dem Gedanken berührt, daß die Verhältnisse *freiwillig* wiederhergestellt werden, und sie baut diesen Gedanken zu einer Wesensbestimmung der Geschlechter um.

Unter der Prämisse, daß das Patriarchat eine Herrschaftsstruktur ist, an der zu partizipieren Effekt einer bestimmten Vergesellschaftung ist, unterstellt Gravenhorst, können sich die TeilnehmerInnen reflexiv zu ihr verhalten. Dies gilt für Männer und Frauen, wenn auch nicht in gleicher Weise. Die Geschlechter leben »in einer gemeinsamen Welt. Sie stehen sich nicht als zwei dichotome Klassen oder Kulturen gegenüber, sondern werden gedacht als zwei existentiell aufeinander verwiesene Teile einer Ganzheit. Dieser Geschlechtertheorie zufolge schlafen die Frauen nicht mit ihrem Feind — um ein verbreitetes Bild der Frauenöffentlichkeit zu gebrauchen —, sondern allenfalls ... mit den Müttern oder Vätern ihrer Kindheit. Die Gemeinsamkeit der Geschlechter wird auch nicht als überflüssige oder verwerfliche Kollaboration der Frauen mit den Männern gedacht, sondern als existentiell angelegte und — bei aller Verstrickung — legitime Möglichkeit. Sicher ist die gemeinte Ganzheit im Patriarchat eine, die als männliche Herrschaft strukturiert ist und sich in zerstörerischer Kraft gegen beide Geschlechter richtet, am stärksten gegen Frauen.« (Ebd., 23) Zunächst ist die Seins-philosophische Begrifflichkeit verwirrend. Das Wort existentiell tritt als Letztheit — unhinterfragbar und ehern — immer dann auf, wenn das Verhältnis von Männern und Frauen begründet werden soll. Sie sollen »wesenhaft« aufeinander bezogen sein, und ihre Gemeinsamkeit ist »wesenhaft« angelegt. Probleme mit dem »menschlichen Wesen« hatte die Frauenbewegung von Anfang an. Das »menschliche« Wesen trat ihnen ja überformt von dem »männlichen« gegenüber. Und ohne schon in der Philosophiegeschichte zu Hause zu sein, schienen Seinskategorien zu bekämpfende Wirklichkeitsverdichtungen zu sein, da sie die beschränkten sozialen Möglichkeiten von Frauen von deren Wesen ableiteten. Gravenhorst braucht das gemeinsame »Wesen« der Geschlechter zum einen, um die Gemeinsamkeit behaupten zu können, zum anderen, um das Patriarchat als Verhinderung dieser Gemeinsamkeit für Männer und Frauen bestimmen zu können. Sich reflexiv zu den Verhältnissen verhalten zu können, verschiebt sich so zu einem Akt des Voluntarismus, da die *sozialen* und *kulturellen* Bedingungen aus dem Prozeß des Reflektierens ausgeblendet sind. Wesenskategorien, die sich auf die Geschlechterverhältnisse beziehen, laufen besonders Gefahr Natürliches zu bezeichnen. Das unterstellte Wesen wird naturalisiert und steigt als soziales Wesen wieder auf. Da die Unterschiede und Ähnlichkeiten zwischen den Geschlechtern im Diskurs wesentlich nur durch die unterschiedlichen körperlichen Potenzen ausgezeichnet werden können, ist die Nähe zur Natur schon bedingt durch die Nähe zum Körper. Und bei Gravenhorst ist die Frage — wie bei Henne und Ei —, was denn zunächst da war, das

Wesen oder die Natur, nicht mehr zu beantworten. Angeregt durch die erneute Beleuchtung des Mythos vom Kugelmenschen (Aristophanes) durch E. Fox Keller neigen sich Teile der Frauenforschung der Annahme zu, daß Wesen und Natur ineinsfallen und kulturell auseinandergerissen wurden (vgl. Beer 1987). Oder anders: Die Einheit von Mann und Frau als ein Mensch ist ihr Wesen und ihre Natur (wobei gerne übersehen wird, daß in Platons Gastmahl die Einheit auch eingeschlechtlich gemeint war; dies wird häufig als Produkt von patriarchalischen Denkweisen gegeißelt). Hinter dem großen Wort »existentiell« könnte also ein Mythos — nichts Wissenschaftliches — aufscheinen; ein Bild von den alten und zukünftigen Geschlechterverhältnissen, etwas Ehernes. Kurz: eine Utopie, die sich den Mythos leiht, um sich selbst Gewicht zu verleihen. »Der Vorgang der Symbolisierung hat seinen Ursprung im Mythos, in den historisch ersten Formen anschauenden Denkens, in denen die Menschen ihre Subjektposition in einer erst in den Anfängen beherrschten (und bearbeiteten) Natur Ausdruck gaben.« (Dölling 1988, 567) Gravenhorst stiftet selbst keine Symbolisierung, sie greift bloß — implizit — auf einen Mythos zurück. Die Produktion von Symbolen bleibt den politisch-ideologisch-kulturellen Instanzen überlassen. Kann es dort überhaupt eine andere als konservative Indienstnahme geben? Reagiert diese Frauenforschung auf Verhältnisse innerhalb der Frauenbewegung (Ausschluß der Männer, Separation, Tribadie), oder ist sie affirmative Antwort auf die rechte Wende, die die nützliche »Partnerschaft« zwischen den Geschlechtern neu erfand, in die von seiten der Frauen jetzt Leidenschaft und Sehnsucht nachgetragen wird? Einige Behauptungen von Gravenhorst verweisen auf die letzte Möglichkeit, obwohl sie ihre Motive in der Frauenbewegung ansiedelt. Eine Frau, die die Solidarität mit Männern verweigere, schaffe dies nicht, »es sei denn, sie stellte sich taub und ließe sich nicht ergreifen von der Existenz menschlichen Lebens, das auf ihre menschliche Lebendigkeit und ihre menschliche Fähigkeit, Leben zu bestärken, angewiesen ist.« (Ebd., 65) Jedes Ergriffenwerden steht dem selbstbestimmten Begreifen entgegen; weder Männer, noch Kinder noch das menschliche Leben sollte uns »ergreifen«, das ist die Tradition, gegen die wir antraten, und sie sollte nicht haltmachen vor den scheinbar natürlichen Vorgängen zwischen den Geschlechtern. Die politische Indienstnahme dieser gegen-aufklärerischen, romantischen Vorstellungen ist nah: die Diskussion um die individuelle Verantwortung für Aids, die Abwälzung der Soziallasten auf verheiratete Personen (einer für die andere und umgekehrt) baut schon auf der Symbolisierung des *einen* Menschen, der zwei ist und der sich zudem noch durch Liebe zusammenfindet, auf.

Finanzielle und moralische »Treue« zu dem Einen, der man selbst ist, könnte in rechtlichen Formen gesprochen werden.[2] Die romantische Sehnsucht, im Hier und Jetzt — kampflos — egalitäre Geschlechterverhältnisse zu »erhalten«, kann politisch reaktionär gesprochen werden. Durch die Klammerung an die erhoffte, gewünschte Einheit der Geschlechter werden auch die Gräben, die sie auszeichnen und unter denen die Verhältnisse für frauenbewegte Frauen unerträglich wurden, zugeschüttet. »Dichotomisch« können sich die Geschlechter nicht gegenüberstehen, das verbietet schon der Begriff, der (aus der Biologie kommend) unterstellt, daß eine Zweiteilung stattfindet (z.B. eines Pflanzensprosses in zwei *gleichstarke* Nebenachsen), aber so stehen sich auch keine Klassen gegenüber. Gravenhorst meint, daß der Klassen*antagonismus* nicht auf die Geschlechter übertragbar ist, aber sie bleibt den Beweis dafür schuldig. Die *Logik* der Klassenverhältnisse ist nicht auf die Geschlechter übertragbar, aber ihre Fassung als Antagonismus wäre es vielleicht. Nun könnte man behaupten, daß Antagonismen nur einseitig auflösbar seien und dies den Tod der halben Menschheit in der Geschlechterfrage beinhalten würde. Aber hier beginnt das Terrain erst interessant zu werden, weil wiederum Natur und Soziales so übergangslos denkbar sind. In der feministischen Forschung wurde dieser Antagonismus als *sozialer* gefaßt, nicht als natürlicher, an Biologie gefesselter. Und in dieser Weise verweist er auf die soziale und, ich ergänze, auf kulturelle Revolutionierung der gesellschaftlichen Verhältnisse. Den Frauen kommt in diesem Prozeß eine besondere Stellung zu, da sie nicht privilegiert an den patriarchalischen Strukturen partizipieren können. Die politische Strategie, aus der individuellen Zustimmung zu den Verhältnissen zu einer kollektiven, einer konkreten Negation voranzuschreiten, ist für sie mit Befreiung verknüpft. Bei Gravenhorst muß eine allgemeine Veränderung nicht stattfinden: Männer verweigern die Partizipation an der Herrschaft und befreien so die Frauen. Was bekommen sie dafür?

Gravenhorst löst aus dem Opfer-Täter-Theorem eine Ebene heraus, gibt sie als Handlungsmöglichkeit für beide Geschlechter aus und verläßt den Boden jeder Gesellschaftsanalyse zugunsten eines subjektivistischen Voluntarismus, der motiviert wird durch »persönliches Glück«, das aus einem Mythos geschöpft wird.

Fünfte Station: Emanzipationslogik

> »Die Philosophen haben die Welt nur verschieden *interpretiert*, es kömmt drauf an, sie zu *verändern*.« (Marx, 11. Feuerbachthese)

Die letzte Station soll das Dilemma eines erkenntnistheoretischen Zugriffs auf das Problem der Frauenbefreiung als Verhältnis von Selbstveränderung und Gesellschaftsveränderung deutlich machen. Die Moderne, mehr aber noch die/eine Theorie der Moderne ist umkämpft. Ihr Widersacher hieß »Post«-Moderne mit dem Motto: »Anything goes«. Jetzt, wo — ökologisch, ökonomisch — fast nichts mehr geht, ist das Echo auf »post« schwächer geworden. Die sozialen Bewegungen konkretisierten die abstrakt-beliebige Bejahung in bestimmte Negationen: Atomkraft, Pelztierjagd, Tierversuche, Aufrüstung, Frauendiskriminierung sind zu verneinende herrschende Taten. Ohne alle Dimensionen aufzeigen zu wollen, die die Moderne auszeichnet, soll doch ein zentraler Begriff aufgenommen werden, der zunehmend auch die Frauenbewegung als politisches Problem, das einer theoretischen Lösung bedarf, beunruhigt: Emanzipation. Neben eilig hingeworfenen Diskreditierungen von Emanzipations-/Befreiungstheorien (vgl. Hagemann-White 1988) gibt es auch kritische Auseinandersetzungen mit ihnen. Die Grundfrage der Emanzipation könnte lauten: »Wer (welches Kollektiv) will (soll, ist gezwungen) sich aus welchen Gründen (Bedingungen, Notwendigkeiten) mit welchen Mitteln (in welchem Medium, auf Grund welcher Nötigungen) mit welchem (wie möglichen/denkbaren) Ziel 'emanzipieren'?« (Neusüß 1984, 99) In Frage gestellt wird aktuell alles: die historischen Subjekte, die Mittel, die Gründe, das Ziel. Beispielhaft soll Cornelia Klingers Beitrag zum Thema untersucht werden. Sie fühlt sich einer Fraktion der Frauenbewegung verpflichtet, die »aus dem Fahrwasser linker, meist marxistisch geprägter Theoriebildung« (1988, 42) heraustrat und »eine eigenständige feministische Ideologiekritik« (ebd.) entwickelte. Beachtet werden sollen alle jene Überlegungen, die sich die Emanzipation von Fremdbestimmung zum Problem machen.

Klinger führt einen theoretischen Feminismus ein, der — so meine Beobachtungen — zunehmend mehr Anhängerinnen findet: Die Geschlechter müssen immer *zusammen* auftauchen. Das hat fast komische Effekte, da die Frauen schon wieder verschwinden, obwohl doch in ihrem Namen die Anstrengungen unternommen wurden. Dieser Effekt wird z.B. wirksam, wenn Klinger Simone de Beauvoir als Instanz einführt, die die »einfache Emanzipationslogik« als nicht übertragbar auf

die Frauenfrage behauptete. In dieser Auseinandersetzung passiert etwas Ver-rückendes: Klinger läßt das Geschlechterverhältnis nicht aus den Augen, und mit diesem Blick untersucht sie die Konstruktion der »Subjektwerdung« in existentialistischer Fassung. Sie konstatiert: »Indem Beauvoir erkennt, daß der Weg des Mannes zum Ideal der Transzendenz, zur Freiheit des autonom sich entwerfenden Ich abgesichert wird durch die in die Immanenz verwiesenen Frauen, zeigt sie, daß die Konstituierung des geschlechtsneutral erscheinenden Subjekts das Geschlechtersystem zur Voraussetzung hat.« (Ebd., 43) In einfachen Worten: die Arbeitsteilung zwischen den Geschlechtern — Weltbearbeitung auf seiten der Männer (= Transzendenz), Bearbeitung der menschlichen Natur auf seiten der Frauen (= Immanenz) — ermöglicht den Männern erst, Männer (= Subjekte) zu werden. Beauvoirs Begrenztheit besteht nach Klinger darin, daß sie geglaubt hat, daß Frauen nach männlichem Vorbild zu »Subjekten« aufsteigen müssen. Klinger — immer weiter beide Geschlechter im Blick und ihr Verhältnis zueinander — antwortet auf diese Schwäche: »Sie (Beauvoir; K.H.) verkennt oder unterschätzt, daß die dafür von ihr selbst als notwendig erkannten Bedingungen für die Frau nicht bestehen; sie ist das Andere, aber sie *verfügt nicht* über ein Anderes« (ebd., 43). Beauvoirs Delikt bestünde dann darin, daß sie sich egalitäre — befreite — Verhältnisse vorstellt, unter denen »gleiche Verfügungen« stattfinden können. Klinger versucht Beauvoir ihre Geschlechterlogik aufzuzwingen und verliert dabei das »andere« Geschlecht; schon wieder verschluckt eine Seinskategorie seine Anwesenheit. In diesem Fall — würde man mit Beauvoir arbeiten und sie nicht als Lösungs-Botin mißverstehen, könnten Antworten auch revolutionär — oder emanzipiert — aussehen: Frauen *verfügen* nicht über andere, aber mit anderen Frauen versuchen sie zunehmend über ihre Verhältnisse zu verfügen; emphatisch gesprochen ist dies ein Weg, die Geschichte in eigene Hände zu nehmen. Die Frage, ob sie einen *anderen* Weg der Individualisierung (»Subjektwerdung«) finden, stellte sich unter diesem Blick als gesellschaftliches Umbau-Problem. Die Entgegensetzung von »Transzendenz« und »Immanenz« — gesellschaftlich formiert — müßte dann zuerst revolutioniert werden und als Arbeiten auf alle beide Geschlechter verteilt. Um das zu realisieren, brauchen Frauen als »das Andere« die anderen Frauen. Sie müssen nicht weiter identisch sein mit theoretischen Vor-stellungen, sondern könnten — wie im vorliegenden Fall — das Theoretische als Orientierung nutzen.

Es ist bei diesem Umgang mit Theorien, Leben und Frauen nicht weiter verwunderlich, daß Klinger am Ende mit ideologischen Behauptungen das Feld verläßt; z.B. seien Frauen der »Versöhnung mit der Natur ... um vieles näher als der Mann« (ebd., 44) und dies, nachdem vorher — in wenn auch philosophischen Kategorien — doch das Fehlen der Transzendenz ausgemacht wurde. Natur ist ja doch mehr als die menschliche und »Immanenz« war die Fessel, die den Zugang zur außermenschlichen Natur verhinderte und ihre selbstbestimmte Bearbeitung. Des weiteren soll am »traditionellen Ideal von Weiblichkeit« (ebd., 45) angeknüpft werden; mit einigen »Wenn« und »Aber« stellt sich ihr dies als Widerstand gegen falsche Gleichmacherei dar. Wenn weibliche Wirklichkeiten ins Blickfeld gelangen, werden sie als »Enttäuschungen« abgebildet, so z.B. die zunehmende Berufstätigkeit von Frauen, die kaum etwas »zu ihrer Anerkennung in der Gesellschaft und zu ihrer persönlichen Unabhängigkeit beigetragen hat als vielmehr zur Vervielfachung ihrer Belastungen.« (Ebd., 41) Dieses Ergebnis — das immerhin ihren Beitrag begründet, da sie auch unterstellt, daß die Frauenbewegung weniger sozial und politisch etwas erreichte, als vielmehr »die Entwicklung neuer Seh- und Denkweisen« (cbd., 42) ihre Erfolge seien — achtet die lebenspraktischen Wirklichkeitsveränderungen sehr gering: Frauen, die mit 50 ein Studium beginnen, die mit anderen Frauen zusammen wohnen, eigene Projekte gründen, in der Gewerkschaft ihre sie betreffenden Kämpfe aufnehmen, das Zweifeln lernen, usw.

Klingers Text ist ein gutes Beispiel für hochhängende Trauben, die nur mit einer Leiter erreicht werden können. Von oben stellt sich die Befreiungsfrage als Begriffs- und weniger als Begreifensproblem. Oben — in dünner Luft — gibt es auch keine Machtfragen, jede kann da für sich definieren, was und wie sie es will. Für das von Klinger konstruierte Oben gibt es ein Unten, das sie verleugnet: die Basis, die sie verändern will, ist die Philosophiegeschichte, selbst Agens der Geschichte, deren Vermittlung mit der (z.B.) Frauenbewegung nicht transparent gemacht wird. Die Anwesenheit der Bewegung ist ihr auch ein reines Definitionsproblem: Sie siedelt sie überwiegend im Bereich der Theoriebildung an und folgt so bloß der vorfindlichen Arbeitsteilung, die die Wissenschaften weit ab von den Bewegungen in Universitäten und Seminarräumen gefangenhält. Die Frauenbewegung aber hatte sie von dort »ins Leben«, in die Politik geholt, und nun scheinen einige Wissenschaftlerinnen dorthin zurückzukehren. Die 11. Feuerbachthese von Marx ist hier noch nicht einmal zur Kenntnis genommen worden — aber »der« Marxismus ist Klinger schon modern-ältlich.

Theorie und Erfahrung

> »Die ganze Krankheit der heutigen Zeit entstammt zwei Ursachen ... Alles, was einst war, ist nicht mehr; alles, was einst sein wird, ist noch nicht.« (Musset)
>
> »Wir nun: vieles, was einst war, dauert noch; vieles, was sein wird, beginnt schon. Das hat Fieber, das uns schüttelt, die Spannung, die uns zerreißt.« (V.Braun)

»Eigentlich war alles, was ich las, richtig.« Der Ausspruch wird Leibnitz zugesprochen, und bei unserem Gang durch verschiedene Arbeiten in der Frauenforschung findet er — trotz aller Kritik — positive Anwendung. Oder anders: Man muß nicht Worte lesen, sondern die Probleme suchen, die sie freilegen *wollen*. Jede Benennung eines Gegenstandes/Problems wird durch Abstraktion, durch Weglassung erreicht; eine Folge davon kann die Entnennung von etwas sein, das den Gegenstand zwar mitbestimmt, aber außer acht gelassen wurde. Das »Richtige« ist ein »Teil-Richtiges«: Im Konzept der Mittäterschaft wurde die vereinzelte, sich verändernde Frau *gesetzt* und die gemeinschaftliche, horizontal regulierte Gesellschaft als mögliche Perspektive »vergessen«, zugunsten einer alles determinierenden todessehnsüchtigen Welt. Die Liebe zwischen den Geschlechtern handelte ausschließlich vom Mythos der widerspruchsfreien Mann-Frau-Gemeinschaft und »vergaß« die Formiertheit *beider* Geschlechter durch eine herrschaftliche Anordnung zugunsten der *freiwilligen* Zustimmung *aller* Menschen zu ihr. Die Kritik philosophischer Zurechtlegungen vom Gang der Welt »vergaß« die Welt zugunsten einer neuen Zurechtlegung. Drei »Fallen«, in die theoretische Arbeit geraten kann, werden so vorstellig: das verallgemeinerbare Ziel zu vergessen, um dessentwillen etwas geändert werden soll; die Anordnung und Wirksamkeit von Herrschaft zu unterschätzen, gegen die man sich widerständig verhielt, und die Bereiche fraglos einzuhalten, die man nicht selber schuf.

Und auf den zweiten Blick wird deutlich, was alle drei eint und selbst wieder blinder Fleck wurde: die gemachten Erfahrungen und der Begriff von Erfahrung. Im ersten Fall wird das Ziel — die befreite Gesellschaft — keine Erfahrung sein, die diese und die nächste Generation machen wird. Thürmer-Rohr lenkt vielleicht deshalb, auch um nicht metaphysisch werden zu müssen, die Aufmerksamkeit auf bestimmte *Zeiten*, von denen sie glaubt, daß durch sie schöne, gute Erfahrungen möglich sind (die »unverseuchten Augenblicke«; 1988, 56). Analog zu früheren Teilungen der Lebenszeit (entfremdete Arbeit — privates

Glück) erfindet sie neue, ebenso widerspruchslose. Bei Gravenhorst ist es vielleicht die eigene Erfahrung, die ins theoretisch Allgemeine soll: die Verknüpfung von Erfahrung mit Erfahrung und Normalität wird zur Theorie erklärt. Während für Thürmer-Rohr das wenige Positive ins Unmittelbare drängt, kommt Gravenhorst aus dem unmittelbar Erfahrenen. Und Klinger hat »wissenschaftliche Erfahrung« zur Folie gemacht, auf der ihre Thesen aufbauen: Theorie wird zur Erfahrung, wenn keine andere gelten darf.

Der gesellschaftliche Individualisierungsschub, von dem eingangs dic Rede war, gibt für diese widersprüchlichen Herangehensweisen den Stoff ab, der noch analysiert werden muß. Wenn bestimmte Erfahrung — verdichtet als Altersweisheit, individuell vererbte Tradition, letztlich auch individuelles Wissen — zunehmend weniger gilt, und das, was gilt, noch krisenhaft angeeignet wird, müßte sich das im wissenschaftlichen Begreifen der neuen »Erfahrungen«, ihrem individuellen und gesellschaftlichen Stellenwert niederschlagen. Der Prozeß selbst ist widersprüchlich angelegt und paradox: es kommt auf die einzelnen an, aber nicht auf ihre Erfahrungen. Information — etwas erfahren — ist alles, und nichts ihre »Verdichtung« in einem Individuum?

Die Erfahrungen mit den Erfahrungen werden umgebaut: Wer an seinen Erfahrungen hängt, d.h. ihnen z.B. nach-denkt, ist langsamer als die, die »flexibel« sind. Die »neue« Gesellschaft verlangt von den einzelnen (geistige, räumliche) Mobilität, Flexibilität und Eingriffe ins Geschehen. Erfahrungen zu machen heißt ja auch, auf einen Fundus von Lehren zurückgreifen zu *können* (»Aus Erfahrungen muß man nichts lernen, aber ohne Erfahrung kann man nichts lernen« Brecht). Wie können die neuen Anforderungen zu Lehren werden, zu quasi theoretischen Erfahrungen, die jemanden sowohl an das Bestehende anbinden als auch den Überschuß an Erfahrungen und Wollen verarbeiten läßt in gemeinsamer herrschaftsfreier Perspektive? In den theoretischen Diskussionen der Frauenbewegung wird Individualisierung — als Erfahrung — erst entdeckt. Alles scheint möglich und nichts muß wirklich werden.

Die Opfer-Täter-These hat sich aktualisiert; es wurde darin vorgeschlagen, die Erfahrungen der einzelnen zu studieren, um zu begreifen, wie sie zu »freiwilliger Unterwerfung« führen. Darin war unterstellt, daß die individuellen Erfahrungen — formiert durch Ideologie, Moral, Staat — diese Gesellschaft auch möglich machen und sie deshalb im Brennpunkt von Befreiungstheorien zu stehen hätten. In den bisherigen Traditionen war der Alltagsverstand mit seinen Normalisierungen ebenso zu Hause wie Widerstand und Utopie. Wenn sie langsam zersetzt werden durch die Notwendigkeit des »schnellen Vergessens« und funktionalen Ad-hoc-Erfahrungsverdichtungen, was geschieht dann mit den Utopien?

Eines immerhin brachte uns die Literatursicht bei: die Themen sind weltbewegend, weil die Welt schon lange durch sie bewegt wird, aber zu einem weiteren Begreifen von individueller Vergesellschaftung tragen die Vorschläge noch nicht bei. Die Krisen und Brüche, die uns bevorstehen, sind kaum erst erahnt. Aber eine Stoßrichtung ist hoffentlich deutlich geworden, die für die Frauenforschung Weisungscharakter erhalten sollte: wir brauchen mehr Wissen, um über Selbst- und Gesellschaftsveränderung theoretisch arbeiten zu können. Wir gewinnen es aus dem »Leben«, aber nicht einfach, wir gewinnen es kaum aus den vorhandenen Theorien. Wir gewännen es vielleicht eher, wenn wir die individuellen Widersprüche herausarbeiteten und ihre gesellschaftliche Formiertheit, aber nicht schon auf Ahnungen hin Lösungen formulierten. Das Vergesellschaftungsrätsel ist als konkrete Frage kaum erst gestellt.

Anmerkungen

1 Frigga Haug hielt unter diesem Titel einen Vortrag auf der Berliner Volksuni 1979.

2 Wie weit dieser Mythos gehen kann und wie sehr Irrationalität durch die Transformation in Liebe »rational« scheinen kann, konnte in der FAZ vom 2. Juli 1988 nachgelesen werden: »Sie liebt ihn so, wie sie denkt, daß Liebe sein müsse, so, wie sie auch geliebt werden möchte. Die Liebe ist ihr mehr als Leib und Leben. Denn der Mann, um den es ihr geht, hat Aids.«

Literaturverzeichnis

Beer, Ursula (Hg.), 1987: Klasse Geschlecht. Bielefeld

Ditfurth, Jutta, 1988: Träumen Kämpfen Verwirklichen. Köln

Dölling, Irene, 1988: Frauen- und Männerbilder. In: Weimarer Beiträge 4. Berlin/DDR, Weimar

Gorbatschow, Michail, 1987: Perestrojka. Die zweite russische Revolution. München

Gravenhorst, Lerke, 1988: Private Gewalt von Männern und feministische Sozialwissenschaft. In: Hagemann-White, Carol, und Maria S. Rerrich (Hg.): Frauen-Männer-Bilder. Bielefeld

Haug, Frigga, 1988³: Frauen — Opfer oder Täter? In: Argument-Studienheft 46. West-Berlin

dies., 1986: Perspektiven eines sozialistischen Feminismus. In: Das Argument 159. West-Berlin

Klinger, Cornelia, 1988: Abschied von der Emanzipationslogik? Die Gründe ihn zu fordern, zu feiern oder zu fürchten. In: Kommune 1/88. Frankfurt/M.

Marx und Engels zit. nach Marx-Engels Werke (MEW) und Ausgewählte Schriften Bd.II (AS)

Neusüß, A., 1984: Emanzipation. In: Kerber und Schmieder (Hg.): Handbuch Soziologie

Projekt Automation und Qualifikation (PAQ) 1983: Zerreißproben — Automation im Arbeiterleben. West-Berlin

Stamm, K.-H., 1988: Alternative Öffentlichkeit. Die Erfahrungsproduktion neuer sozialer Bewegungen. Frankfurt/M., New York

Thürmer-Rohr, Christina, 1987: Vagabundinnen. Feministische Essays. West-Berlin

dies., 1988: Fachtagung. Mittäterschaft von Frauen — ein Konzept feministischer Forschung und Ausbildung. In: Feministische Beiträge 21/22. Köln

Frauke Schwarting und Eva Stäbler

Fraueninteressen und Durchsetzungsstrategien

Frauenbelange haben in den gegenwärtigen politischen Diskussionen Konjunktur. Es gibt kein Parteiprogramm ohne den Unterpunkt »Frauen«, keine politische Gruppe, die nicht irgendwann die Sexismus-Debatte auf der Tagesordnung hat. Quer durch die Parteien sind die Frauen als wichtige Wählergruppe entdeckt worden. Das sind Erfolge der westdeutschen Frauenbewegung, die in den letzten zwanzig Jahren erreicht hat, daß die Geschlechterfrage als Unterdrückungsverhältnis in das Bewußtsein der Menschen gerückt wurde.

Der bisherige Erfolg der Bewegung hat jedoch verschiedene Gesichter: Es ist zweifellos positiv, wenn z.B. bei den Grünen Frauenlisten existieren, wenn sich in einer Bundestagsdebatte zur Frauenerwerbslosigkeit CDU- und Grüne-Frauen verbünden, wenn in Parteien, Gremien und Institutionen über Quotierung diskutiert und wie z.B. bei den Grünen und der SPD eingerichtet wird. Doch die neuen Aufbrüche bergen auch neue Probleme. Frauenfragen befinden sich nicht mehr automatisch auf der fortschrittlichen Seite, sondern auch die Konservativen machen sie sich erfolgreich zum Thema. Dabei reduzieren sich die Auseinandersetzungen um Frauenpolitiken immer mehr auf Lösungen im staatsnahen Raum. Die Frauenbewegung, die an umfassenden Veränderungen im Alltag ansetzte und staatliche Politik als Delegation von gesellschaftlichen Regelungen entzifferte, müßte auf die gegenwärtigen staatlichen Formulierungen von Frauenfragen politisch antworten. Doch mangelnde Organisation und die Schwierigkeit, gemeinsame Ziele zu formulieren, lassen die Macht von unten fehlen und ermöglichten auch Vereinnahmungen. Mit neuer Schärfe stellt sich die Frage nach der konkreten Frauenbefreiung, ihrer Durchsetzungsmöglichkeit, ihrer Bewegungsform.

Gegenüber dem Wort »Belange« ist »Interesse« ein politischer Begriff, der vielleicht für die Artikulation des Zusammenhangs von Selbst- und Gesellschaftsregulierung besser geeignet ist. Das Wort »Interesse« ist schillernd besetzt. Im politischen Leben treten uns Interessenverbände entgegen, in der Arbeiterbewegung ist »Interesse« ein orientierender Kampfbegriff, der aus der marxistischen Analyse des Gesellschaftssystems gewonnen wurde, alltagssprachlich wird »Interesse« an gutem Essen oder ebensolcher Musik bekundet. Die etymologische Bedeutung ist eindeutig: Interesse kommt aus dem Lateinischen und heißt »dabeisein, dazwischen sein, teilnehmen«. Interessen müßten demnach Auskunft geben, woran jemand teilnimmt, an welchen Orten und wie sich das Dazwischensein vermittelt.

Übersetzt auf »Fraueninteressen« würde dann gleichzeitig der gegenwärtige Standort in den Gesamtverhältnissen angegeben werden müssen sowie die Richtung der Befreiung. Wie nehmen Frauen an der gesellschaftlichen Regelung teil? Wie stellen sie sich die Probleme der individuellen Reproduktion, über deren Bedingungen sie nicht verfügen? Wir wollten nach Hindernissen und Stützpunkten für den Prozeß umfassender Vergesellschaftung fragen. Durch die Einbeziehung von Erfahrungen und die Prüfung des Interessenbegriffs hofften wir, Bausteine dafür zu gewinnen, wie wir über die Bedingungen unseres Handelns in größerem Umfang bestimmen können.

Alltägliche Annahmen

Wir sammelten unsere alltäglichen Annahmen zu dem Wort »Interesse« und untersuchten sie auf die darin enthaltenen Problemformulierungen. Häufig ist zunächst nicht bedeutsam, welche Interessen die Frauen haben, sondern es scheint fragwürdig, ob überhaupt welche vorhanden sind. Fechten Frauen nicht für andere Kämpfe und stellen ihr eigenes Wollen selbstlos zurück? Und geht das »Eigene« nicht verloren in den Versuchen, Harmonie herzustellen? Tatsächlich ist ja die Herstellung einer wohltuend entspannten Atmosphäre eine allgemeine Anforderung und Erwartung an Frauen. Aber das Einlösen dieser Anforderung als Beleg für »Interessenlosigkeit« zu nehmen, schien uns doch zu glatt und eher widerspruchslos ein Klischee reproduzierend. Frauen müssen sich die Anforderungen in irgendeiner Weise selbst zu eigen machen, mit ihrem eigenen Wollen verbinden. Die Frage wäre dann vielmehr so zu stellen: Wie richten sie sich in die Anforderungen ein, mit welchem Widerstand und welchem »Gewinn«?

Eine zweite alltägliche Annahme können wir zugespitzt als »Durchsetzungsdefizit« bezeichnen. Auch sie bezieht sich implizit auf die Herstellung von Harmonie, indem sie Durchsetzungsschwierigkeiten bei der Interessenverfolgung in den Vordergrund stellt und diese auf Konfliktunfähigkeit zurückführt. Obwohl die Konzentration auf Durchsetzungskomponenten vom Gegenstand des Wollens absieht, wird eine Voraussetzung deutlich: die Verwirklichung des eigenen Wollens braucht Kompetenzen. Zahlreiche Kurse wie »Lernen, Nein zu sagen« oder »Selbstbehauptung für Frauen« zeugen davon, wie relevant das Problem im Leben der Frauen ist. Sie zeigen auch, daß die Bedingungen, unter denen Frauen leben, sich veränderten: Es muß ja die Möglichkeit eines bewußten Verhaltens zu den Verhältnissen vorhanden sein.

Einige Medien griffen das Thema »Durchsetzungsfähigkeit bei Frauen« so auf, daß allein diese Fähigkeit als allumfassende (Selbst-)Befreiung gedeutet werden konnte, ohne daß Inhalte und Ziele weiter befragt werden mußten. Die Frauenzeitschrift »freundin« überzog kürzlich die Litfaßsäulen der BRD mit einer Werbekampagne, in der sie »Frauen von heute« darstellte. Die Bilder vermitteln das neue Selbstbewußtsein

und die Originalität der einzelnen. Werfen wir einen Blick auf das Motiv, das laut einer Umfrage das beliebteste war (Abb.). Mutterschaft ist nicht länger die Alternative zu beruflicher Karriere, sondern selber eine. Sie wird nicht mit Verzicht und Anstrengung verknüpft. Die abgebildete Frau zeigt dies: Sie ist smart und chic, ausgeruht hält sie das Kind im Arm, keine Andeutung von durchwachten Nächten oder von Breiresten auf dem Pulli. Text und Bild spielen miteinander: die Betonung der freien Wahl der Lebensperspektive im Text wird durch das Bild zur freien Wahl des sowieso vorgesehenen Lebens reduziert, das nun selbstbestimmt ergriffen wird. Die neue Persönlichkeit des alten Lebens ist die »moderne, durchsetzungsfähige« Frau.

Die »freundin«-Motive sind uns Ermutigung und Warnung zugleich. Ermutigung, weil deutlich wird, daß in modernen Frauenbildern eigene Entscheidungen sich als Selbstverständlichkeit durchsetzen; Warnung, weil sich zeigt, wie leicht die Fremdmodellierung unserer Erfahrungen und unseres Wollens sich gegen uns wendet, uns mit veränderten Attributen an alte Plätze zurückweist. Durchsetzungsfähigkeit wird nicht nur mit Karriere und Aufstieg verbunden, sondern auch mit Privatisierung und Konsum. So wird die durch die Werbung vermittelte Widerspenstigkeit als Vereinzelung gezeigt und zudem auf den Körper reduziert, mit dessen Inszenierung Selbstbestimmung zum Outfit wird.

Die um sich greifende Indienstnahme von »Frauenfragen« erhärtet die Notwendigkeit, konkrete Befreiungsvorstellungen zu formulieren. Wir waren verblüfft, wie wenig alltägliche Diskurse die Inhalte der Regelungsfragen und die strategischen Bewegungsweisen zueinander ins Verhältnis setzen. Wir wollen die alltäglichen Annahmen in der Empirie überprüfen, und zunächst einen theoretischen Zugang zum Begriff »Interesse« erarbeiten.

Interesse als Vermittlungsbegriff

Wir fanden in dem Interessenkonzept von Marx Elemente, die wir für Frauenbefreiung nutzen können. Marx verwendet den Begriff »Interesse« dazu, den Zusammenhang von individuellen Taten und Intentionen und ihr Verhältnis zueinander zu bestimmen. Dieses Verhältnis kommt bei ihm stets als ein doppeltes vor; es verbindet die Menschen und richtet sie gleichzeitig unter bestimmten Bedingungen herrschaftsförmig gegeneinander.

Das Verbindende, das Marx gemeinschaftliches Interesse nennt, besteht in der gemeinsamen Produktion all der Dinge, die für ein Gesellschaftsganzes und darin für die einzelnen notwendig sind. Die Arbeitsteilung ist Voraussetzung dafür, daß eine gemeinsame Produktion in großem Maßstab überhaupt stattfindet; würde in einem kleinen Gemeinwesen alles, was die Menschen darin zum Leben brauchen, hergestellt, wäre es auf andere nicht angewiesen und würde in keinerlei Verbindung zu Menschen außerhalb dieses Gemeinwesens stehen. Das gemeinschaftliche Interesse besteht also im arbeitsteiligen Zusammenwirken der vielen einzelnen. Die Arbeitsteilung schafft jedoch Zusammenhänge in Form von Trennungen: Stadt und Land, körperliche und geistige Arbeit, Arbeiten von Frauen und solchen von Männern. Bestimmte Tätigkeitsbereiche fallen so auseinander, daß die Individuen sich nicht verschiedene Bereiche aneignen, ihre Fähigkeiten nicht umfassend entwickeln, der Zusammenhang dem Bewußtsein entgleitet.

So fanden wir Marx' begeistertes Setzen auf die Arbeitsteilung auch irritierend. Je mehr die Arbeitsteilung zunimmt, immer mehr Menschen umfaßt und schließlich alle von allen abhängig macht (Weltmarkt), d.h. je arbeitsteiliger die Gesellschaft und je umfassender die Abhängigkeit, desto größer werden bei Marx die Entwicklungsmöglichkeiten der einzelnen:

»Daß der wirkliche geistige Reichtum des Individuums ganz von dem Reichtum seiner wirklichen Beziehungen abhängt ... Die einzelnen Individuen werden erst hierdurch von den verschiedenen nationalen und lokalen Schranken befreit, mit der Produktion (auch mit der geistigen) der ganzen Welt in praktische Beziehung gesetzt und in den Stand gesetzt, sich die Genußfähigkeit für diese allseitige Produktion der ganzen Erde (Schöpfungen der Menschen) zu erwerben.« (MEW 3, 37)

Arbeitsteilung und Abhängigkeit denken wir spontan als Quelle von Unterdrückung und Entwicklungsverhinderung, nicht als Befreiung aus engen Schranken, wie Marx sie beschreibt. Nun geht Marx, indem er das gemeinschaftliche Interesse als wechselseitiges Füreinander bestimmt, nicht von einem harmonischen Aufgehobensein der Interessen der einzelnen in dem arbeitsteilig organisierten Gesamtinteresse aus. Es ist genau dieses Moment der Beschränkung in der jeweiligen Tätigkeit, das die Interessen der einzelnen in Widerspruch zu den gemeinschaftlichen Interessen geraten, gesellschaftliche und individuelle Entwicklung auseinanderfallen läßt.

Marx führt verschiedene Formen des gesellschaftlichen Zusammenhangs an. Den Begriff der persönlichen Abhängigkeit verwendet er für Antike und Feudalismus, z.B. für das Verhältnis von Grundherr und Leibeigenem, Meister und Gesellen. Hier ist die Tätigkeit »an eine bestimmte Form der Arbeit und des Produkts« gebunden. Diese Festgelegtheit erscheint »als eine persönliche Beschränkung des Individuums durch ein andres« (MEW 42, 97). Mit der Einschränkung der einzelnen auf bestimmte Tätigkeiten sind jedoch nicht nur sie selbst, sondern die Entwicklungskräfte der Gesellschaft insgesamt gefesselt.

Die zweite Form, verbunden mit dem Kapitalismus, ist die persönliche Unabhängigkeit, die auf sachlicher Abhängigkeit beruht, die »allseitige Abhängigkeit der Produzenten voneinander« (MEW 42, 89). Erst mit der Auflösung der persönlichen Abhängigkeiten können sich universale Beziehungen und allseitige Bedürfnisse entwickeln. Die Abhängigkeit aller von allen sprengt die Enge der persönlichen Abhängigkeit. Diese zweite Form hält zwar gesellschaftlich Entwicklungsmöglichkeiten für die Individuen bereit, aber immer noch sind sie ihrem Zusammenhang, wenn auch nicht bestimmten Personen, unterworfen. Sie regulieren ihn nicht horizontal gemeinschaftlich; sie werden durch ihn verfügt. Die dritte Form entwirft Marx perspektivisch: die »freie Individualität, gegründet auf die universelle Entwicklung der Individuen und die Unterordnung ihrer gemeinschaftlichen, gesellschaftlichen Produktivität als ihres gesellschaftlichen Vermögens« (MEW 42, 91).

Marx hat das Verhältnis der einzelnen zu ihren Tätigkeiten in warenproduzierenden Gesellschaften mit dem Begriff der Entfremdung beschrieben. In Herrschaftsverhältnissen sind die einzelnen ihren vereinten Taten, ihrem Zusammenhang untergeordnet; er wird ihnen zum Problem:

»Der gesellschaftliche Charakter der Tätigkeit ... erscheint hier als den Individuen gegenüber Fremdes, Sachliches; nicht als das Verhalten ihrer gegeneinander, sondern als ihr Unterordnen unter Verhältnisse, die unabhängig von ihnen bestehn ... ihr wechselseitiger Zusammenhang erscheint ihnen selbst fremd, unabhängig, als eine Sache.« (MEW 42, 91)

Das gesellschaftliche Ganze wird zwar von den einzelnen hergestellt und ist daher auch ihr eigener Zusammenhang, der aber nicht als Gesamtprozeß bewußt hergestellt, geplant, gemeinsam reguliert wird; so existiert er auch unabhängig von ihrem Wollen.

»Es ist das Interesse der Privaten; aber dessen Inhalt, wie Form und Mittel der Verwirklichung, durch von allen unabhängige gesellschaftliche Bedingungen gegeben.« (MEW 42, 90)

Wir wollen Marx' Vorschlag, individuell artikulierte Interessen als sich so vermittelnden gesellschaftlichen Zusammenhang in seiner individuellen Aneignung zu denken, aufnehmen. Durch welche Interessen vermitteln sich für Frauen Teile des gesellschaftlichen Zusammenhangs?

Grenzen der Gegenwelt

Was haben wir von Marx zum Begriff »Interesse« gelernt? Gegen den Gedanken, daß die einzelnen als Privatmenschen irgendwelche Interessen haben und diese erst nachträglich in Zusammenhang gebracht werden, indem z.B. der Staat unterschiedliche Interessen ausgleicht, macht Marx uns einen anderen Denkvorschlag. Er zeigt, daß Interessen in bestimmten Formen existieren und die Art und Weise bezeichnen, in der die Menschen unter den vorgefundenen, von der Gesellschaft bereitgestellten Möglichkeiten und Bedingungen für sich sorgen. In diesem Zusammenhang ist »Interesse« ein Vermittlungsbegriff: Interessen vermitteln die objektiven Anforderungen an die einzelnen, die dann subjektiv auf eine bestimmte Weise handeln und ihre Anliegen erledigen.

Dieser Gedanke bringt uns voran: Wenn Interessen einerseits gesellschaftliche Bedingungen und individuelle Taten zueinander ins Verhältnis setzen und andererseits, wie Marx vorführt, in Herrschaftsverhältnissen Für-sich-Handeln und Gegen-sich-Handeln immer verknüpft sind, können wir nicht einfach in gewohnter Weise von »richtigen« und »falschen« Interessen sprechen. Ebensowenig können diese ausschließlich in einer Gesellschaftsanalyse bestimmt werden, sondern sie erfordern auch eine Untersuchung des Vermittlungsvorgangs selbst. In welcher Weise geht diese Vermittlung vor sich? Wie verarbeiten die einzelnen die gesellschaftlichen Strukturen?

Um diese Frage näher untersuchen zu können, brauchen wir einen theoretischen Zugriff darauf, wie überhaupt Menschen in einer Gesellschaft leben und sich entwickeln. Holzkamp (1983) versucht, den Marxschen Gedanken, daß die individuelle Bedürfnisbefriedigung nicht in einem Gegensatz zu Gesellschaft steht, sondern erst durch sie ermöglicht wird, für die Subjekte zu entfalten. Der Zusammenhang zwischen Individuum und Gesellschaft stellt sich für ihn durch das Bestreben der einzelnen nach »Handlungsfähigkeit her, dem Bedürfnis nach Lebenssicherung und Umweltkontrolle.

Die Fähigkeiten und Haltungen, die die Menschen brauchen, um handlungsfähig zu sein, müssen sie sich im individuellen Vergesellschaftungsprozeß aneignen. In der gegenwärtigen Form ist das Gesellschaftliche, das sie sich aneignen, von Klassen- und Geschlechterherrschaft durchzogen. In den darin entstehenden Widersprüchen umfaßt unsere aktive Entwicklung von Handlungsfähigkeit immer beides zugleich: die Entwicklung von Fähigkeiten und gleichzeitig Unterordnung in Herrschaftsverhältnisse (vgl. F.Haug 1987). Mit der Kategorie der Handlungsfähigkeit im Hinblick auf die kollektive Kontrolle der Lebensbedingungen erhalten wir eine Perspektive, auf die es im Vermittlungsprozeß zu achten gilt.

Welche Rolle spielen Interessen im Vergesellschaftungsprozeß? Was vermitteln sie? Diese Frage wurde in dieser Form von Feministinnen noch nicht bearbeitet. Wir stießen jedoch auf eine Studie zu diesem Thema, die sich mit Arbeiterinteressen und ihrer Vermittlung befaßt. Diese könnte nicht nur für die Theorie, sondern auch für einen empirischen Vergleich zwischen den Geschlechtern nützlich sein. Willis (1982) untersucht in seiner Studie »Spaß am Widerstand« das Treiben einer oppositionellen Gruppe männlicher Schüler an einer englischen Schule für Arbeiterkinder. Er fragt, welche Rolle die Interessen und Erfahrungen der Arbeiterklasse dabei spielen.

Im Schulalltag verweigern sie sich dem Lernen, wollen Spaß und Abenteuer, foppen Lehrer, schwänzen Stunden oder unterwandern sie und machen den Unterricht unmöglich. So erkämpfen sich die Jugendlichen auf informeller Ebene Freiräume und Kontrollmöglichkeiten. Subversiv gehen sie gegen Autoritäten vor, die für sie das »Establishment« darstellen. Sie lehnen das angebotene Wissen ab, weil es keinen Bezug zu ihrem Alltag hat, sondern lediglich Mittel für einen gesellschaftlichen Aufstieg ist, der ihnen vorenthalten bleibt. Kurzfristig bringen die Jugendlichen die Ordnung in der Schule wirkungsvoll durcheinander und boykottieren das Tauschsystem Wissen des Lehrers gegen Gehorsam und Disziplin, indem sie sowohl die Annahme des Wissens als auch den Gehorsam verweigern. Kraft und Richtung bekommt diese Opposition durch die Arbeiter- und Betriebskultur, in der die Jungen aufgewachsen sind, die sie alltäglich bei ihren Vätern, in Kneipen und auf dem Fußballplatz erleben. Von dort übernehmen sie Werte wie die Männlichkeit körperlicher Arbeit, Solidarität innerhalb der Gruppe wie auch Mißtrauen und Widerstand auf informeller Ebene gegen Vorgesetzte, Streberschaft und Theorieaneignung. Die widerständige Arbeiterkultur ist in mehrerer Hinsicht von zentraler Bedeutung: Sie ermöglicht entfremdete Situationen wie Schule und Arbeit mit individuellem Sinn und lebendiger Kultur zu durchziehen, wie auch die Aneignung dazu nötiger Fähigkeiten, informelle Kontrolle auszuüben und kollektiv vorzugehen. Dabei erwerben die einzelnen gleichzeitig »soziales Wissen«; Wissen um ihre Stellung in der Gesellschaft, um die Rolle der Schule und der Lehrer in einem Disziplinierungs- und Unterwerfungsprozeß und um die Wichtigkeit, im Widerstand zusammenhalten zu müssen. Was sie über ihre gesellschaftlichen Bedingungen lernen, bezeichnet Willis als »kulturelle Durchdringung«. Die Mitglieder einer Kulturform eignen sich Wissen über ihre Existenzbedingungen an und erschaffen in einem kreativen Prozeß immer wieder neue Möglichkeiten, diese konkret zu leben. Doch obwohl die Jugendlichen die Verhältnisse durchdringen und sich widerständig aneignen, ihre Zustimmung entziehen, nehmen sie am Ende die für sie vorgesehenen Positionen als unqualifizierte Arbeiter ein.

Die gleiche Kultur, die die Widerständigkeit ermöglicht, bewirkt auch die Einordnung in herrschaftliche Arbeitsteilungen, weil die ergriffenen Deutungen nicht nur Durchdringungen, sondern auch Erkenntnisbehinderungen beinhalten, die Willis »Beschränkungen« nennt. Eine solche Beschränkung stellt die Verknüpfung von körperlicher Schwerstarbeit mit Maskulinität dar. An diesem Punkt tragen die Geschlechterverhältnisse dazu bei, die Klassentrennung und die Teilung zwischen Kopf- und Handarbeit zu reproduzieren: Geistige Arbeit wird mit sozialer Unterordnung des Weiblichen verbunden. Kopfarbeit ist für die Jugendlichen »weibisch«, sie wollen »richtige Männer« und Arbeiter werden wie ihre Väter.

Wo in den Durchdringungen Herrschaft, die Bedingungen von Arbeit im Kapitalismus sowie Möglichkeiten von kollektivem Handeln erkannt werden, treten die Beschränkungen verzerrend auf und richten die Kraft des Widerstands auf andere Ziele. Willis zeigt sehr eindringlich, wie in den Wünschen und Identitäten der Arbeiterjugendlichen Widerstand zu freiwilliger Selbstunterwerfung wird, und daß es der kreative Kampf mit den gesellschaftlichen Widersprüchen ist, der letztendlich zu einer Bejahung der vorgesehenen Position führt.

Mit diesem Exkurs erhalten wir von Willis eine Antwort auf die Frage, was Interessen im Vermittlungsprozeß zwischen objektiven Anforderungen und subjektiver Bewältigung vermitteln, nämlich kulturelle Standards. Im Enkulturationsprozeß werden die äußeren Strukturen einer Deutung unterzogen, für die einzelnen mit Sinn und Identität gefüllt, in gesellschaftlich faßbare Beziehungen umgesetzt. Widerstand und Anpassung sind dabei mit bestimmten Interessen verbunden, in diesem Fall gebunden an Klassen und bestimmte Ordnungen, z.B. die Schulordnung. Das ermöglicht eine gemeinsame Erkundung der Welt und ihrer Organisation, eine kreative Aneignung der Strukturen zu eigenen Zwecken. Beim Herstellen der Klassenverbindung wird jedoch das Klassenverhältnis reproduziert, weil die Beschränktheit der subjektiven Klassenvorstellung kulturell nicht durchdrungen wird und so nicht die langfristigen, sondern nur die kurzfristigen Interessen vermittelt werden.

Fassen wir die bisherigen Ergebnisse kurz zusammen: Wir fragten uns, ob der Begriff »Interesse« geeignet wäre, um die konkreten Befreiungsvorstellungen der Frauen gegen die machtvoll fremdgesetzten »Frauenfragen« zu formulieren. Marx führte uns den analytischen Nutzen eines solchen Begriffs vor, der die historische Form der allgemeinen Lebensregelung beschreibt und den Standort und die Form der Sorge der Individuen für sich im gesamtgesellschaftlichen Zusammenhang faßt. Mit Interessen können wir das Wollen der einzelnen als historisch formiert begreifen. Die Menschen sind darin nicht mehr oder weniger ideologisch, sondern die vorgefundenen gesellschaftlichen Anforderungen bringen sie zu Vergesellschaftungsweisen, die sie brauchen, um handlungsfähig zu sein, existieren zu können. Die Formulierung eines politischen Interesses auf dieser analytischen Basis kann die Behinderungen durchdringen und die Art und Weise des Entzugs von Regelungsverfügung benennen.

Willis zeigte uns, daß Interessen eine wichtige Rolle im Enkulturationsprozeß spielen, in den Durchdringungen der Bedingungen auch kreative Aneignung und Handlungsmöglichkeiten vermitteln. Kulturelle Beschränkungen können jedoch auch langfristige Interessen behindern, so daß neben der politischen auch die kulturelle Ebene selbst bearbeitet werden muß, ihre Verknüpfungen und Beschränkungen im Hinblick auf politische Artikulation untersucht werden müssen.

Arbeit mit Erinnerung — Die Geschichten

Im Rahmen dieser theoretischen Überlegungen fragten wir nach den Behinderungen und Stützpunkten für eine Politik der Frauen. Wir gingen dieser Frage vergesellschaftungstheoretisch nach und nutzten dafür die Methode der »kollektiven Erinnerungsarbeit« (vgl. Haug 1983). Wir wollten durch die Geschichten den Begriff »Interesse« frauenspezifisch und näher an den Erfahrungen orientiert klären. Dabei hofften wir keineswegs »Wahrheiten« oder »Richtiges« bearbeiten zu können. Vielmehr interessierten uns die Widersprüche, in denen Frauen nach Lösungen und Perspektiven suchten. Wir schrieben Szenen zu dem Thema »Als ich einmal ein Interesse durchsetzte«.

Die Aktentasche

Sie war zehn Jahre alt und sollte von der Grundschule aufs Gymnasium wechseln. Sie war die jüngste von fünf Schwestern und fühlte sich ihnen durch den Besuch der höheren Schule näher und gleichberechtigter. Mächtig stolz war sie. In der Familie war es üblich, daß die Kinder beim Eintritt ins Gymnasium eine neue Aktentasche geschenkt bekommen. Die Erfahrung von vier Töchtern zeigte aber den Eltern, daß die Aktentaschen nach einigen Jahren nicht mehr interessant waren und in irgendwelchen Ecken landeten. Deshalb wollten die Eltern der jüngsten Tochter keine neue Tasche kaufen, sondern boten ihr an, eine von den vier Aktentaschen zu nehmen. Für die Tochter brach eine Welt zusammen. Fest hatte sie mit einer neuen Aktentasche gerechnet, sich darauf gefreut, und irgendwie gehörte diese völlig zu dem neuen Lebensabschnitt, vor dem sie stand. Sie war wirklich fassungslos, niemals hätte sie geglaubt, daß ihr eine neue Tasche vorenthalten würde. Deshalb war sie auch völlig verstört, als die Eltern ihr Angebot unterbreiteten. Am Boden zerstört, sprachlos, rannte sie aus dem Zimmer, in den ersten Stock, wo sie sich mit zwei Schwestern ein Zimmer teilte. Dort war sie jetzt allein und fing an, zu weinen auf dem Bett liegend, mit dem Gesicht in dem Kissen. Sie heulte so laut, daß sie wußte, unten würde man sie hören. Das war ihr nur recht. Sollten alle wissen, wie sehr sie litt und sich enttäuscht fühlte. Endlich — sie hatte damit gerechnet — kam die Mutter nach oben, setzte sich an ihr Bett und versuchte, sie zu trösten und zu beruhigen. Aber sie ließ sich nicht so schnell beruhigen, schließlich ging es um eine Aktentasche, das Symbol des Aufstiegs. Das sollte ihr vorenthalten werden. Ein Hin und Her. Immer wieder die guten Worte der Mutter: es sei doch nicht so schlimm, die Tasche wäre doch nicht so wichtig, die gebrauchten Taschen der Schwestern wären doch auch noch wie neu ... Aber all' das zählte nicht für sie, sie schluchzte weiter bis es nicht mehr ging, sie erklärte nichts, sondern zeigte ihr Leiden. Das Gespräch fand keine Klärung.

Die Ferien gingen zu Ende. Sie ging ins Gymnasium — mit einer alten Tasche und hatte sich irgendwie abgefunden. Dennoch fühlte sie sich nach wie vor hintergangen. Die Eltern fuhren in Ferien, kamen wieder und brachten ihr als Mitbringsel eine Tasche mit, keine Aktentasche, sondern eine rote Umhängetasche, zeitgemäß und viel schöner als je eine Aktentasche der Schwestern war. Glücklich war sie, und sie hatte das Gefühl, etwas erreicht zu haben. Gleichwohl sie auch dachte, daß die Tasche eher als Mitbringsel und weniger als Anerkennung ihres neuen Standes zu deuten war. Aber das machte nicht allzu viel, denn nun hatte sie eine Tasche, die ihr zustand.

Ort der Auseinandersetzung ist die Familie. Der Schulwechsel taucht nicht im Zusammenhang mit der neuen Schulsituation, neuen MitschülerInnen oder als Ergebnis von Anstrengungen auf, sondern in seiner sozialen Bedeutung für die Position der Schreiberin in ihrer Familie. Die Autorin verbindet damit soziale Nähe und Gleichberechtigung im Hinblick auf die Schwestern sowie das Recht auf Anerkennung durch die Eltern. Sie verdichtet dies in der Aktentasche, die herumtragbar und für alle sichtbar ist.

Die Ordnung, an die dieser Anspruch gerichtet ist, ist eine für die Autorin fremdgeregelte. Die Eltern sind dann Instanzen und Garanten der Ordnung. Die Verweigerung des Rechts wird als dramatische Erschütterung der Berechenbarkeit, der familiären Kontinuität, der Selbstverständlichkeit, erlebt. Die Autorin konstruiert den Zusammenbruch dieser Ordnung als Bedrohung. Ihre Empörung gegen die Eltern ist jedoch nicht gegen die Abhängigkeit von den Entscheidungen anderer gerichtet. Vielmehr weckt es einen Sturm der Entrüstung, daß sie selbst tätig werden muß.

Grundlage für die Strategie ist die Zustimmung zu einer von oben geregelten Ordnung: andere müssen dazu gebracht werden, ihre Funktionen angemessen zu erfüllen. Als Mittel wird die Verführung eingesetzt, in ihr werden Gefühle demonstriert, mit dem Wissen, daß die Mutter auf die Inszenierung reagieren würde. Die Autorin zeigt ihr Leiden. Sie weint, zurückgezogen und laut, in einsamer Hörweite. Hier scheint der Prozeß auf, durch den »weibliche Gefühlsbetontheit« entsteht. Die Inszenierung von Gefühlsausbrüchen ist eine Kompetenz, in fremdgeregelten Ordnungen Handlungsfähigkeit herzustellen.

Der Sieg am Ende der Geschichte ist gleichzeitig eine Niederlage, die durch den strategischen Einsatz von Gefühlen entsteht, mit dem genaue Zielangaben nicht möglich sind. Traurigkeit ist tröstbar. So regulieren die Eltern lediglich den Gefühlszustand, sie erfüllen nicht die Wünsche der Autorin. In mehrfacher Hinsicht finden wir in dieser Geschichte Einübungen in das spätere, vorgesehene weibliche Leben. Eigene Taten und Erfolge gewinnen ihre Bedeutung erst durch die belohnende Freundlichkeit und Anerkennung anderer, ohne diese verliert der Stolz an Größe, die Taten an Bedeutung für die eigene Person.

Hatten wir erwartet, Widerstandsgeschichten gegen Zuweisungen zu bekommen und Ordnungen als etwas Hinderliches dargestellt zu sehen, wurden wir hier eines besseren belehrt. Die Autorin führt keinen Kampf gegen Fremdbestimmung, sondern verbündet sich mit den Regeln und den Instanzen, um ihr Wollen durchzusetzen. Die Vergesellschaftung *mit* der Ordnung, die Aneignung von Kompetenzen, diese zu bedienen, muß also auch als Absicherung von Handlungsmöglichkeiten begriffen werden. An dieser Stelle wollen wir auf Ergebnisse von Erinnerungsarbeit eines anderen Projekts zurückgreifen (vgl. Projekt Frauengrundstudium 1984, 15f., 76f.). Dort gab es Kindheitsgeschichten zum Umgang mit Ordnungen (in einem Erholungskinderheim) nicht nur von Mädchen, sondern auch von einem Jungen. Widerstand als Regelverstoß führt Mädchen in die Isolation (verbotene Süßigkeiten auf dem Klo verzehren), das Befolgen von Regeln bedeutet den Einschluß in eine soziale Gruppe, vermittelt über Autoritätspersonen (Erzieherinnen), mit denen die Mädchen sich verbünden. Umgekehrt wird für die Jungen der Regelverstoß zum Schutz. Im Ersinnen von Möglichkeiten, den Teller nicht leeressen zu müssen, verbündet sich ein Junge mit anderen Jungen. Er umgeht die Regeln, ohne Sanktionen befürchten zu müssen. Im Widerstand werden Lösungsmöglichkeiten gefunden, die zugleich ins Soziale führen, auf horizontaler Ebene. Ähnlich sind die Ergebnisse von Willis' Studie. Die Arbeiterjugendlichen können im Schutz der Gleichaltrigengruppe Gehorsam verweigern, eigene Regeln aufstellen und Räume erobern.

In diesem Zusammenhang können wir unser Szenario auch als Einübung in Herrschaftsverhältnisse lesen. Auf allgemeiner Ebene betrachtet ist der Wunsch, die Übergeordneten mögen freundlich sein und gut für die einzelnen sorgen, ein vorgesehener Wunsch, der das Herrschaftliche dieser Anordnung entnennt. Hier wird uns vorgeführt, wie sich die Perspektive materieller und sozialer Sicherheit im Alltag verkehren kann in die Festigung herrschaftlicher Verhältnisse, in denen an die Instanzen appelliert wird, ihre Versprechen einzuhalten.

Vom Pflegen in die Taufe

Mehrere Monate besuchte sie nun schon die Fachschule für Krankengymnastik, und ihre Unzufriedenheit wuchs. Diese eher handwerkliche Arbeit, dieses Auswendiglernen in Fächern wie Anatomie und Physiologie, so hatte sie sich ihre Zukunft nicht erträumt. Eigentlich hatte sie ja immer Religionspädagogik studieren wollen. Auf langen nächtlichen Spaziergängen grübelte sie vor sich hin. Für sie selbst war schon klar, daß sie nicht als Krankengymnastin arbeiten wollte, aber ihre Angst vor den Reaktionen ihrer Eltern und Verwandten, die sie so bei der Aufnahme der Ausbildung unterstützt hatten, warfen sie auf die Notlösung zurück, erst diese Ausbildung zu beenden und dann zu studieren. Doch die Schultage wurden immer quälender und ihr Gefühl, am falschen Ort zu sein, immer stärker. Und dann war es soweit. Sie schrieb einen langen Brief an ihre Eltern, berichtete über ihre Entscheidung, die Schule abzubrechen, erklärte die Gründe, mit vielen Entschuldigungen und Rechtfertigungen, und die Pläne, Religionspädagogik zu studieren. Sie sah dabei schon das sorgenvolle Gesicht ihrer Mutter und das wütende Gesicht ihres Vaters vor sich, doch einige Tage lang blieb es erstmal ruhig.

Endlich kam es dann zur großen Schlacht. Eines Nachmittags klingelte das Telefon, ihr Vater war dran; ohne Einleitung hielt er eine Rede voller Wut und Enttäuschung, sie sei immer schon vollkommen leistungs- und lebensunfähig gewesen, und sie brauche gar nicht mehr nach Hause zu kommen, und keinen Pfennig werde sie mehr bekommen. Sie kochte innerlich vor Wut und Aufregung, reagierte aber äußerlich kühl und gelassen; das sei ja seine Entscheidung, sie würde dankend auf sein Geld verzichten, und mit dem Gefühl des Triumphes knallte sie den Hörer auf die Gabel.

Sie würde sich nicht erpressen lassen und es alleine schaffen. Dann würde sie eben Krankenschwester werden! Sie hatte Kontakte zu einem Krankenhaus und rechnete sich dort Chancen aus; vor einigen Monaten hatte sie sich schon für die Schwesternausbildung interessiert. Dort würde sie genug Geld verdienen, im Schwesternwohnheim wohnen und unabhängig sein! In den folgenden Tagen fühlte sie sich stark, durchsetzungsfähig und erwachsen.

Eine Woche später baten ihre Eltern sie, zu einem Gespräch nach Hause zu kommen. Sie fuhr hin, gespannt, was da kommen möge. Wie beiläufig drückte ihr Vater ihr ein kleines Geschenk in die Hand, sein Zeichen, daß es ihm leid tat, und während des Kaffeetrinkens erkundigte er sich, wann und wo sie denn studieren wolle und wieviel Geld sie monatlich brauchen würde. Durch die Blume erklärte er sich also bereit, ihr das Studium zu zahlen. Nachdem sie klargestellt hatte, daß er das selber wissen müsse, sie aber auf keinerlei Bedingungen eingehen würde, nahm sie das Angebot an. Drei Monate später begann sie in Hannover, Religionspädagogik zu studieren …

Um große Themen der Lebensplanung geht es in dieser Geschichte. Die Suche nach der richtigen Tätigkeit, damit verbunden die Suche nach einem Zukunftsentwurf. Die getroffene Wahl wird der Autorin problematisch, sie will ihre Ausbildung abbrechen. Neben ihrer Abneigung von handwerklicher Arbeit und Auswendiglernen tauchen jedoch vor allem psychische Zustände als Handlungsbegründungen auf. Auch den neugefaßten Plan des Studiums stellt sie uns nur als vage Hoffnung darauf vor, am richtigen Ort zu sein. Im konkreten Durchsetzungsprozeß kommt es zu einer vehementen Verschiebung: Nachdem ihre Familie ihr die materielle und soziale Unterstützung versagt, richtet sich das ganze Wollen der Autorin auf Unabhängigkeit. Hatten wir erwartet, daß andere Wege zum Ziel gesucht würden, so mußten wir entdecken, daß dieses nun verschwunden war. Die Schreiberin hatte das Studium so unmittelbar mit den Abhängigkeiten und Bedingungen des Familienlebens verknüpft, daß sie im Widerstand gegen die Familie auch gleichzeitig auf ihren Zukunftsentwurf verzichtet. Der Verzicht erscheint jedoch nicht als Skandal oder Resignation, sondern als Triumph, als widerständiger Sieg über die Abhängigkeit.

Durch einen Bruch wird unvermittelt eine neue Alternative eingeführt: sie würde Krankenschwester werden. Wieder waren wir verblüfft, hatte sie doch zuvor die Inhalte solcher Tätigkeiten noch so kraftvoll angeprangert. Doch diese Zukunft wird nur formal ausgeführt, lediglich als Mittel zum Zweck der Unabhängigkeit. Die stärkende Wirkung der Alternative liegt in der Gegenwart, in der die Autorin sich stark, durchsetzungsfähig und erwachsen fühlen kann und schon die Vorstellung einer Alternative wie eine konkrete Tat erscheint.

Obwohl sie schon nicht mehr bei den Eltern wohnt, ist die Familie zentraler Kampfplatz der Zukunftsplanung. Wie in der »Aktentasche« wird auch hier familiären Instanzen alle Macht der Verhinderung oder Ermöglichung zugesprochen, dienen eigene Taten der Demonstration gegenüber den Eltern. Diese Anordnung reproduziert persönliche Abhängigkeitsverhältnisse, selbst im Widerstand: Rebellion bedeutet dann, daß Unabhängigkeit zu einer radikalen Tagesanforderung wird, in der nichts mehr gewollt wird. In dieser Geschichte wird uns das Aufgeben der eigenen Lebensperspektive als Stärke vorgeführt, mit der die Schreiberin die Machtverhältnisse umkonstruieren kann: Der Vater erscheint in seinem Finanzierungsangebot schließlich klein und reumütig, gnädig wird das Angebot angenommen.

Der Arm der familiären Institution ist lang. Der Staat entläßt die Absicherung von Versorgung und Lebensplänen zum großen Teil aus der allgemeinen Regelung in die Familie. Wie diese Geschichte zeigt, führt die Vergesellschaftung der Frauen in dieser Form dazu, daß sie sie in ihren Versuchen, Handlungsfähigkeit herzustellen, gleichzeitig verewigen. Die spontane Radikalität im Kampf gegen die vorgefundene Ordnung ist die Radikalität des Verzichts, die die Suche nach neuen Regelungsformen verstellt.

Die Spray-Affäre

Sie war in eine neue Wohnung eingezogen. Hier würde sie das Klo mit ihren Nachbarn teilen müssen. Ihre Nachbarn, das war ein älteres Ehepaar. Die beiden eröffneten ihr gleich bei ihrem Einzug, daß ihnen Sauberkeit sehr wichtig sei, vor allem was dieses Klo beträfe. Sie spürte den Anspruch, der mit dieser Erklärung an sie gerichtet wurde; trotzdem fand sie diese Mitteilung erfreulich, denn auch ihr lag daran, daß das Klo sauber war, wenn sie es schon mit anderen zusammen benutzen mußte, auch wenn sie ansonsten nicht besonders pingelig war, sondern eher nachlässig. Beim ersten längeren Aufenthalt auf diesem besagten Klo entdeckte sie, daß an einer der Wände eine geblümte Spraydose prangte, die die Aufschrift »Luftfrisch« trug. Sie mutmaßte, daß für ihre Nachbarn die »Erfrischung« der Luft mit dem Inhalt dieser Dose zu der Sauberkeit gehören könnte, auf die sie Wert legten. Für sie selbst hatte so etwas allerdings eher mit Verschmutzung, chemischer Verseuchung zu tun, und sie fand derartige Luftreiniger(-verschmutzer) ungeheuer widerwärtig, ekelerregend.

Sie beratschlagte mit ihren Freundinnen darüber. Wie sollte sie ihren Nachbarn klarmachen, daß sie dagegen war, daß dieses Zeug in ihrem Klo versprüht würde? Sie darüber aufzuklären, daß solche Sprays umweltschädlich sind? Sie bezweifelte, daß die beiden für solche Argumente zugänglich wären. »Sag doch, du bist gegen sowas allergisch«, schlug eine vor. Nun, das wäre eine Möglichkeit, dieses Gift aus dem Klo zu verbannen, ohne daß die Nachbarn sich angegriffen fühlen müßten (daran lag ihr etwas). Aber es kam ihr übertrieben vor. Überhaupt — vielleicht sollte sie besser kein Aufhebens davon machen und die gelegentlichen Chemie-Schwaden über sich ergehen lassen. »Es hat keinen Zweck, alte Leute erziehen zu wollen«, dachte sie. Aber der Gestank ...!

Am nächsten Tag besuchte sie die Nachbarin, um sich von ihr die Keller- und Bodenräume zeigen zu lassen. Ein Teil ihrer Gedanken war mit der Klo-Spray-Sache beschäftigt. Sie war selbst gespannt, ob sie wohl etwas darüber sagen würde. Sie beobachtete sich selbst und fühlte, wie ihr Mut mal zunahm und dann wieder zusammensackte. Sie verfluchte sich innerlich, daß es ihr so schwer fiel, ihre Bedürfnisse anzumelden. Bei so einer Kleinigkeit hätte das doch besonders einfach sein sollen.

So wollte sie sich schon verabschieden, als die Nachbarin noch eine »Bitte« an sie ankündigte: Sie solle doch beim nächsten Mal nach dem Renovieren ihre Abfälle an abgerissenen Tapeten usw. auf die Müllhalde bringen, statt sie in die hauseigene Mülltonne zu stopfen; die werde nämlich nur zweimal pro Woche geleert. Ohne darüber nachzudenken, wie sie dieses Ansinnen beurteilte, stimmte sie hastig zu, denn nun sah sie ihre eigene Chance gekommen. »Ach, übrigens ...«, begann sie, »ich hätte da auch eine Bitte. — Ich habe gesehen, daß Sie in der Toilette Raumspray benutzen.« (In Wirklichkeit hatte sie es inzwischen nicht nur gesehen, sondern bereits allzu deutlich gerochen.) »Ich vertrage dieses Spray so schlecht, und es wäre mir deshalb lieber, wenn Sie es nicht mehr benutzen würden.«

Sie versuchte den folgenden langen Blick der Nachbarin zu deuten, bis diese endlich sagte: »Eigentlich brauchen wir das auch nicht immer zu benutzen. Nur — wenn Besuch da ist — dann ist das doch besser.« »Ist gut«, sagte sie und mußte schmunzeln. »Wenn Besuch da ist.« — Das wollte sie der Nachbarin nun doch nicht nehmen.

Gingen wir davon aus, daß es für Frauen problematisch ist, die selbstgemachten kleinen Alltagstaten zu allgemeinen Regelungsfragen ins Verhältnis zu setzen, wurde die Annahme in dieser Geschichte zunächst verschoben. Im Kampf um das Spray ist das Wollen der Autorin weit über das eigene Wohlbefinden hinaus auf große Regelungsfragen im Zusammenhang mit Umweltverschmutzung und chemischer Verseuchung gerichtet. Doch die so perspektivische Problemanordnung verschwindet im Durchsetzungsprozeß: Ging es zunächst um Menschheitsfragen, hatte die Autorin eine ganze Bewegung hinter sich, ist sie am Ende allein mit einem persönlichen »Bedürfnis«, spricht von körperlicher Unverträglichkeit, einer »Kleinigkeit«.

Dieser Prozeß zeigt, daß die Einsicht in die Richtigkeit einer Sache noch keine Strategie zu ihrer Änderung bedeutet. Die Suche nach Durchsetzungsstrategien zeigt die Ratlosigkeit der Schreiberin. Politische Aufklärung verknüpft sie mit einem Angriff auf Personen, einem »Erziehungsversuch alter Menschen«, einer Bedrohung des Konsenses, in dem sie sich mit ihren Nachbarn befindet. Zu unserer Verblüffung gerät in dieser Konstruktion eine sachlich einsehbare Regelungsfrage zu

persönlicher Anmaßung, zu einer Bitte, deren Gewährleistung von der Wohlgefälligkeit anderer Personen abhängt. Auf dieser sozialen Ebene wird ein Regelkonsens bedient; erst als die Nachbarin mit einer Bitte das Risiko des Mißfallens eingeht, muß auch die Autorin nicht gefallen und bringt ihr Anliegen vor. Im Moment des konkreten Handelns verliert sie die politische Dimension, die der Regelung ihre Wichtigkeit verleiht, und es geht nur noch um eine individuelle Abneigung, die es kaum wert ist, durchgesetzt zu werden. Da die Inhalte schon verloren sind, bleibt lediglich der Leib als Einsatzmittel, sie muß gegen sich (ihren Leib) auftreten, um für sich zu handeln.

Die Geschichte bringt uns eine Problemverschiebung im Hinblick auf die Schwierigkeit, individuelle und allgemeine Regelungsfragen zu verbinden. Als problematisch erweist sich nicht die Frage, Alltägliches in seiner politischen Bedeutung zu erfassen, sondern entgegengesetzt die Rückübersetzung großer Themen auf die kleinen, selbstgemachten Taten. Die allgemeinen Inhalte verschwinden hier in den Mensch-Mensch-Beziehungen, in der Herstellung von Handlungsfähigkeit, und führen zu einer Entpolitisierung aus Durchsetzungsgründen.

Dies weist darauf hin, daß in persönlichen Verhältnissen andere Durchsetzungsarten zur Verfügung stehen, in denen das Wollen eine andere Form annimmt. Wir vermuten, daß dies nicht nur anderen Logiken geschuldet ist (hier der Austausch von Gefälligkeiten versus Aufklärung), sondern einer Entgegensetzung der Bereiche. Das Politische wird als dem unmittelbaren Wohlbefinden gegenüber Feindliches empfunden und als Überforderung ferngehalten. Maßstab sind Gefühle.

Wir können verfolgen, daß eine Politik, die große Fragen mit der individuellen Lebensweise verknüpft, erfolgreich ist: große Ziele können auf den Alltag bezogen und in kleine übersetzt werden. Aber die Strategien und Mittel, um Regelungen zu verändern, lassen sich nicht einfach transportieren. Es fehlen Strategien, die Ziele in bewältigbare alltägliche Taten umzusetzen.

Politik ohne Rahmen — Problemverschiebungen

1. Die konkreten Ziele in den Geschichten sind so klein, daß wir anfänglich Schwierigkeiten hatten, die Geschichten überhaupt mit Politik in Verbindung zu bringen. Erst der Blick auf das, was mit den Zielen verbunden wird, auf die sozialen Orte, das Eingelassensein in bestimmte Formen der Auseinandersetzung »vergrößerte« unsere Sichtweise und ließ die Durchsetzungskämpfe zu existentiellen Fragen werden. Mit ihrem Wollen beziehen die Frauen sich auf Ordnungen, in denen konkrete Ziele auf verschiedene Weise geregelt werden. So können wir Politisches weiter denken, die Regelung des Gemeinwesens nicht nur im staatlichen oder explizit politischen Raum ausmachen, sondern auch in anderen Bereichen die Frage stellen, was wie geregelt wird, und vor allem Regelungsaktivitäten der einzelnen untersuchen.

2. Aber es geht doch um große Fragen: das eigene Wollen, Freiheit und Unabhängigkeit, Lebensperspektiven, die Gesundheit der Menschen und eine lebenswerte Umwelt. Die verbreitete Annahme, Frauen würden eigenes Wollen zurückstellen, muß verschoben werden: Dieses verschwindet, indem gerade dafür gekämpft wird.

3. Die konkreten Ziele und die darüber hinausweisenden Perspektiven fallen im Durchsetzungsprozeß auseinander, geraten in einen Gegensatz, wenn Entwicklungsmöglichkeiten mit Fremdbestimmung und Abhängigkeit verbunden sind. Eine der beiden Seiten wird durch Widerspruchseliminierung fallengelassen — die politische Dimension wird zugunsten konkreter Teilschritte aufgegeben oder aber abstrakte Unabhängigkeit als Tagesanforderung gelebt.

4. Der eigene Standpunkt, die begründete Notwendigkeit der durchzusetzenden Sache, die die beiden Seiten des Wollens zusammenhalten würde, verschwindet in den Mensch-Mensch-Beziehungen auf eine Weise, daß kaum noch etwas durchzusetzen bleibt.

5. Frauen vergesellschaften sich in diesen Formen so, daß sie ihre Handlungsfähigkeit über Strategien erreichen, die über Anerkennung durch die Instanzen arbeiten. Die daraus entstehende Abhängigkeit von Personen ist weniger eine materielle; vielmehr leben Frauen gesellschaftliche Integration in Form von Integration in Familie und Freundeskreis, in persönliche Verhältnisse.

6. Die Wichtigkeit von Anerkennung und Integration bindet die einzelnen fest an die vorgefundene Ordnung, die darin erworbenen Strategien sind Kompetenzen in der Inkompetenz.

7. Ordnungen werden als Schutz erlebt, selbst bzw. gerade gegen Autoritätspersonen, die diese Regeln verkörpern. Dadurch festigt sich zugleich die Orientierung an übergeordneten Personen, und dies nicht nur in der Familie. Ordnungen geben Orientierungen und stellen Wege und Mittel der Durchsetzung zur Verfügung.

8. Die Übersetzung großer Fragen in Alltagstaten in der Geschichte »Die Sprayaffäre« verschob unsere Annahme, Frauen hätten Schwierigkeiten, sich die große Politik zu eigen zu machen. Die persönliche Betroffenheit stellt sich hier als Überforderung heraus, da keine angemessenen Strategien in diesem Feld zur Verfügung stehen, die in kleine, bewältigbare Schritte verwandelbar wären.

9. Unsere Frage, wie individuelle Regelungen und Anliegen verallgemeinert werden können bzw. auf gesellschaftlicher Ebene gedacht werden können, hat sich dadurch umgedreht zu der Frage, wie das Gesellschaftliche in den Regelungen, indem es in privater Form hergestellt und durchgesetzt wird, zu kleinen, besonderen Interessen werden kann.

Indem Identität über Integration in persönliche Verhältnisse angeeignet wird, bedeutet jedes Wollen, das auf Ziele gerichtet ist, die ins Allgemeine und Gesellschaftliche ziehen würden, einen zerreißenden Widerspruch. Dieser wird unterschiedlich gelöst: In der Regelung der persönlichen Verhältnisse verschwindet die allgemeine Dimension oder aber die Frauen springen aus den persönlichen Verhältnissen, die ihnen Integration vorenthalten, heraus, wobei die ursprünglichen Ziele sich zum Mittel des Widerstands gegen die Personen verschieben.

10. Daß gesellschaftliche Dimensionen in der Form privater, persönlicher Durchsetzung verschwinden, macht dringend notwendig, daß politische Strategien diese Tatsache miteinbeziehen. Gerade die Frauenbewegung hat in ihrem Anknüpfen an den Alltag ungeheuren Mobilisierungscharakter. Wenn aber die Formen, in denen gestritten wird, dabei nicht beachtet werden, kann diese Art von Politisierung entpolitisierend wirken, indem Frauen das Verallgemeinerbare im Sozialen verlieren und allein zurückbleiben.

11. Die dargestellten Bewegungsweisen, ihre Verhinderungen von einem Zug ins Öffentliche, machen es unbedingt notwendig, unsere Kräfte gegen weitere Privatisierung zu richten, wie sie gegenwärtig in Fragen wie Versorgung, materieller Zuständigkeit bei Ausbildung, Arbeitslosigkeit geplant sind. Erst wenn Frauen sich nicht mehr über Personen, sondern über ihre Tätigkeiten in der Gesamtgesellschaft vermitteln und über die Bedingungen selbst verfügen, kann das »Besondere« ihrer Anliegen gesprengt und in seiner allgemeinen Bedeutung zum Tragen kommen.

12. »Fraueninteresse« könnte als Kampfbegriff gewonnen werden, der die Behinderungen faßt, die Frauen von einer kollektiven und allgemeinen Regelung ihres Gemeinwesens entfernen.

Literaturverzeichnis

freundin 39/1987

Haug, Frigga, 1987: Eine Hausfrau im Widerstand kann keine Hausfrau sein. Notiz zur Kritischen Psychologie der Frauen. In: W.F.Haug/H.Pfefferer-Wolf (Hg.): Fremde Nähe. Festschrift für Erich Wulff. Argument-Sonderband 152. West-Berlin

dies. (Hg.), 1983: Sexualisierung der Körper. Frauenformen 2. Argument-Sonderband 90. West-Berlin

Holzkamp, Klaus, 1983: Grundlegung der Psychologie. Frankfurt/M., New York

Marx-Engels-Werke (MEW), 1983: Band 3 und 42. Berlin/DDR

Projekt Frauengrundstudium (Hg.), 1984: Frauengrundstudium 3. Frauen und Moral. Argument-Studienheft 61. West-Berlin

Willis, Paul, 1982: Spaß am Widerstand. Gegenkultur in der Arbeiterschule. Frankfurt/M.

Barbara Ketelhut

Politische Diskurse um Verantwortung

> »Wer Kinder aufzieht, hat täglich unaufschiebbaren und unabschiebbaren Pflichten ins Auge zu sehen; und für Versäumnisse ist die Abrechnung im Kleinen unerbittlicher, weil überschaubarer als im Großen. 'Die Leitung eines Haushalts bringt kaum weniger Ärger als die eines ganzen Staates', soll der Dichter Montaigne geschrieben haben, 'von jeder Sache ist man gleich ganz in Anspruch genommen; Geschäfte, die weniger wichtig sind, brauchen deshalb noch nicht weniger lästig zu sein.'
>
> Frauen sind also hochtrainiert, Verantwortung zu tragen. Sie und die Männer müssen sich der Tatsache nur endlich bewußt werden und entsprechende Schlußfolgerungen ziehen. Schnell: das heißt von sirenischer Stimmgewalt aus Trott und Stupor gezwungen. Wenn die Frauen sich länger mit privater Verantwortung bescheiden und öffentliche an Spezialisten delegieren, handeln sie unverantwortlich.« (Irmtraud Morgner 1983, 378)

Morgners Appell an die Frauen, »öffentliche« Verantwortung zu übernehmen, schien uns nicht wichtig, aber genug. In unserer Arbeitsgruppe erinnerten wir uns, daß wir uns von der Schulzeit an für die öffentlichen Bereiche verantwortlich fühlen wollten. Alle wollten etwas tun, z.B. in die Entwicklungshilfepolitik gehen, gegen den Hunger in Afrika, für den Frieden streiten, Stadtplanung betreiben ... Doch keine von uns wußte, wie sie die Probleme angehen sollte, auf welche Weise ein Zugang in die Politik möglich ist, wohin sie sich wenden sollte. So klar uns die Notwendigkeit des politischen Eingriffs war, so unklar der Weg dorthin. Folgt man den Themenschwerpunkten in den Medien, hat das Thema Verantwortung zur Zeit Konjunktur. Im letzten Jahr z.B. wurde dem Philosophen Hans Jonas der Friedenspreis des Deutschen Buchhandels für sein bereits 1979 erschienenes Buch: »Das Prinzip Verantwortung« verliehen. Aber auch von Regierungsseite wird Verantwortung zum festen Bestand von Reden an die Bevölkerung. Neben den Verdacht einer bloß ideologischen Einbindung tritt die Vermutung, daß dieser neuerliche Verantwortungsdiskurs auch eine Antwort sein könnte auf einen tatsächlichen Bedeutungszuwachs der einzelnen in sich schnell verändernder Gesellschaft.

Am deutlichsten zeichnen sich Veränderungen im Produktionsbereich ab: Aufgabenbereiche und Anforderungen an den Arbeitsplätzen durch den Einsatz neuer Produktionsmittel setzen auf das verantwortliche Handeln der einzelnen. Mit bloßen Befehlsstrukturen ist die neue Technologie nicht zu bewältigen. Es entstehen neue Berufe und Ausbildungen, die nicht mehr wie bisher auf ein eng abgestecktes konkretes Arbeitsfeld vorbereiten, sondern die Reaktionsweisen auf die Flexibilität, die die rasante Entwicklung neuer Technologien erfordert, mitzuvermitteln versuchen. Zunehmend gefordert wird von den einzelnen ein größerer Überblick über ganze (Arbeits-)Bereiche, gekoppelt mit einem umfänglicheren theoretischen Wissen als bisher (vgl. PAQ 1987).

Kurzum, gefordert sind Menschen, die in der Lage sind, selbsttätig zu agieren, statt nur auf einzelne kleine Anweisungen von Vorgesetzten zu reagieren. Die einzelnen ProduzentInnen müssen sich für die Anlagen verantwortlich fühlen, als würden sie ihnen gehören, als wären es ihre Millionenverluste, die sie durch unachtsame Gefährdung des Produktionsablaufes, riskieren. Die Anforderungen an die Sclbsttätigkeit der einzelnen nimmt zu bei gleichzeitiger Aufrechterhaltung der bestehenden Eigentumsverhältnisse.

In welchem Verhältnis steht solch widersprüchliches Verantwortungsverlangen zu den von Morgner beschworenen Verantwortungsfähigkeiten der Frauen, die es seit Jahrhunderten gewohnt seien, Verantwortung für Menschen zu tragen? Wir stellen im folgenden einige Verantwortungsdiskurse vor, orientiert an den Fragen: Welche Probleme sollen durch eine verantwortlichere Haltung der einzelnen gelöst werden? Wer soll wofür Verantwortung übernehmen und warum? Welche Möglichkeiten und Verhinderungen liegen darin?

Diskurse von BerufspolitikerInnen

Von Regierungsseite aus werden die BürgerInnen zur konkreten Verantwortungsübernahme aufgerufen, um Probleme zu bewältigen, die staatlicherseits alleine nicht lösbar sind:

Aids: Die Gesundheitsministerin Rita Süssmuth (CDU) schrieb ein Buch zu Aids (1987). Diese Krankheit könne tendenziell alle (be-)treffen, sie mache weder halt vor Klassen noch vor Geschlechterunterschieden und anders als im Mittelalter die Pest könne sie nicht von einer Bevölkerungsgruppe geflohen werden. Süssmuth antwortet auf die Infizierungsgefahr durch den Aids-Virus mit einer hierarchischen Stufenleiter von Verantwortung. Sie setzt dabei auf die Zusammenarbeit von Politikern, Medien und Bürgern. Erstere sind darin zunächst ganz allgemein für »Leben und Gesundheit der Bürger« verantwortlich und dafür,

»Verhaltensänderungen« bei der Bevölkerung in Gang zu setzen. Die Medien sind darin für die Vermittlung neuer Erkenntnisse der Forschung und politischer Strategien z.B. des Gesundheitsministeriums verantwortlich. An den Bürgern ist es schließlich, »gegenseitig verantwortete Partnerschaft, in der sexuelle Treue ihren Platz hat« (ebd., 93) zu leben. In Süssmuths Konzept soll zunächst jede(r) für sich Verantwortung tragen, indem er/sie sich vor Aids schützt, und wenn dies alle tun, ist die Gesundheit aller Gesellschaftsmitglieder gewährleistet. Gemeinsam sollen wir gegen die Seuche vorgehen, im eigenen und im gemeinsamen Interesse, ein jeder und eine jede an seinem bzw. ihrem Platz: auf der individuellen Ebene konkret in der sexuellen Praxis (z.B. durch Kondome) und auf einer größeren Ebene müsse verhindert werden, daß andere angesteckt werden, damit sich die Seuche nicht exponentiell ausbreitet.

»Natürlich ist es so, daß die Menschen am ehesten zum Selbstschutz motiviert sein werden. Von einer ethischen Fragestellung her gesehen aber werden wir erkennen, daß der sexuelle Fremdschutz als mindestens gleichrangig betrachtet werden muß. Unsere Aufgabe wird es daher sein, in der Bevölkerung das Bewußtsein für die ethische Pflicht zum Fremdschutz zu wecken.« (Ebd., 94)

Mit der eigentümlichen Wortschöpfung des sexuellen »Fremdschutzes« wird das Ferne in die unmittelbare Nähe gerückt und damit das Kunststück vollbracht, ohne moralische Anrufung und doch im Feld des Moralischen an den gesellschaftlichen Zusammenhang der Menschen zu erinnern, in dem das Wohlergehen der einzelnen am Ende doch vom Wohle aller abhängt. Alle werden zur Aktivität und Selbsttätigkeit aufgerufen mit dem Blick für das Ganze — die Gesundheit aller Gesellschaftsmitglieder bezüglich Aids — allerdings innerhalb einer staatlich vorgegebenen Hierarchie, worin die Regierung das Monopol für die Information von Forschungsergebnissen behält.

So existentiell bedrohlich der Aids-Virus für die Menschheit ist und so fern dieses Problem den oben angedeuteten Veränderungen durch Produktivkraftentwicklung scheint, besteht doch immerhin der Zusammenhang, daß zunehmend auf eine partielle Verantwortung der einzelnen gesetzt werden muß. Die Krise erreicht die einzelnen Menschen. Ihr individuelles Verhalten steht zur öffentlichen Diskussion. Die Erneuerung, die sich im Verantwortungsreden von oben ankündigt, zeigt so zunächst nur das Alte, gegen das sie sich durchsetzen muß, als die allgemeine »Verantwortungslosigkeit« der Bürger.

Verteilung von Arbeit und Einkommen: Der Ministerpräsident Oskar Lafontaine (SPD) will mit der Anrufung von Verantwortung das Problem der Arbeitslosigkeit angehen. Alle Erwerbstätigen sollen für die Arbeitslosigkeit der KollegInnen Verantwortung übernehmen.

Ins Kreuzfeuer der Kritik geriet Lafontaine durch seine Forderung nach Arbeitszeitverkürzung ohne »vollen Lohnausgleich« — einer Gegenposition zu den derzeitigen gewerkschaftlichen Kämpfen. Neben den vielen Interviews, die Lafontaine in den letzten Monaten gegeben und den vielen Pressereaktionen, die er zu diesem Thema ausgelöst hat, verfaßte er auch ein Buch über »Die Gesellschaft der Zukunft« (1988), in dem er seine Vorstellung von Verantwortung auf dem Weg in eine zukünftige Gesellschaft erläutert. Wir beziehen uns im folgenden sowohl auf das Buch als auch auf einige Interviews in der Presse.

Zunächst einmal konstruiert sich Lafontaine in seiner politischen Position selbst als »Verantwortlichen«, d.h. als Delegierten für bestimmte gesellschaftliche Aufgaben:

»Ich bin Mitglied einer Gewerkschaft, ich bin Mitglied einer Partei, ich trage Verantwortung als Ministerpräsident. Ich bin also gefordert, mich zu einer Frage zu äußern, die eine wichtige Bedeutung hat für die Entwicklung der öffentlichen Haushalte und für die Bekämpfung der Arbeitslosigkeit.« (Der Spiegel 9/1988)

Verantwortung ist für ihn grundlegend für die »Vorstellung vom Menschen als dem Subjekt seiner Geschichte«:

»Vor allem in seinem 'Machen', in seinem Tätigwerden erfährt ja der Mensch seine Freiheit, realisiert er seine Verantwortung. Den Menschen als Subjekt der Geschichte verstehen, heißt zugleich die Freiheit des Individuums in der Gesellschaft bejahen und die Frage nach seiner freien Tätigkeit stellen, die Frage nach dem bewußten, vernünftigen Plan des menschlichen Handelns, also die Frage nach der menschlichen Verantwortung. Freie und selbstverantwortliche Tätigkeit ist das Lebensmerkmal des Subjekts.« (Lafontaine 1988, 43)

Für Lafontaine hängt damit jede gesellschaftliche Veränderung, jede ferne und nahe Zukunft von der Verantwortung der Menschen ab. Sie wird zur Basis seines Gesellschaftsentwurfes. Er verknüpft Verantwortung mit dem hehren Ziel der Freiheit über das »Tätigwerden«. Was bei Marx noch Arbeit war, wird von Lafontaine breiter gefaßt; unter »Tätigwerden« können wir uns alles vorstellen, die Produktion der Waren, die Hausarbeit und das Spielen der Kinder ... Die so »realisierte« Verantwortung entzieht sich dem analytischen Zugriff durch Beliebigkeit. Diese nun schränkt Lafontaine selbst ein, wenn er am Ende des Buches bei der Frage nach Ökologie, der Erhaltung des Lebensraumes, anlangt:

»Die Freiheit in der Gesellschaft zu bewahren, fordert vom Menschen ein Ethos der ökologischen Selbstbeschränkung. Die Fähigkeit zur Selbstbeschränkung wiederum fordert ein verantwortungsbewußtes Individuum.« (Ebd., 266)

Die »Selbstbeschränkung« bezieht sich nicht nur auf das »Tun«, sondern auch auf Herrschaft:

»Worauf es ankommt, ist Herrschaft, die es wohl auch immer geben wird, zu beschränken und demokratisch zu kontrollieren.« (Ebd.)

Verantwortung heißt also weniger, die Belange und Geschicke der Gesellschaft selbst in die Hand zu nehmen, sondern sich finanziell einzuschränken und die Regelung dieses Verzichtes den Politikern zu überlassen:

»Ich sehe die steigenden Arbeitslosenzahlen. Der Produktivitätszuwachs ist nur einmal zu verteilen. Daher halte ich es für richtig, daß die, die im Arbeitsleben stehen, einen Solidarbeitrag leisten. Bei den unteren Einkommensgruppen muß am Lohnausgleich festgehalten werden.« (Der Spiegel 9/1988)

Die Arbeitslosenquote soll durch Umverteilung von Arbeit und Einkommen verringert werden. Die Höherverdienenden (mehr als 5.000 DM) sollen bei einer Verkürzung ihrer Arbeitszeit keinen Lohnausgleich erhalten. Selbst die »Beamten müssen nun endlich ihren Teil leisten, etwa in Form eines Arbeitsmarktbeitrages« (ebd.). Diejenigen, die zwar arbeiten, aber nicht erwerbstätig sind, z.B. die Hausfrauen, sollen eine »staatlich finanzierte Grundsicherung« erhalten. So wird für alle gesorgt, unter Beibehaltung der bisherigen Strukturen und Arbeitsteilungen.

Verändert aber wird die Haltung der einzelnen. Arbeitslosigkeit hat jetzt nichts mehr mit der persönlichen Schuld des jeweiligen Arbeitslosen zu tun und kann auch nicht einfach auf den Staat »abgeschoben« werden, so daß wir uns alle für etwas verantwortlich zu fühlen angeregt werden, für das wir bisher nicht zuständig waren, und zugleich verlangt es von allen, gesamtgesellschaftliche Probleme als von allen zu lösende zu sehen.

Chancen und Verhinderungen

Ohne die strukturellen gesellschaftlichen Veränderungen der letzten Jahre in ihren Diskurs einzubeziehen, unternehmen Süssmuth und Lafontaine das schwierige Unterfangen, eine neue Haltung der Individuen zu lancieren — Verantwortlichkeit —, die nicht nur zu mehr Selbsttätigkeit aufruft, sondern auch zu mehr Mitmenschlichkeit (fast könnten wir sagen Solidarität). Zugleich soll sich prinzipiell die Gesellschaft mit ihren Hierarchien und sozialen Ungleichheiten und Arbeitsteilungen (insbesondere der geschlechtsspezifischen) so wenig wie möglich verändern. Innerhalb des Bestehenden sollen wir so lernen, unsere erweiterten »Freiräume« zu nutzen, ohne deren Grenzen zu überschreiten; wir sollen Probleme in einem allgemeinen Rahmen sehen, ohne die gesamtgesellschaftliche Entwicklung einzukalkulieren. Dieser Verantwortungsdiskurs seitens der BerufspolitikerInnen ist ein Vabanquespiel: Werden wir seitens der sozialen Bewegungen in der Lage sein, die Chancen zu nutzen und zu erweitern? Einen (ersten) Versuch in diese Richtung fanden wir bei Oskar Negt.

Eine neue Verantwortungsethik

Der Soziologe Oskar Negt antwortet mit einer Besetzung des Verantwortungsbegriffes von links auf die umfassenden Veränderungen, insbesondere im Produktionsbereich, um Vorschläge für eine Politik einer gesellschaftlichen Umstrukturierung zu machen. Er knüpft an den Begriff der Verantwortungsethik an, den der Soziologe Max Weber für den Bereich der Berufspolitik konzipierte: Weber versteht unter Berufspolitik »die Leitung oder die Beeinflussung der Leitung ... eines Staates« (1977, 7). Er unterscheidet zwischen dem Gesinnungsethiker und dem Verantwortungsethiker. Ersterer verlagere die Zuständigkeit für Resultate seiner politischen Handlung auf andere, er sorge nur dafür, daß »die Flamme der reinen Gesinnung« nicht erlösche, während der Verantwortungsethiker die Folgen seines Tuns sich selber zurechne. Verantwortungsethik richtete sich vor allem gegen Bürokraten- und Beamtenherrschaft und damit gegen Befehlsempfängertum, das er für den Bereich der Verwaltung für notwendig erachtete, nicht aber für die Politik. Der Politiker sollte seine Entscheidungen eigenständig treffen und rechtfertigen können. Negt erweitert die von Weber auf die Berufspolitik beschränkte Verantwortungsethik in mehrfacher Weise: auf der Ebene der sozialen Subjekte um die Gewerkschaften, auf der Ebene der Bereiche um die Kultur (Mitbestimmung in der erwerbsarbeitsfreien Zeit) und die Einbeziehung »aller« Lebensbereiche in die Politik. Es geht ihm um Selbstbestimmung in den noch zu gewinnenden gesellschaftlichen Räumen. »Wenn ich von Verantwortungsethik rede, dann meine ich die(se) konkrete Verantwortung im Handlungszusammenhang des Alltags.« (1984, 190) Negt stellt der Verantwortungsethik des Berufspolitikers, der doch letztlich nicht zur Rechenschaft gezogen werde (wie z.B. Kissinger), die des Arbeiters in der automatisierten Produktion entgegen, der sich bei Produktionsausfällen und Unfällen immer zu verantworten habe. Diese Verantwortungsethik im Alltag sieht Negt durch zunehmende Automatisierung gefördert.

»Was sich an Veränderungen der Vergesellschaftungsqualität der Produktion zeigt, schlägt sich ebenso in der Beziehung zwischen Einzelnem und Allgemeinem nieder; die Normen der Verantwortungsethik, die den einzelnen Arbeiter verpflichten, beziehen sich auf die Gesamtgesellschaft. Wer Maschinensysteme eines einzelnen Betriebes überwacht, leistet einen Beitrag für die Funktionsfähigkeit von Bereichen, die er in der Regel überhaupt nicht kennt, die aber so zentral von dem, was er tut, abhängen, daß jede Pflichtverletzung unübersehbare Folgen für andere hätte.« (Ebd., 189)

Da Negt hier auf der Ebene der Anforderung bleibt, erfahren wir leider nichts über die konfliktreichen Verarbeitungsweisen durch die einzelnen Arbeiter und so auch nicht, wo Anforderungen von oben mit ausgreifendem widerständigen Leben von unten gefüllt werden (vgl. kritisch zu Negt: Frigga Haug 1987).

Verantwortungslose Familie

Negts eigentlich revolutionäres an Verantwortung orientiertes Konzept einer gesellschaftlichen Umstrukturierung verliert um so mehr an Veränderungspotential, als er die eine Hälfte der Menschheit (die Frauen) — und damit auch bestimmte gesellschaftliche Bereiche, wie den der Reproduktion der Gattung und der Arbeitskraft — nicht explizit zum Problem macht. Zwar schlägt er den Gewerkschaften vor, den Freizeitbereich mit in die Politik einzubeziehen, um zu verhindern, daß er vor allem von den Medien oder anderen Staatsapparaten beeinflußt wird. Dabei übersieht er aber, daß die Gestaltung des Feierabends in der Regel für die Geschlechter unterschiedlich ausfällt, daß die »freie« Zeit der Frauen von den Notwendigkeiten des Haushaltes bestimmt wird. Es entgeht ihm die Relevanz der Bereiche, in denen die jeweiligen Geschlechter arbeiten, die geschlechtsspezifische Arbeitsteilung und die unterschiedlichen Verantwortlichkeiten von Männern und Frauen für die Reproduktion der Gesellschaft.

Negt erhofft sich durch eine zunehmende Verantwortung in der automatisierten Produktion auch eine allgemein veränderte Haltung in den Bereichen von Politik und Kultur. Doch welche Auswirkungen könnte das auf das Zusammenleben der Geschlechter (z.B. in der Familie) haben und auf die Familienpolitik der Gewerkschaften? Der private Bereich der Familie galt lange Zeit, z.T. bis heute auch für die Organisationen der Arbeiterbewegung als ein Ort des Schutzes vor den Übergriffen und Einflüssen aus der Produktion. »Familie ist ... der Ort, an dem die männlichen Arbeiter ihre Frauen vor den Erniedrigungen im Arbeitsleben bewahren wollen.« (PAQ 1987, 65) Zu Beginn dieses Jahrhunderts erhofften sich die Organisationen der Arbeiterbewegung, in der Familie Solidarstrukturen leben zu können, die sich gegen Entfremdung und Ausbeutung richten sollten (vgl. Projekt Sozialistischer Feminismus 1984). Nicht nur die Konservativen halten an der Kleinfamilie als Zusammenlebensform fest, sondern auch die Gewerkschaften, obwohl Familie der Ort ist, in dem die geschlechtsspezifische Arbeitsteilung reproduziert wird, Frauen oft isoliert für die Reproduktion der Arbeitskräfte und die Produktion des Lebens zuständig sind. Was aber würde mit der Konstruktion der Familie als Fluchtburg passieren, wenn es darum ginge, positive Auswirkungen aus dem Produktionsbereich »zu-

zulassen«, wie Negt für die verantwortliche Haltung bezogen auf Politik und Freizeit zeigt?

Eine ähnliche Frage stellt sich auf der Erfahrungsebene für das familiäre Binnenleben der Geschlechter. Aus Untersuchungen (des PAQ 1987) wissen wir, daß sich das von Programmiererinnen in der Erwerbsarbeit erlernte Problemlöseverhalten — das Zerlegen von Aufgaben in kleine Schritte mit einer logischen Abfolge — auch auf die persönlichen Beziehungen der Geschlechter untereinander, und zwar konflikthaft ausgewirkt hat.

Negt verzichtet in seinem Konzept auf die Frauen in vielfacher Weise: auf die Frauenbewegung als Teil der sozialen Bewegungen insgesamt, auf die Einbeziehung des Reproduktionsbereiches in die Gewerkschaftspolitik und damit auf die Einbeziehung dieses Bereiches in eine gesamtgesellschaftliche Umstrukturierung. Gerade die von Negt als erstrebenswert konstatierten, neu erworbenen Haltungen der einzelnen könnten eine gut begründbare Basis liefern für einen längst überfälligen anderen Umgang mit Familie und der damit einhergehenden besonderen Abhängigkeit der Frauen.

Verantwortung in der Kritischen Psychologie

Daß Verantwortung ohne Umstände von unterschiedlichen politischen Richtungen in Dienst genommen werden kann, nötigt zu theoretischer Analyse. Prüfen wir die Auffassung einer Vertreterin der Kritischen Psychologie.

»Die Menschen sind nicht unmittelbar für ihr Verhalten, aber sie sind für die Verhältnisse verantwortlich, die ihnen das Verhalten 'nahelegen' oder 'aufzwingen'.« (Ute Osterkamp 1988, 20)

Die theoretische Anstrengung richtet sich auf die Verschiebung des Bezugsrahmens. Nicht die Individuen selbst und ihr Verhalten, sondern das gesellschaftliche Ganze wird in den Verantwortungsbereich gerückt.

»Verantwortung für die Verhältnisse heißt aber immer auch Verantwortung für das Verhalten meiner Mitmenschen: Nicht in dem Sinne, daß ich sie mit irgendwelchen Normen traktiere und ihnen erzähle, wie sie sich verhalten sollten, sondern indem ich die Bedingungen herbeiführen helfe, unter denen es für uns alle keine 'Funktion' mehr hat, defensiv und asozial zu sein.« (Ebd., 21)

Mit Moral wird gestritten für eine Gesellschaft, in der es keine Moral mehr braucht. Verantwortung in allen Bereichen wird zugespitzt auf die Haltung der Änderung der Verhältnisse.

»Dies bedeutet ..., daß der Mensch, unter wie einschränkenden, unterdrückenden, bedrohenden Bedingungen er immer leben muß, indem er dazu 'frei' ist, in seinen Handlungen die gegebenen Möglichkeiten der Verfügungserweiterung zu realisieren, immer auch die 'freie' Alternative hat, auf diese 'zweite Möglichkeit' zu verzichten und sich in den gegebenen Handlungsräumen einzurichten, somit immer als 'Subjekt' für seine Handlungen *verantwortlich* (Hervorhebung d. Verf.) bleibt.« (Holzkamp 1983, 355)

Holzkamp fügt hinzu, daß es dieser Umstand ist, der uns erlaubt, nach den Bedingungen und Begründungen des Handelns zu fragen, »daß man klären kann, *wofür* ein Individuum unter seinen Lebensverhältnissen verantwortlich zu machen ist.« (Ebd., 356) Dies berühre aber die *»Tatsache der Verantwortlichkeit«* nicht.

Die Bestimmungen sind zunächst sehr allgemein. Sie erlauben uns, zu erfassen, unter welchen Bedingungen Individuen sich mit welchen Begründungen für ihr Handeln entscheiden. Die Erfahrungen im politisch verantwortlichen Handeln werden damit ebenso bearbeitbar wie die Zurückverfolgung der biographischen Wege einzelner in die Politik der Veränderung möglich.

In ihren widerständigen und zugleich ideologischen Dimensionen nicht erfaßbar sind dagegen solche Aktivitäten und Haltungen, die nicht gradlinig auf die Veränderung der Verhältnisse gerichtet sind. Dazu gehören so gut wie alle aktuellen Verantwortungsdiskurse: sowohl die Verhaltensweisen der einzelnen in ihren sexuellen Praxen angesichts der lebensbedrohenden Krankheit Aids, die Diskussionen um die Umverteilung von Arbeitslosigkeit und das dahinter aufscheinende und zugleich lahmgelegte Projekt einer solidarischen Gesellschaft als auch die Vorstellungen einer alternativen Freizeitgestaltung, die weder von den staatstragenden Medien bestimmt wird noch von den Anforderungen der Produktion, sondern dem kulturrevolutionären Aspekt, ohne den eine politische Veränderung nicht machbar ist. Ungelöst bleibt das Problem, wie die große Haltung der Veränderung heruntergeholt wird in alltägliche Handlungen, deren widersprüchliche Bewältigung der Logik des Entweder/Oder nicht folgt.

Was tun?

> »Das Joch war überall gleich schwer gewesen, nicht ein Land hatten wir gemeinsam, sondern eine Verantwortung, an der wir alle trugen und so war das Bewußtsein der Solidarität, des Internationalismus entstanden.« (Peter Weiss 1983, 74)

Die Menschen verändern ihre Lebensbedingungen und die neuen Bedingungen »erfordern« entwickeltere Haltungen der einzelnen; das gilt für alle Bereiche, die Beziehungen zu anderen, den Umgang mit Dingen und Natur. Eine verantwortliche Haltung, wie sie die Entwicklung der Produktivkräfte gegenwärtig erfordert, kann uns Tore für gesellschaftliche Veränderungen öffnen, den Blickwinkel vergrößern und die Aneignung eines Denkens in Zusammenhängen beschleunigen.

Selbst die konservativen PolitikerInnen gestehen uns Freiräume zu, die vor einigen Jahren kaum denkbar waren. Die Grenzen dieser Räume hinauszuschieben, bleibt ständige Herausforderung. Die Diskussion um das Verhältnis von Arbeitslosigkeit und Einkommen z.B. kann eine Reihe von grundlegenden Fragen ins Bewußtsein bringen: So ein allgemeines Bewußtsein von der tatsächlichen Höhe und dem Ausmaß von Einkommen in unserer Gesellschaft; der Brüchigkeit der Ideologie vom gerechten Lohn; der Umverteilung und Neubestimmung der gesellschaftlichen Arbeit bis hin zur radikalen Hinterfragung eines Zivilisationsmodells, in dem nur etwas gilt, was Geld und mehr Geld bringt bis zur Zerstörung aller Lebensbedingungen.

Die Entwicklung der Produktivkräfte in den alten Verhältnissen stürzt die Gesellschaft u.a. auch in eine Wertekrise. Umkämpft wird das Verhalten der einzelnen und die gewöhnte Orientierung. Hier wäre ein aufrechter Gang zu proben, der die kollektive Selbstbestimmung über die Grenzen des verantwortlich Zugestandenen hinaustreibt.

Literaturverzeichnis

Haug, Frigga, 1987: Zeit für uns. Zu Negt. In: Das Argument 164

Holzkamp, Klaus, 1983: Die Grundlegung der Psychologie. Frankfurt/M., New York

Kern, Horst, und Michael Schumann, 1984: Das Ende der Arbeitsteilung? München

Lafontaine, Oskar, 1988: Die Gesellschaft der Zukunft. Reformpolitik in einer veränderten Welt. Hamburg

ders., 1988: »Die traditionellen Rollen aufbrechen«: Spiegel-Streitgespräch der Sozialdemokraten Oskar Lafontaine und Hermann Rappe über Arbeit und Einkommen. In: Der Spiegel 9

ders., 1988: Das Interview: Nähe zur FDP entdeckt. In: Wirtschaftswoche 7 vom 12.2.88

Marx, Karl, 1975: Lohn, Preis und Profit. Berlin/DDR
Morgner, Irmtraud, 1983: Amanda. Ein Hexenroman. Darmstadt, Neuwied
Negt, Oskar, 1984: Lebendige Arbeit, enteignete Zeit. Politische und kulturelle Dimensionen des Kampfes um die Arbeitszeit. Frankfurt/M., New York
Osterkamp, Ute, 1988: Verinnerlichte Gewalt als »innere Freiheit«. In: Forum Kritische Psychologie 21. Argument-Sonderband 161. West-Berlin
Projektgruppe Automation und Qualifikation, 1987: Widersprüche der Automationsarbeit. West-Berlin
Projekt Sozialistischer Feminismus, 1984: Geschlechterverhältnisse und Frauenpolitik. Argument-Sonderband 110. West-Berlin
Süssmuth, Rita, 1987: AIDS. Wege aus der Angst. Hamburg
Weber, Max, 1982: Politik als Beruf. West-Berlin
Weiss, Peter, 1983: Die Ästhetik des Widerstands. Roman. Frankfurt/M.

Frigga Haug

Verantwortung als Masochismus*

Unter weiblichem Masochismus fassen wir Handlungen, die von Selbstfeindschaft bestimmt scheinen und behauptet werden und deren offensichtliches Vorhandensein uns nötigt anzunehmen, daß unser Geschlecht in der Mehrzahl von der Lust zum Leid bestimmt ist. Das Feld Verantwortung, von dem in öffentlichen Reden heute überreichlich gehandelt wird, ist zugleich emotional aufgeladen in jeder von uns. Ich wende mich zunächst zurück und prüfe das Echo, das Verantwortung in mir hervorruft. Das Wort bereitet mir Unbehagen. Vor dem theoretischen Zweifel stehen unangenehme Erinnerungen. Es scheint mir, als ob von Verantwortung in meiner Kindheit immer die Rede war, wenn ich irgendwo versagt hatte, in mich gesetzte Hoffnungen nicht erfüllte. Zum Beispiel damals, als ich bei meinen Großeltern in den Ferien war — ich muß schon ziemlich groß gewesen sein, wenigstens 12 Jahre alt —, denn in den folgenden Ereignissen wurde von den Erwachsenen wiederholt festgestellt, daß ich die Verantwortung gehabt hätte, weil auch ich schon erwachsen war.

Am Morgen war ich mit drei kleineren Kindern aus dem Dorf und meinen zwei jüngeren Brüdern losgezogen über die Felder in die lockenden Grünmassive der Wälder — immer geradeaus. Denn ich kannte die Wälder nicht und wollte auf dem gleichen geraden Weg zurückkehren. So mußten wir auch nicht die vorgegangenen langweiligen Pfade nehmen, sondern wir bewegten uns einfach auf die Sonne zu. Um Mittag wollten wir wieder daheim sein. Wir müßten uns bloß umdrehen und zurückkehren. Das war der Plan. Die Dorfkinder waren weniger für Wanderungen und Abenteuer geeignet, als ich vermutet hatte. Sie wurden bald müde, kannten die Gegend auch nicht und wollten nach Hause. Meine Brüder wurden auch immer stiller. Da spürte ich plötzlich auch meine Angst in dem hohen Wald, die die Lust auf dieses Abenteuer überdeckt hatte. So war ich einverstanden umzukehren. Die Sonne stand nicht hoch am Himmel. Hatten wir das verpaßt oder war es noch früh? Das eigenartig flaue Gefühl im Magen konnte Hunger sein, dann war es schon spät oder Angst oder ... Nein, der Weg war kein Problem. Wenn die Sonne über den Höchststand hinaus war, dann war sie ja über uns hinweggezogen. Dann müßten wir ihr gar nicht den Rücken kehren, sondern wiederum auf sie zugehen. Aber ich war nicht ganz sicher. Einer der kleinen Jungen heulte schon. Ich konnte die Kinder nicht in meine Unsicherheit hineinziehen. So nahm ich schwungvoll an jede Hand ein Kind, schritt aufrecht der Sonne entgegen und stiftete alle zu einem Lied an. — Viel später stolperten wir ohne Lied hintereinander her. Ich ließ mir natürlich bis zuletzt nichts anmerken. Nicht einmal mitten in der dunklen Nacht, als die Männer uns gefunden hatten und die heulenden Kleinen in ihre Arme

* Vortrag auf dem Kongreß der Deutschen Gesellschaft für Verhaltenstherapie, Februar 1988.

> nahmen. Ich brauchte niemanden. Die Sonne war schuld und daß sie sich nicht berechnen ließ. Ich bekam kein Abendbrot, denn ich hatte verantwortungslos gehandelt. Dabei waren die Kinder wirklich zu langsam und zu weinerlich gewesen. Noch ein Fehler mehr in meinem Charakter. Traurig, daß es ausgerechnet meine Großeltern waren, die mich bisher immer besonders gemocht hatten ...

Auch weitere Erfahrungen, die sich mir im Zusammenhang mit dem Thema Verantwortung aufdrängen, haben diese dumpfe Tönung von praktizierter Verantwortungslosigkeit, von Versagen und von einer zunehmenden trotzigen Selbsterkenntnis, daß mein Charakter entscheidende Defizite aufwies. Ich genügte nicht.

Einen ersten theoretischen Zusammenstoß erfuhr ich während des Abiturs. Im Deutschen erhielten wir als Aufsatzthema einen Ausspruch von Albert Schweitzer, angesichts der Atombombe gelte es für jeden einzelnen, seiner individuellen Verantwortung viel stärker noch sich bewußt zu werden und entsprechend im Alltag zu handeln. Ich war empört, angesichts einer so gigantischen Demonstration staatlicher Macht, individuell erfahrbar bestenfalls durch die Regierungsgewalt einiger Männer, persönlich aufgerufen zu werden, als ob ich tatsächlich etwas ändern könnte. Der Vorgang schien mir blasphemisch und dunkelmännerisch. Er verschob das Problem meiner Machtlosigkeit angesichts existentieller Bedrohung in eine Frage meiner persönlichen Schuld. Der Aufsatz, den ich schrieb, kam auf das Konto meines Versagens, und ich versuchte, ihn zu vergessen.

Ich wurde verantwortlich für mein Leben, dann für das Wohlergehen von Ehemann und Tochter, für Haushalt und Familie, ohne diesen Umständen ebenso kritisch zu Leibe zu rücken wie zuvor jener Zumutung durch Albert Schweitzer und die Regierungen der westlichen Länder. Vom Standpunkt gesellschaftlicher Erwartungen versagte ich als Ehefrau und als Mutter insbesondere, als ich einen Beruf aufnahm, der mich tagelang von zu Hause fernhielt; ich versagte als Haushälterin, als ich ein eigenes Zimmer für meine Examensarbeit bewohnte, welches mich entfernte von meiner Verantwortung für das ganze Haus. Während die praktische Verantwortung bzw. die vielen Verantwortungen so viele Unlösbarkeiten und Unsicherheiten produzierten, die ich in weiblicher Weise durch Ausweichen auf Krankheiten — eine höchst unverantwortliche Tätigkeit gegenüber dem eignen Körper — zu verschieben suchte, kamen mir neuerliche theoretische Zweifel erst spät und wiederum im Zusammenhang mit Politik.

Für die erste Westberliner Volksuni (1980) hatte ich den für einen Zusammenhang von Masochismus und Verantwortung passenden Vortrag »Frauen. Opfer oder Täter?«[1] vorbereitet. Gegen die damals und mit einigen Abstrichen bis heute sich ziemlicher Beliebtheit erfreuende These von dem durchgängigen Opferstatus der Frauen, hatte ich die Gegenthese entwickelt, daß die Unterdrückung der Frauen gar nicht gelingen könne, wenn sie nicht selbsttätig an ihr mitwirkten. Sogar noch das Sich-Opfern ließ sich ja als Tat entziffern. Beim Versuch, diesen theoretischen allgemeinen Vortrag für eine Volksuniversität ein wenig anschaulicher zu machen, stieß ich auf eine Reihe von frauenfeindlichen Witzen, bei denen insbesondere der folgende aus dem ÖTV-Magazin auf einen vergessenen Resonanzboden bei mir selber stieß. Ein Mann und eine Frau sitzen im strahlenden Sonnenschein auf einer Wiese, neben sich einen Picknickkorb und das unvermeidliche Kofferradio. Beide sind außerordentlich sauer, und sie sagt zu ihm: »Ich habe es dir ja gleich gesagt, laß die Nachrichten weg an einem so schönen Tag. Aber nein, du kannst ja nie auf mich hören und jetzt hast du den ganzen Nachmittag verdorben, weil Du dasitzt und denkst an den Overkill.«

Meine noch eindeutig als gerecht empfundene Wut bei Albert Schweitzer trat jetzt als ein zumindest zwiespältiges Gefühl wieder hervor. Ich wußte, daß die männliche Haltung die richtige war, schließlich interessierte er sich für die Menschheit und ihr Überleben, während die Frau die Friedlichkeit des hellen Nachmittags durch Verdrängen relevanter Tatbestände ermogelte. Seine Erhabenheit wurde durch ihre Lächerlichkeit nur unterstrichen. Ihre Dummheit durch seinen Wissensdurst erst richtig offenbar. Ich hatte keine Schwierigkeiten, mich mit diesem Mann gegen diese Frau zu identifizieren, gerade, weil auch ich die Nachrichten beim Picknick ebensowenig gehört hätte, wie ich über den verkorksten Nachmittag angesichts des Overkill sauer gewesen wäre. Aber jetzt war ich nicht mehr achtzehn und lange schon tätig in politischen Gruppen — ich wußte also, was ich mir schuldig war. Beim Nachdenken über diesen Widerspruch zwischen meinen Gefühlen, die den strahlenden Nachmittag gutheißen und meinem Wissen, was eigentlich angemessenes politisches Verhalten sei, stoße ich auf den Umstand, der in dem Witz selbstverständlich mitgemeint ist und seine schnelle Verständlichkeit garantiert: daß es ja gar nicht diese bestimmte Frau ist, welche in solch bornierter Weise sich gegen die Überlebensfragen der Menschheit entscheidet, sondern die Frau schlechthin. Und dies, weil es nämlich in ihrer Verantwortung liegt, daß der Nachmittag schön und heiter sei, daß das Essen schmeckt und die tragischen Sorgen des Mannes vorübergehend vergessen werden können. Sie sorgt für das unmittelbare Überleben — die Verwandlung seines Lohnes in Mittel, die dem Leben dienen und für die Kultur des Lebens. Sie steht dafür ein, mit allem, was sie hat — nicht zuletzt mit ihrem Körper. Daß also der Mann die Nachrichten hörte an diesem Ferientag, zeigt nicht so sehr ihre Dummheit, den Overkill durch Ignoranz aus der Welt schaffen zu wollen — schließlich könnte er es ja auch nicht durch sein Wissen um ihn — sondern, daß er überhaupt die Nachrichten anschaltete, ist schon ihr Versagen. Es ist ihr nicht gelungen, seine gesamte Aufmerksamkeit zu haben. Dies aber wäre ihre Verantwortung gewesen, anders erholt er sich nicht.

Die Szene hatte mich zunächst in eine Richtung selbstverständlicher Annahmen geführt, deren Unstimmigkeit ich eigentlich schon hätte wissen müssen. Männer, so sagte mein unkritischer Alltagsverstand, sind eben verantwortlich für die große Politik, für die Regelung der Gesamtgesellschaft, für Regierung, Wissenschaft, alles Öffentliche, während Frauenverantwortung im Bereich der heimeligen Privatsphäre verbleibt: die eingeschränkte Zuständigkeit fürs Angenehme. Mit der Absicht, die Hindernisse, die eine solche Anordnung für das politische Engagement von Frauen hätte, in ihrer Errichtung selber zu studieren, haben wir in einem Frauenseminar in Hamburg das Thema Frauen und Verantwortung so zu studieren versucht, daß wir unsere eigenen Erfahrungen als Mittel der Erkenntnis nutzten. Wir schrieben Geschichten aus unserem Alltag. Solche Geschichten sind zumeist auf unvorhersehbare Weise verblüffend in ihrer Mischung aus Erwartetem und also Gewußtem und Unerwartetem und also Vergessenem. Unter dem Titel:

»Als ich mich einmal verantwortlich fühlte« wollten wir herausarbeiten, wie die einzelnen Verantwortung für sich verstehen und konstruieren; welche Bedeutung sie für sie hat und welche Materialien, Rohstoffe, Verknüpfungen in diese Konstruktion eingehen. Ich führe im folgenden eine solche Szene vor und nutze sie für eine weitere Einsicht in den Gegenstand »weibliche Verantwortung«:

Es war Mittwoch oder Donnerstag — bis zum Samstagvormittageinkauf für die Wohngemeinschaft waren es also noch zwei oder drei Tage — und der Kühlschrank zeigte große Lücken. Aufschnitt und Käse waren fast verbraucht, im Brotkorb lag noch eine einsame Scheibe und vom Katzenfutter war auch nur noch eine Dose da. Das würde also auf keinen Fall bis zum Wochenende reichen. Ärger stieg in ihr hoch, hatte sie doch in den letzten Wochen öfter eingekauft, während Anita und Werner sich anscheinend nicht dafür interessierten, ob stets genug Vorrat da war. Notfalls gingen sie ins Restaurant ... Martina hatte keine Zeit heute, sie hatte aber am Wochenende, wie schon oft, viel sauber gemacht und hatte auch schon versprochen, an diesem Wochenende das Bad zu säubern. Auf sie richtete sich ihr Ärger nicht, denn Martina tat regelmäßig etwas für die WG und dachte auch rechtzeitig daran, Pflichten zu organisieren, Absprachen zu treffen. Anita und Werner dagegen mußte man stets daran erinnern, daß noch etwas zu tun war. So auch jetzt. Sie dachten über die Planung des Einkaufs gar nicht erst nach. Werner arbeitete sehr viel, war von morgens sieben Uhr bis abends 20 Uhr nicht zu Hause und mußte meist auch am Samstagvormittag arbeiten. Bei ihm ärgerte sie, daß er nicht wenigstens ab und zu etwas tat — daß er weniger Zeit hatte, sah sie ein. Besonders wütend war sie auf Anita, die meinte, Martina und sie würden alles so verbissen sehen. Dabei hatte sie Zeit genug, seit sie nicht mehr arbeitete.

Ihre Idealvorstellung war, daß alle regelmäßig etwas täten, daß sie vielleicht nicht alle Hausarbeiten leiden könnten, aber da könnte man sich ja arrangieren. Wenn der- oder diejenige, die z.B. nicht einkaufen konnte, ab und zu ein Essen kochte, etwas Schönes machte, z.B. am Sonntag Kuchen holen, einsprängen, wenn man mal absolut keine Zeit hatte — das wäre schön. Dann könnte sie sich zu Hause richtig wohlfühlen und entspannen, müßte nicht permanent an alles denken und könnte manchmal genießen, daß andere für sie sorgten. Besonders dann, wenn sie selbst sehr viel zu tun hätte für ihre Seminare und Arbeitsgruppen, würde sie sich freuen, wenn ihr die Haushaltssorgen abgenommen wären.

Es ärgerte sie, daß sie sich auch noch mit dem Ärger und dem Nichtfunktionieren des Haushalts beschäftigen mußte, statt ihre Energie für ihre anderen Aktivitäten verwenden zu können. Dabei hatte sie es am Anfang in der WG sehr genossen, daß sich alle beteiligten, daß ein Essen fertig war, wenn sie nach Hause kam, daß sie die Fürsorge der anderen genießen konnte. Ganz im Gegensatz zu der Zeit, als sie noch mit ihrem Freund zusammenwohnte. Sie geht einkaufen.

Unser Staunen über die Banalität der Geschichte wendeten wir zum Studium ihrer Konstruktion. Unsere erste Frage hieß: was stellt uns die Autorin eigentlich als verantwortliches Handeln oder Fühlen vor? Unsere Antwort lautete nach einigem Zögern: daß sie für die WG einkaufen geht. — Für dieses Ergebnis hätte die Geschichte kaum geschrieben werden müssen; wir alle wußten, daß ein WG-Einkauf die übliche Wahrnehmung von Verantwortung ist. Aber die Autorin schreibt lange und ausführlich mit viel Engagement und Details. Hinter der ersten Antwort steckt eine zweite: ich mußte mich verantwortlich fühlen, weil die anderen dies nicht taten. Und so handelt die Geschichte von der Unverantwortlichkeit der Bewohner, die die WG unbewohnbar macht. Verantwortung erscheint als lästige Kompensation für die Fehler anderer. Ganz im Gegensatz zu den hohen Gefühlen, die der Begriff Verantwortung in den Sonntagsreden gewöhnlich annimmt, lehrt uns die Autorin, daß Verantwortung zusammengedacht und gefühlt wird mit Ressentiment (immer ich, weil die anderen zu faul sind) und Pflichten, Absprachen, Organisation, Planung, Arrangement und vor allem mit Arbeit. Als Antwort auf unsere Frage nach dem Kontext von Verantwortung erhalten wir: die harten Befehlshaber (Pflicht, Organisation usw.) gewährleisten, daß ich mich verantwortlich fühlen muß. Mein Verantwortungsgefühl tritt auf, wo die Organisation ein Loch hat, ist also eine Art Unfallhilfe. Wenn alle »regelmäßig etwas tun«, muß sich keiner verantwortlich fühlen. Als ein erstes Resultat können wir formulieren: *individuelle Verantwortung tritt immer dann auf, wenn allgemeine Regelungen versagen. Und: individuelle Verantwortung ist nicht denkbar ohne die gleichzeitige Nichtverantwortung anderer.* Die Autorin bietet zwei weitere Verknüpfungen: Arbeit und Genuß. Eigentümlicherweise steht Arbeit nicht auf der Seite der Verantwortung, sondern ihr entgegen. Wer viel arbeitet, braucht nicht so viel Verantwortung zu tragen; weil ich viel arbeite, ist es ungerecht, mich mit zuviel Verantwortung zu belegen, versichert sie mehrfach; oder, wer nicht arbeitet, soll Verantwortung tragen. Es gibt also eine emotional einverständig gelebte Arbeitsteilung. Es ist dies nicht einfach die Teilung von Haus- und Erwerbsarbeit, sondern hinter der uns bekannten Gestalt, die Hausarbeit sollten jene tun, welche weniger außerhäusige Arbeit verrichten, tritt folgender Vorschlag auf: die Tatsache außerhäusiger Arbeit verlangt eine organisatorische Lösung für die Fragen des Genusses, des Sich-Wohlfühlens und der Entspannung. Wo dies nicht geschieht, geraten diese Bereiche in das Feld der »Sorge« und damit der widerwillig akzeptierten weiblichen Verantwortung. Wir kommen zu dem Resultat: *weibliche Verantwortung ist also ein Fehler, ein gesellschaftlicher Mangel, ein Verweis auf eine Unordnung auf gesamtgesellschaftlichem Maßstab. Was hier nicht geregelt wird, sind die Fragen des leiblichen Wohls. Die Unordnung ist kräfteverzehrend.*

Wir versuchten schließlich herauszufinden, welche Antwort uns eigentlich die Autorin auf die Frage nach der Reproduktion weiblicher

Verantwortung gibt, die sie doch so eindeutig als Fehler beschreibt? Wir fanden drei Antworten: die *Notwendigkeit* (es ist nicht mehr genug zu essen da); den *Ärger* (immer wieder ist die Rede davon, wie sie sich über die anderen ärgert) und schließlich den *Ärger über den Ärger.* Sehr deutlich führt sie uns vor, daß die kleinliche Berechnung, der Ärger, die Nicht-Fürsorge das Zusammenleben zerstören; ja, daß das eigene Gefühl, sich zu ärgern, ein ärgerliches ist. Wir kommen zu dem Resultat, *daß die Zustimmung zur eigenen Person mit ihren Gefühlen, der Wunsch nach einem genußvollen Zusammensein und die Not drei Kräfte sind, die die Übernahme weiblicher Verantwortung als widerwilligen Akt hervorbringen.* Dieses Resultat verweist auf einen Widerspruch in der Konstruktion von Weiblichkeit und weiblicher Verantwortung. Wir formulieren ihn vorläufig folgendermaßen: *die Zustimmung zur eigenen Person und ihren Gefühlen hängt ab von selbst als falsch bewerteten Handlungen.* Wir haben also aus dieser Geschichte zunächst drei wichtige Merkwürdigkeiten gewonnen: *daß die Reproduktion von Verantwortung durch die Widersprüchlichkeit der Person geschieht; daß Verantwortung (wie schon in der ersten Szene) wieder negativ artikuliert wird und schließlich, daß ein Bewußtsein davon existiert, daß die Verantwortung der Frauen auf eine gesellschaftliche Unordnung verweist.*

Ich hänge an dieser Stelle fest. Als Lockerungsübung und weil es immer gut ist, die vorhandenen Produktivkräfte zu nutzen, schlage ich nach bei Freud. Jedesmal, wenn ich das tue, bin ich erneut überrascht, wie wenig er sich für die psychischen Probleme interessiert hat, die mich umtreiben. Verantwortung kommt bei ihm so gut wie nicht vor. An einigen wenigen Stellen ist von Verantwortlichkeit die Rede. Da geht es um die Träume. Die Frage, die ihn bewegt: sind wir eigentlich verantwortlich für unsere unsittlichen Träume? Unter unsittlich versteht er solche sexuellen Phantasien, die das Inzesttabu mißachten und — ordentlich der heterosexuellen Zuordnung folgend — Vater und Bruder nicht auslassen, wenn es die Mädchen betrifft, Mutter und Schwester nicht bei den Knaben. Die Frage bewegte die Gemüter. Freud referiert die heftigen Auffassungen, die uns von Schuld ganz und gar frei sprechen wollen und solche, die uns verantwortlich machen. Klug und salomonisch hält er es mit Plato: es ist besser, die Schandtaten im Traum zu begehen als im Wachen. — Der hungrige Unmut, der mich nach solchem Bescheid ergreift, gilt nicht allein dieser Obsession durchs Sexuelle. Ungeduldig finde ich das bereitgelegte Handwerkszeug des Erkennens nicht angemessen genutzt. Die richtige Beobachtung einer Widersprüchlichkeit zwischen den verschiedenen Dimensionen unseres Seins, die auch zwischen dem selbstgetragenen Anspruch an die Sittlichkeit und eignem Tun deutlich wird, wird zugunsten dieser Deutung eines Kampfes zwischen Trieb und Sittlichkeit vertan. Was dabei auf der Strecke bleibt, ist nicht, wie ich zunächst annahm, die Möglichkeit, die Sittlichkeit selbst als ideologisch und herrschaftlich zu durchschauen, sondern den Kampf gegen sie aus anderen Motiven als aus denen des Sexualtriebs oder des ES zu führen. Es ist, so scheint mir, nicht so sehr die Anforderung aus der Kulturgesellschaft, die uns zum Kompromiß mit Genuß und Sexualität, mit Triebanforderungen und ihrer Befriedigung zwingt. Obwohl dieser Gedanke bestechend elegisch ist, daß unser gesellschaftliches Leben uns auch eine gewisse Traurigkeit abverlangt, scheint er mir im Falle der weiblichen Verantwortung bei weitem nicht widerständig genug.

Es kommt mir statt dessen so vor, als ob der Herrschaftszusammenhang, in dem Verantwortung eine Rolle spielt, die fordernde Sittlichkeit in ein anderes Spannungsverhältnis bringt, als nur in den Gegensatz zu den drängenden Trieben. Schließlich bleibt ja beides auf der Strecke, der Genuß aus dem Triebleben und die Möglichkeit, sittlichen Geboten zu genügen. Verlassen wir die Sphäre des Freudschen Sexuellen und begeben uns auf die Ebene weiblicher Verantwortung in unserer Gesellschaft. Zwar sind Frauen auch verantwortlich für ihren sexuellen Lebenswandel, wesentlich für sie aber ist die Verantwortung für das unmittelbare Wohlergehen von Mann und Kindern im kleinen Kreis. Unser Gegenstand schillert in seinen Bedeutungen. Der Versuch, bei anderen Disziplinen Unterstützung zu suchen, ist anregend, wenn auch verunsichernd. Das Prinzip Verantwortung, so meint der Philosoph Hans Jonas, bedeutet uns, unsere Handlungen auf die Überschaubarkeit seiner Folgen einzugrenzen. Die Wortwahl ist zwiespältig, gerade für Frauen. Sie erscheint selbstverständlich zunächst, dann zu klein. Es ist diese Beschränkung aufs Überschaubare, welche Verantwortung für Frauen zur unlebbaren Folter macht. Schließlich sind alle Dimensionen, in denen sie Verantwortung tragen, zwar private Aufgaben; die private Anordnung jedoch verdeckt, wenn auch immer unzulänglicher, daß die Mittel zu ihrer Durchführung gar nicht in den Händen der Frauen liegen. Wie sie den Haushalt ausstatten, die Familie nähren und kleiden, welche Ausbildung, welches Ausgreifen in Gesellschaft ihnen möglich ist, hängt ja zunächst ab vom Einkommen. Oder wie Brecht so schön formulierte: über das Fleisch in der Suppe wird nicht in der Küche entschieden. Aber damit nicht genug: die Nachrichten über die Vergiftung von Nahrungsmitteln und Luft und nicht zuletzt die oben erwähnte Gefahr eines Atomkrieges machen klar, daß die Frauen hier eine Verantwortung übernehmen sollen, über deren Voraussetzungen sie nicht im geringsten verfügen. Die Tugenden, die ihnen abverlangt werden, sind solche des gesellschaftlichen Gemeinwesens und seiner Regulierung. Wo sie ihnen nachzukommen versuchen, also Verantwortung übernehmen, müssen sie versagen oder sich etwas vormachen. Sie werden schuldig. Ihr persönlicher Mut besteht darin, diese Schuld so lange wie möglich auszuhalten, der Ausweg, krank zu werden. So leben sie als individuelles Problem, wo die Welt nicht funktioniert mit der Aufgabe, ein ordentliches Heim zu bereiten gegen die Unordnung der Gesellschaft. Der Versuch, hier einzugreifen, würde im Gegensatz zu Freuds Annahmen nicht nur Chaos und Gleichgewichtsstörungen verursachen, sondern Voraussetzung für befreite Handlungsfähigkeit sein.

Neuerlich wird bei einem Teil der weiblichen Grünen versucht, politische Verantwortung so zu sprechen, daß die Fragen des Alltags von Frauen mit der Politik im Großen verbunden werden. Es geht darum, den nächsten Generationen Lebenschancen zu hinterlassen (so etwa Waltraud Schoppe[2]). Es scheint mir, als ob diese Ausdehnung weiblicher Zuständigkeit die einzige Chance ist, zugleich dem individuellen Versagen und den Schuldgefühlen zu entkommen wie gesellschaftlich verändernd einzugreifen. Wir haben es also im Grunde nicht mit zwei Verantwortungen zu tun, säuberlich getrennt nach Bereichen, sondern es ginge jetzt darum, die an uns formulierte »Verantwortung« nicht etwa per Streik abzulehnen (wie dies ebenfalls als Politikvorschlag in der Frauenbewegung formuliert wurde), sondern sie aufzunehmen und über den überschauten Bereich hinauszutreiben, sie als Anspruch an gesellschaftliche Macht zu formulieren und kollektiv zu erstreiten. Es geht selbstverständlich auch darum, sie auf alle Gesellschaftsmitglieder zu verallgemeinern. Insofern stehen die Frauen heute an einer Schlüsselstelle.

Haben solche Überlegungen eigentlich überhaupt mit weiblichem Masochismus zu tun oder mit dem, was so sich äußert? Frauen sitzen an dieser Nahtstelle der Unverträglichkeit dieser Gesellschaft und individuellem Leben, ohne sich wegzurühren. Eher lassen sie sich zerreißen, als daß sie diese unzumutbare Verantwortung aufgeben oder ausdehnen. Sie leben selbst noch das Zerrissenwerden als persönliche Schuld. Sie nehmen es auf sich. Die Humanität, die so in ihre Handlungen kommt, verdeckt die Inhumanität im Großen. In dieser Weise tragen Frauen zur Reproduktion ihrer eignen Notwendigkeit als diese bestimmten Frauen bei und damit dazu, sich eben an diesen Nahtstellen zerreissen zu lassen. Neben der Legende vom weiblichen Masochismus, die ja in die Natur der Frauen verankert, was der Gesellschaftsstruktur zu verdanken ist, entsteht so auch eine allgemeine Heuchelei. Auf der einen Seite gelten Frauen als das Gute, das Menschliche, das Warme und Sinnenfrohe, für das es sich zu leben lohnt, auf der anderen Seite können sie verantwortlich gemacht werden, wo immer etwas nicht in Ordnung ist. Beispiele lassen sich zuhauf ausdenken: die Verwahrlosung der Kinder, die Schulleistung, der Drogenkonsum, die Sauberkeit, die Ernährung, die Gesundheit, aber auch selbst die Moral in allgemeiner Unmoral — immer sind es die Frauen, die etwas versäumten: als Mütter, in der Familie, bei der Erziehung, als Geliebte etc. Ihr Masochismus bestünde dann u.a. darin, daß sie es zu leben versuchen, und die Mär, die solche Versuche in eine Eigenschaft von Frauen verwandelt, hätte die Funktion, uns damit zu beruhigen, daß solcherart gesellschaftliche Unordnung als im weiblichen Charakter lösbar erscheint.

Ein Mittel, mit dem die Weichen so gestellt werden, ist die Liebe und mit ihr der Umstand, daß ein großer Teil der Frauen sich in unserer Tauschgesellschaft nicht in der gängigen Währung reproduzieren kann. Wo alles gegen Geld getauscht wird, verdienen sie keines oder doch weniger, als sie zum Leben brauchen. Das macht ihre Lage unberechenbar und grenzenlos wie die Liebe selbst. Immer geben sie zu wenig und sie spüren, daß sie weder genug geliebt werden, noch genug lieben, um diese Herkulestaten gesellschaftlicher Ordnung zu vollbringen, wie es sich in der Aufrechterhaltung jenes illusionären Gemeinwesens Familie äußert. Auch solches wird selbstverständlich als Charakterschwäche und Schuld gelebt. Frauen sind bereit, fehlende Liebe durch doppelte Anstrengung wett zu machen.

Gelten solche Bestimmungen tatsächlich wesentlich für Frauen und nicht auch für Männer auf der anderen Seite jener gesellschaftlichen Arbeitsarchitektur, die wir die Trennung nennen zwischen öffentlich und privat? Ich möchte nicht behaupten, daß die männliche Seite dieses Zusammenhangs in irgendeiner Weise selber eine Perspektive für uns darstellt, ebensowenig wie es die weibliche tut. Aber es ist unabdingbar, den Herrschaftszusammenhang, in dem die Geschlechter zueinander stehen, in die Analyse einzubeziehen und nicht etwa (wie dies z.B. spätestens nach den Reformversuchen von Rita Süssmuth zum allgemeinen Konsens zu gehören scheint) beide Geschlechter einfach als gleichermaßen partiell und als Rollenklischees zu begreifen. Auch die Belohnungen, die die gesellschaftliche Struktur für ihre männlichen Bewohner bereithält, machen offenbar, daß sie sich zumindest vormachen können, auf die Bedingungen ihres Handelns Einfluß zu haben. In der gesellschaftlichen Hierarchie sind Anforderungen an Männlichkeit vorgesehen, die erreichbar und einlösbar scheinen. Der Frieden, den Frauen in den uneinlösbaren Anforderungen machen, Glück, Leben und die

Kultur des Lebens individuell herzustellen, ist diese Verbindung von Schuld und Masochismus bis zur Selbstzerstörung.

Die Frage nach dem weiblichen Masochismus führte uns über das Problem der Verantwortung zur Frage nach den gesellschaftlichen Anforderungen an Frauen. Die Zustimmung zum Zerrissenwerden in uneinlösbaren Aufgaben, so habe ich zu zeigen versucht, führt zu einer Haltung, die wir als masochistisch entziffern könnten. Der Versuch, solche Haltung als aus dem Innern von Weiblichkeit kommend, zu behaupten, verlagert die Zerreißprobe auf die Ebene zwischen Individuum und Gesellschaft schlechthin — wie ich dies bei Freud skizzierte —, statt den Blick auf bestimmte gesellschaftliche Formationen zu richten. Ich möchte jetzt noch einen Schritt weitergehen und einen abschließenden Blick auf den Nutzen werfen, den diese Anordnung von Weiblichkeit und Männlichkeit für die Reproduktion unserer Gesellschaft hat. Es ist ja nicht nur so, wie spätestens seit Beginn der neuen Frauenbewegung — also seit 20 Jahren — laut und lauter gesagt wird, daß nämlich die im stillen, einzeln von Frauen geleisteten Arbeiten zum Fundament dieser Gesellschaft gehören und insofern anerkannt, ernstgenommen und aufgewertet gehören. Darüber hinaus wird die allgemeine Unzuständigkeit für die einzelnen in dieser Gesellschaft als wechselseitige Unzulänglichkeit der Geschlechter gelebt. Der Bereich des Lebens, für den Frauen unmittelbar zuständig sind, wird vom Standpunkt der gesellschaftlichen Produktion und Verwaltung, der männlichen Domäne randständig. Zugleich wird die Tätigkeit in dem Bereich, der gesellschaftlich vorangetrieben wird, entfremdet, so daß die Lebenshoffnung sich auf eben den randständigen Bereich richtet. In dieser Weise kommt auf Frauen diese unzumutbare Belastung zu, im Stadium der Unterdrückung selbst noch die Hoffnung auf ein besseres Leben darzustellen. Hier müßte einiges durcheinandergebracht und eine neue Ordnung herbeigeführt werden. Insofern scheint mir eine Befreiung sowohl von der Mär als auch von der Wirklichkeit des weiblichen Masochismus die Anstrengung zu benötigen, die durch die Geschlechterverhältnisse blokkierten gesellschaftlichen Verhältnisse zum Tanzen zu bringen.

Anmerkungen

1 Abgedruckt in: Haug (Hg.), 1988[6]: Frauen — Opfer oder Täter? Diskussion. Argument-Studienheft 46. West-Berlin.

2 In: Liberal 3/1987, 61.

Ellen Woll

Arbeitsbeziehungen und Geschlechterpolitik

In Untersuchungen, in Vorträgen und Veranstaltungen, in gewerkschaftlichen Publikationen und Diskussionen zum Thema Neue Technologien, ist häufig die Rede von der zunehmenden Entsolidarisierung der Gesellschaft, von Vereinzelung der Menschen und von Vereinsamung durch den Einsatz neuer Techniken (vgl. z.B. Böttger 1985, Bendixen 1985, Briefs 1984, u.a.). »Geisterfabriken« werden beschworen, Arbeitsplätze werden beklagt, an denen die Menschen, isoliert von ihren Kolleginnen und Kollegen, nur noch mit dem Computer kommunizieren. Familien werden beschrieben, in denen die Familienmitglieder, von Heimcomputern und neuen Medien »besetzt«, immer weniger miteinander sprechen und tun. Solche Visionen erschrecken, weil sie eine zukünftige Gesellschaft vermuten lassen, in der die Menschen, wo immer sie sind, isoliert und ohne Kontakt zu anderen Menschen, sich mit Maschinen befassen, unfähig zu Kreativität und Phantasie, zu Emotionalität und Menschlichkeit, zu »lebendiger« Kommunikation und zu Beziehungen.

Auch wenn man diesen Negativutopien nicht im einzelnen folgt, deuten sie auf ein Problem hin, für das auch wir in unseren Untersuchungen genügend Hinweise fanden: daß es mit dem Einsatz neuer Techniken zu verstärkten Vereinzelungsgefühlen bei den Arbeitenden und zu Rückzugstendenzen aus ihren Beziehungen zu ihren KollegInnen kommt. Da die Beziehungen der Arbeitenden zueinander die Grundlage ihres gemeinsamen solidarischen Handelns bilden — in ihnen wird der Boden bereitet für die Einschätzungen ihrer Arbeit, ihrer Arbeitsbedingungen, der betrieblichen und ökonomischen Verhältnisse, insbesondere deren Veränderbarkeit (vgl. PAQ 1983, 47ff.) — erhebt sich ganz nachdrücklich die Frage nach der zukünftigen Entwicklung der Solidarität der Arbeitenden, ob und wie sie Möglichkeiten kollektiver Eingriffe und Veränderungen wahrnehmen/negieren und ergreifen/ignorieren.

Wir hatten in einer Untersuchung über geschlechtsspezifische Unterschiede in den Beziehungspraxen der Beschäftigten am Arbeitsplatz und deren Veränderungen durch Einsatz neuer Techniken (vgl. Brosius/Haug 1987) festgestellt, daß die Entwicklung ihrer Beziehungen von Männern deutlich negativer eingeschätzt wurde als von Frauen, daß Frauen also auffallend weniger über Auflösungserscheinungen in ihren Beziehungen klagten (vgl. ebd. 84ff.). Dieser Befund ließ uns hoffen, daß politische Handlungsfähigkeit von kommenden Frauengenerationen zu erwarten sei. Da vom solidarischen Handeln, von der Kompetenz der Handlungskollektive vieles abhängt, wollen wir dieser Frage nach der Möglichkeit weiblich-solidarischen Handelns beim Einsatz neuer Techniken nachgehen.

Solidarität versus Vereinzelung?

Die Verwendung des Begriffs Solidarität im alltagssprachlichen Umgang deutet häufig auf ein Verständnis von Gesellschaft hin als unfreundlich, bedrohlich, konkurrenzhaft, isolierend, vereinsamend. Solidarisches Mitfühlen und Zusammenhalten wird als Schutzwall gegen solche Vereinzelung und Konkurrenz, gegen Herrschaftsstrategien, gegen Krititk und gegen Veränderungsanforderungen und Konflikte gedacht und gelebt. Dies verweist zum einen auf Bedürfnisse der Menschen nach Geborgenheit, Aufgehobensein, Dazugehörigkeit, nach Menschlichkeit und Freundlichkeit (so akzeptiert zu werden, »wie ich bin«), zum anderen auf ein Bewußtsein, daß Veränderung und Macht möglich sind durch Zusammenschluß, gemeinsames Handeln vieler gleich oder ähnlich Betroffener. Daran anknüpfend möchten wir den Begriff der Solidarität für diejenigen Handlungen der Menschen vorbehalten, mit denen sie gemeinsam, in »bewußtem Verhalten« zu ihren Handlungs- und Entwicklungsmöglichkeiten und -beschränkungen, Veränderungen in Richtung auf mehr gemeinsame Verfügung über ihre Lebens- und Arbeitsbedingungen zu erreichen suchen (vgl. Holzkamp 1983, 237 ff.). D.h., wir fassen darunter all jene Taten, mit denen die Menschen bewußt und kollektiv die selbstbestimmte Regelung ihres Gemeinwesens anstreben. Wir suchen also nach Anknüpfungspunkten für eine Kollektivität, die nicht lediglich den »grauen Alltag«, die Widersprüche der Lebens- und Arbeitsweise in unserer Gesellschaft freundlicher und erträglicher macht und damit weitgehend in ihrer jetzigen Form beläßt, sondern darüber hinaus diese Widersprüche skandalisiert, zuspitzt und überwinden will.

Kollektives Handeln und Arbeitsbedingungen

Anknüpfungspunkte für eine solche Kollektivität könnten/müßten in den Beziehungen liegen, die die Menschen zur Erfüllung ihrer arbeitsteiligen Aufgaben im Arbeitsprozeß eingehen (müssen), da sie hier an einer »gemeinsamen Sache« (zusammen)arbeiten, miteinander kooperieren, um das Arbeitsziel zu erreichen. Dies ist ihnen zwar »von oben«

vorgegeben, muß von ihnen aber im Prozeß der Umsetzung von Arbeitsaufgaben und -anforderungen in konkrete Arbeitshandlungen — zumindest teilweise — als »eigene Sache« angeeignet werden. Da die Notwendigkeit zu solchen Arbeitsbeziehungen mit dem Einsatz neuer Techniken steigt, die Arbeitskontakte z.T. intensiver werden (vgl. PAQ 1987, 75ff.; Brosius/Haug 1987, 84ff.), müßten folglich — so dachten wir — auch die Möglichkeiten für eine größere Kollektivität, für mehr Solidarität zwischen den Arbeitenden steigen. Dieser Prozeß kann freilich nicht problemlos erfolgen, da den Menschen in unseren fremdbestimmten Verhältnissen auch ihre Beziehungen in der Arbeit, ihre Zusammenarbeit fremdverfügt und aufgezwungen erscheinen, wiewohl zugleich auch befreiend. Welchen Widersprüchen die Arbeitenden im Feld der Kooperation unter kapitalistischen Verhältnissen ausgesetzt sind, möchte ich im folgenden in Anlehnung an Marx skizzieren.

Widersprüchliche Beziehungen

Marx hat die mit den gesellschaftlichen Arbeitsteilungen verbundene Kooperation sorgfältig analysiert. Er unterscheidet zwischen Kooperation auf der gesamtgesellschaftlichen Ebene und Kooperation unter fremdbestimmten kapitalistischen Verhältnissen. Gesellschaftliche Kooperation ist — so Marx — Voraussetzung für die Entwicklung der Individuen wie der Gesellschaft: »Im planmäßigen Zusammenwirken mit andern streift der Arbeiter seine individuellen Schranken ab und entwickelt sein Gattungsvermögen.« (MEW 23, 349) Erst in gesellschaftlicher Kooperation kommen die menschlichen Fähigkeiten voll zum Tragen. Zugleich bietet Arbeit in Kooperation eine Chance zur Solidarisierung der Arbeitenden. »Mit der Masse der gleichzeitig beschäftigten Arbeiter wächst ihr Widerstand ...« (ebd., 350).

In den von uns und anderen untersuchten Verhältnissen stehen dagegen aber die vielen Klagen über den Verlust der »Unmittelbarkeit und Spontaneität menschlicher Beziehungen« (Bendixen 1985, 260f.), der mit der Automation steigende Mangel an »Kommunikation mit dem Lebendigen, ... die unberechenbare Reaktion vom Gegenüber« (Sarah Jansen 1984, 70); in anderen Untersuchungen (vgl. PAQ 1983, 47ff. und Brosius/Haug 1987, 84ff.) ist die Rede davon, daß es mit der technischen Entwicklung zwar zur Zunahme an *Arbeitskontakten*, aber zugleich auch zu sich verschärfenden Auflösungstendenzen in den *persönlichen Kontakten* der Beschäftigten kommt. Die Notwendigkeit intensiver Arbeitsbeziehungen in automatisierten Arbeitsprozessen wird von den Arbeitenden als Zwang und Zumutung erlebt und als Rückzug aus den persönlichen Beziehungen gelebt (ebd.). In unseren Verhältnissen tritt die Notwendigkeit, verstärkt kooperieren zu müssen, als fremdbestimmte, »von oben« erhobene Anforderung auf.

»Die Kooperation der Lohnarbeiter ist ... bloße Wirkung des Kapitals, das sie gleichzeitig anwendet. Der Zusammenhang ihrer Funktion und ihre Einheit als produktiver Gesamtkörper liegt außer ihnen, im Kapital, das sie zusammenbringt und zusammenhält. Der Zusammenhang ihrer Arbeiten tritt ihnen daher ideell als Plan, praktisch als Autorität des Kapitalisten gegenüber, als Macht eines fremden Willens, der ihr Tun seinem Zweck unterwirft.« (MEW 23, 351)

Die in Beziehung zueinander Tretenden tun dies nicht freiwillig, sondern aus der Notwendigkeit der effizienteren Arbeitserfüllung, zur Steigerung der Produktivkraft, die sich der Unternehmer aneignet.

»Als unabhängige Personen sind die Arbeiter Vereinzelte, die in ein Verhältnis zu demselben Kapital, aber nicht zueinander treten. Ihre Kooperation beginnt erst im Arbeitsprozeß, aber im Arbeitsprozeß haben sie bereits aufgehört, sich selbst zu gehören.« (Ebd., 352)

Grundlage derartiger Kooperation ist — so Marx — die Teilung der Arbeit, die der Manufaktur entspringt und in der »... jeder Arbeiter ausschließlich einer Teilfunktion angeeignet (wird) und (die) seine Arbeitskraft in das lebenslängliche Organ dieser Teilfunktion verwandelt.« (Ebd., 358f.) Diese Form der Arbeitsteilung ist selbst eine »besondere Art der Kooperation«, nicht an den Bedürfnissen der Arbeitenden, sondern an der kapitalistischen Produktionsweise in der Manufakturperiode orientiert und dem Zweck der Produktivkraftsteigerung zugunsten des Kapitals dienend. Die große Industrie schließlich hebt diese besondere Form der Arbeitsteilung und Kooperation auf, indem Maschinensysteme die bislang von Menschen ausgeführten Teiloperationen übernehmen und die menschliche Arbeit ihren Erfordernissen unterordnen und ihre Zusammenarbeit bestimmen.

»Der kooperative Charakter des Arbeitsprozesses wird jetzt also durch die Natur des Arbeitsmittels selbst diktierte technische Notwendigkeit.« (Ebd., 407)

Die Arbeitenden sind jedoch nicht in der Lage, diese kooperative Form ihrer Arbeit unmittelbar in ihrem Sinne, also zur Entwicklung solidarischer Strukturen zu nutzen, da die »kapitalistische Form die alte Teilung der Arbeit mit ihren knöchernen Partikularitäten« (ebd., 511) ständig reproduziert und somit im »diametralsten Widerspruch ... (steht) mit solchen Umwälzungsfermenten (die die große Industrie kennzeichnen, EW) und ihrem Ziel, der Aufhebung der alten Teilung der Arbeit.« (Ebd., 512) Gerade die Herausbildung solcher Widersprüche ist es jedoch — so Marx —, die ihre Auflösung ermöglicht und die Umwälzung und Neugestaltung der Gesellschaft hervorbringt. Marx macht eine deutliche Trennung zwischen den Erfordernissen der technischen Entwicklung an die Arbeitenden, die den kooperativen Arbeiter, »das total entwickelte Individuum« benötigt und hervorbringt, das »durch absolute Disponibilität ... für wechselnde Arbeitserfordernisse« (ebd., 512) gekennzeichnet ist, auf der einen Seite und der zu diesen Erfordernissen im Gegensatz stehenden kapitalistischen Anwendung der entwickelten Maschinerie auf der anderen Seite, die die Arbeitsteilung verschärft, »die Intensität (der Arbeit) steigert« und »den Menschen durch die Naturkraft unterjocht« (ebd. 465).

In Teilen der heutigen industriesoziologischen Literatur spielt die Frage der Beziehungen der Arbeitenden unter dem Stichwort »formelle/informelle Beziehungen/Gruppen/Normen« eine Rolle. Diese Diskussion geht zurück auf Elton Mayo und die Harvard-Schule (vgl. Mayo 1946), die in den 20er und 30er Jahren (sog. »Hawthorne-Experimente«) feststellten, daß die Arbeitsleistung der Beschäftigten nicht nur von ihren Arbeitsbedingungen, den gesundheitlichen Belastungen etc., abhingen, sondern insbesondere auch von der Möglichkeit, ihre Bedürfnisse nach Freundlichkeit, menschlicher Wärme, sozialer Anerkennung am Arbeitsplatz befriedigen zu können. Sie fanden heraus, daß die Arbeitenden neben den offiziellen, durch die betriebliche Organisation und den Arbeitsprozeß vorgegebenen Kooperationsbeziehungen, informelle Beziehungsstrukturen bildeten, die diese Bedürfnisse abdecken sollten und die sich zunächst dem Zugriff und damit der Funktionalisierung und Manipulation durch die Unternehmensleitungen entzogen.

Während sich in der Folgezeit ganze Forschungszweige (Arbeitspsychologie, Psychotechnik) damit beschäftigten, Methoden zu entwikkeln, mit deren Hilfe diese informellen Strukturen vom Kapital in Dienst genommen werden konnten, griff die Linke in der Industriesoziologie diesen Ansatz auf, um darin u.a. Widerstandsstrukturen entziffern und Strategien zu deren Nutzung im Interesse der Arbeitenden entwickeln zu können. So verschafften sich in den informellen Gruppen oder Organisationen soziale Bedürfnisse der Beschäftigten Geltung,

»indem ... (sie) in ihren spontanen, ungeplanten sozialen Verhältnissen und Beziehungen ein Netzwerk von Interaktionen und Kommunikation hervorbringen, das seine innere Struktur aus ihrem wechselseitigen Kontakt erhält, sich aber in seiner intentionalen Systematik gleichsam hinter dem Rücken der Beteiligten, weitgehend unabhängig von ihrem Willen als Resultat ihrer sozialen Beziehungen innerhalb des Produktionsprozesses durchsetzt ...« (Oppolzer 1976, 104).

Die formellen, durch Arbeitsorganisation und -prozeß vorgegebenen Beziehungen zwischen den Beschäftigten seien »von der ihnen fremden und äußerlichen Macht des Kapitals diktiert« und »angesichts kapitalistischer Produktionsverhältnisse in ihrem gesellschaftlichen und zwischenmenschlichen Charakter überfremdet ...«, zugleich stellten sie aber »eine wichtige Voraussetzung und Bedingung für soziale Interaktionen dar.« (Ebd., 95f.) Den unmittelbar und allein aus der Arbeit entstehenden Beziehungen der Menschen kommt demzufolge ein »ihnen und ihrer Arbeit wesentlich fremder« Charakter zu — zwar Kooperationszusammenhang, aber ihnen durch ihnen entgegengesetzte Interessen und Funktionalisierung entfremdet. Da unter kapitalistischen Produktionsverhältnissen alle formellen Beziehungen zwischen den Arbeitenden fremdbestimmt seien, werde Kooperation zum Zwang für die Arbeitenden, obwohl Grundlage und Voraussetzung informeller Kontakte und sozialer Interaktionen, die solidarisches gemeinsames Handeln beinhalten könnten. Die aktuelle technologische Entwicklung verschärfe die Situation und die Beziehungen zwischen den Arbeitenden insofern, als zunehmende Taylorisierung und Standardisierung der Arbeitsprozesse wie auch sich verschärfende Kontrollen durch das Kapital immer weniger Raum für die Entwicklung informeller Gruppenbildungen und Regelungen ließen (vgl. Dombois 1982, 176).

Diese Entgegensetzung von den Menschen sozusagen innewohnenden, ihnen nicht bewußten Beziehungspraxen (informelle Kontakte) und ihnen »wesentlich fremder« äußerlicher, da aufgezwungener Kooperation sagt freilich nichts aus über die Erfahrung solch fremdbestimmter Kooperation, die doch zugleich persönlich gelebt wird und damit eben das Feld ist, in dem Solidarität entstehen müßte. Die Autoren geben hier weitgehend Marx wieder, der den Rahmen, in dem solche Kooperation entsteht, bereits ausführlich analysiert hat, offen ist dagegen die Frage, wie die Kooperationsanforderungen »von oben« von den Arbeitenden in ihren Beziehungen umgesetzt werden. In unserer Untersuchung (vgl. Brosius/Haug 1987) erhielten wir Hinweise auf solche Verarbeitungsweisen, so z.B. wenn einer unserer Teilnehmer an den Gruppendiskussionen, ein qualifizierter Programmierer auf der Systementwicklungsebene, davon spricht,

> »... daß die Computerarbeit verbindet, sie muß verbinden, weil, ich zitiere mal unsere Struktur in der Abteilung, jeder Grobgebiete betreut, die aber nicht als Inselmodule dastehen, sondern die greifen in die Nachbarbereiche hinein. ... Da gibt es also ständige Berührungspunkte, hier kann niemand im Inseldasein etwas verändern, ohne nicht dem anderen Bereich wenigstens mal eine Information 'rüberzuschicken, ... aber deswegen daraus zu folgern, daß das in den Privatbereich hineinreicht, ... das ist aber heute leider nicht mehr so, ... weil mir diese enge Kommunikation, die teilweise zwischen den Kollegen da ist, die reicht mir dann.«

Dem Sprecher dieser Aussagen ist die Anforderung nach enger Zusammenarbeit mit seinen KollegInnen — wiewohl einsichtig — ein so großes Problem, daß er sie strikt auf den Arbeitsbereich begrenzt, die bestehende Trennung zwischen Arbeit und Privatbereich damit verschärft — eine Verarbeitungsweise, für die wir auch in anderen Untersuchungen Belege fanden (vgl. PAQ 1983, 47ff.).

Problematisch an diesen von uns mit Perspektive gedachten kooperativen Beziehungen, da sie auf Erweiterung der Handlungsfähigkeit gerichtet sind, ist also, daß sie in unseren Verhältnissen der Fremdverfügung und Verwertung durch die Unternehmen unterliegen, die Entwicklung solidarischer Kollektive durch die Arbeitenden eher verhindern als fördern.

Kollektivität und Automation

In der Automation verändern sich die Voraussetzungen insofern entscheidend, als eine der Hauptanforderungen der neuen Arbeitsmittel an die Arbeitenden ist, die zur Gewährleistung eines störungsfreien Arbeitsablaufs und zur Erreichung des Arbeitsziels notwendigen Kooperationsbeziehungen selbsttätig und bewußt herzustellen. Einer unserer Gruppenteilnehmer, ein Sachbearbeiter in einer Software-Firma, schilderte uns, wie er diese Anforderungen erlebt und umsetzt. Er unterstreicht,

»... daß durch Computerarbeit die Menschen stärker aufeinander angewiesen sind, weil ja alle an einem Gesamtprojekt beteiligt sind, jede Abteilung macht eben ihren Abschnitt, und eine Sache, die vorne reingeht irgendwann, kriegt ganz am Schluß die letzte Abteilung auch. Und ich hab' die Erfahrung gemacht, daß sich die Menschen mitunter bemühen oder ich hab' das jedenfalls so gemacht, in andere Arbeitsbereiche hineinzukommen, wenn immer wieder Fehler sind, die mir, oder Dinge sind, die auftreten in Systemen, die mir Kummer machen oder viel Arbeit machen, daß ich versuche, an einem fremden Arbeitsplatz ihm mein Problem verständlich zu machen und wenn er vielleicht seine Arbeit noch ein bißchen umstellt, was für ihn kein Problem ist, mir meine Arbeit erleichtert.«

Wie bereits zuvor bei den Aussagen des Programmierers wird auch hier deutlich, daß bei EDV-Tätigkeiten Eingriffe in die Arbeit von den Beschäftigten von der Betrachtung des *gesamten* Arbeitsprozesses aus erfolgen müssen, die Zusammenarbeit zwischen den Arbeitenden das »Ganze«, das gemeinsame Arbeitsziel, im Auge haben muß, da »ja alle an einem Gesamtprojekt beteiligt sind«. Dies verlangt Einsicht in die Zielsetzung des Gesamtprozesses wie auch in die eigene arbeitsteilige Stellung im Kollektiv. Wir greifen hier die Arbeiten der Projektgruppe Automation und Qualifikation auf, die in diesem Zusammenhang von einer neuen Kollektivität spricht, einer höheren Stufe der Vergesellschaftung, da die im Automationsprozeß Kooperierenden zur Optimierung und Weiterentwicklung des Gesamtarbeitsprozesses, und damit des gesellschaftlichen Prozesses, miteinander in Beziehung treten würden, ihre Arbeitsbeziehungen so unmittelbar gesellschaftlichen Charakter hätten (vgl. PAQ 1980, 189ff.).

»Die Anforderungen der Automatisierung bilden ... eine neue Stufe der Kooperation, die in Spannung zu den alten Vergesellschaftungsformen steht. Da die Einzeleingriffe auf das 'Ganze' des Produktionsprozesses sich beziehen müssen, also Einsichtsnotwendigkeit in die gesellschaftlichen Zielsetzungen besteht, erwächst die Anforderung, die eigene Tätigkeit als *unmittelbar gesellschaftliche Arbeit* zu realisieren.« (Ebd., 192)

Diese neue Kollektivität, die höhere Stufe der Vergesellschaftung der Arbeitenden, die erhöhten Anforderungen an die Kooperationsfähigkeit der Beschäftigten setzen sich nun freilich nicht bruchlos um. Eine Antwort darauf sind auf Unternehmerseite Formungsversuche, wie z.B. Kanalisierung und Kontrolle der sozialen Bedürfnisse der Beschäftigten durch Freizeitangebote, auf Seiten der Arbeitenden selbst stehen einer bewußten Umsetzung dieser Anforderungen Schranken entgegen, wie z.B. Konkurrenzverhalten und die Planung individueller Karrieren.

»Es bedarf entwickelter Disziplin, kollektiver Vernunft, bewußter Anstrengung des Denkens und Handelns der Arbeiterindividuen, damit sie die Anforderungen an den Gesamtarbeiter erfassen und sich so als Initiativkräfte einsetzen können, daß diese Handlungsmöglichkeiten und -notwendigkeiten auch realisiert werden.« (Ebd.)

Die Bedingungen, die Erfahrungen und Praxen der Arbeitenden, die einer bewußten und kollektiven Be- und Verarbeitung der neuen Kooperationsanforderungen an die Beschäftigten entgegenstehen, sind vielfältig: in unseren Verhältnissen sind die Arbeitenden immer, auch in ihren Kooperationsbeziehungen, in Konkurrenz gegeneinander gestellt. Die derzeitigen Verhältnisse auf dem Arbeitsmarkt, die Arbeitslosigkeit scheinen im Bündnis mit den Unternehmen und wirken als Behinderungen bei der Entfaltung neuer Kooperationsstrukturen. In unserer Untersuchung über Büroautomation und Geschlechterverhältnisse (vgl. Brosius/Haug 1987) machte ein Teilnehmer an einer Gruppendiskussion auf die Frage, wie sich durch die neue Technik die Beziehungen zu seinen KollegInnen verändert hätten, deutlich, wie er diesen ihn fast zerreißenden Widerspruch zwischen Arbeitsplatzkonkurrenz und Kooperationsnotwendigkeit für sich »löst« und verarbeitet:

»Not schafft blutige Rivalität. Das ist natürlich darin begründet, in der Rationalisierung. ... Die Rivalität bis aufs Messer entsteht, wenn völlig unklar ist, wer geht nun eigentlich. In dem Moment, da kennen die Kollegen und Kolleginnen sich häufig untereinander nicht mehr. ... Bis dann endlich die Seifenblase platzt und dann heißt es, Müller und Meier sinds, dann atmen die anderen sichtbar wieder auf und dann halten sie wieder zusammen, aber bis dieser Zeitpunkt erreicht ist, da wird ganz schwer mit

Argusaugen geguckt, daß der andere ja nicht etwas macht, was vielleicht gegen einen selbst oder nur für ihn alleine spricht. ... und in dem Moment, könnte ich mir sehr gut vorstellen, so empfinde ich es manchmal, daß man mit den Kollegen, ... daß man mit denen acht Stunden am Tag zusammen zu tun hat, und nach den acht Stunden wirklich so tabula rasa macht und sagt, nee, jetzt noch den Gedanken überhaupt irgendwo zu haben, mit dem noch ein Bier zu trinken, ... oder irgendwie, das kommt überhaupt nicht in die Tüte. ... ich sehne mich danach, in den Familienbereich zurückzukommen und meinen eigenen Neigungen nachzugehen.«

Der nahezu unaushaltbaren Situation mit »der Rivalität bis aufs Messer« bei gleichzeitiger ständiger Zusammenarbeit mit den KollegInnen versucht der Sprecher durch strikte Trennung zwischen Arbeit und Freizeit, mit der Flucht ins Privatleben zu entkommen. Bei aller scharfen Sicht auf die Verhältnisse arbeitet er so »unbewußt« mit an einer Lösung, die wir vorläufig das »neue Privatindividuum« nennen wollen, welches in der Arbeit nicht etwa zu Hause ist, sondern aus der Abgrenzung zu den zugleich konkurrenzhaften und kooperativen Arbeitsbedingungen die Motivation für eine »befreite« Privatexistenz zieht.

Eine weitere Verarbeitungsweise der Anforderungen an eine selbsthergestellte, erweiterte Kollektivität der Arbeitenden durch Intensivierung ihrer kooperativen Beziehungen besteht in der Personalisierung von Konflikten und Problemen in den Arbeitskontakten. Die Projektgruppe Automation und Qualifikation hat untersucht, wie es zu solchen Personalisierungen kommt:

»Der enorme Handlungsdruck im Störungsfall, das dauernde Risiko von Fehlern, die Ungewißheit und Uneindeutigkeit von Störungsursachen, all dies verlangt von den Individuen eine Härte, die auch vor Kritik an Kollegen nicht Halt macht. ... Diese Härte ist in der Zusammenarbeit zugleich das Einfallstor für Konkurrenzen. Produktionshärte und erlebte Konkurrenz werden zusammengebunden. Die Bündelungsform, die wir gefunden haben, ist die *Personalisierung*. Insoweit sich die Produktionshärten und Konkurrenzen über das Handeln der Kollegen mitteilen, liegt der Schluß nahe, für das erfahrene Leid den Charakter des jeweilig andern verantwortlich zu machen.« (PAQ 1983, 52)

Auf diese Weise würden den Arbeitenden ihre Beziehungen zur Qual, da zunehmend die Arbeit, Arbeitsstörungen und -behebungen im Zentrum ihrer Kontakte stünden und meist unter großem Zeitdruck die zu treffende Handlungsentscheidung von ihnen diskutiert und getroffen werden müßte.

»... die Personalisierung verknüpft Arbeitsschwierigkeiten und Personen so miteinander, daß das 'Persönliche' als eine Ebene des Kulturellen, des einander sich Vergewisserns, ausgeschieden wird.« (Ebd.)

Das Problem mit den neuen Techniken ist also weniger, daß die Arbeitenden keine Kontakte mehr miteinander hätten, daß sie völlig isoliert und vereinsamt seien, sondern daß die Anforderungen an ihre Kooperationsfähigkeit derart sind, daß sie häufiger und intensiver miteinander kooperieren müssen als vorher, und daß die *Arbeit* ins Zentrum ihrer Beziehungen rückt und das »Persönliche«, die »menschliche Ebene« daraus verdrängt.

Mehr Kollektivität durch Frauen?

In der zuvor erwähnten Untersuchung (Brosius/Haug 1987) war *ein* wichtiges Ergebnis, daß Frauen in stärkerem Ausmaß als Männer eine Zunahme ihrer Arbeitsbeziehungen feststellten, und zwar häufiger zu Kolleginnen als zu Kollegen. Ein weiteres Ergebnis war, daß Frauen — sofern überhaupt — ebenfalls einen geringeren Rückgang ihrer persönlichen Beziehungen zu ihren Kolleginnen registrierten als Männer zu Kolleginnen und Kollegen. Auf ganz ähnliche Aussagen stießen wir auch in den erwähnten Gruppendiskussionen. Da die Beziehungen der Arbeitenden zueinander — und gerade auch die persönlichen Kontakte — eine wichtige Grundlage für gemeinsames solidarisches Handeln sind, schlossen wir daraus, daß Frauen eher als Männer zu jener Kollektivität in der Lage sein könnten, auch an Automationsarbeitsplätzen. Eine solche Schlußfolgerung wird gestützt durch die gängige Meinung, daß Frauen menschlicher, wärmer, freundlicher, beziehungsfreudiger seien als Männer, wie auch durch die praktizierte geschlechtsspezifische Arbeitsteilung, derzufolge Frauen für die Beziehungen und das Wohlbefinden der Familie, für deren Zusammenhalt zuständig sind sowie im Privat- *und* Arbeitsleben für das »Klimatische«, das »Atmosphärische«, und dies auch als Kompetenz leben.

So stellt die amerikanische Psychologin Carol Gilligan (1982) in ihrer Untersuchung über den Zusammenhang von geschlechtsspezifischer Vergesellschaftung und Identität eine besondere Denk- und Lebensweise bei Frauen fest, in deren Mittelpunkt Fürsorge und Verantwortung gegenüber anderen und ein starkes Bedürfnis nach Bindungen und Beziehungen stünden. Damit verbunden sei ein Konfliktverhalten, das sich nicht in erster Linie — wie bei Männern — an der »Logik der Fairneß«, an Gerechtigkeit und deren Regelung orientiere, sondern primär an einer Auffassung von den am Konflikt Beteiligten »... als Angehörige eines Netzwerkes von Beziehungen, von dessen Fortbestand alle abhängen.« (44) Gilligan weist darauf hin, daß Frauen sich in Beziehungen weniger an Karriere orientiert verhalten als Männer, für sie stehen weniger die persönliche Leistung und der berufliche Erfolg im Zentrum als die Entwicklung von und das Festhalten an Beziehungen.

Auch die italienische feministische Sozialistin Carla Ravaioli (1987) hält die Frauen für besonders geeignet, der (männlichen) »Herausforderung der Abstraktion« im Zusammenhang mit der technischen Entwicklung durch eine »Herausforderung der Kommunikation« zu begegnen (147). Sie sieht die Frauen aufgrund ihrer »Besonderheit in der Rolle als 'Produzentin von Personen'« (ebd.) als Hüterinnen

»einer Kommunikationsweise, die weit über die Grenzen der verbalen, computerisierbaren Sprache hinausgeht, die sie befähigt, das ganze Individuum in all seinen Ausdrucksformen miteinzubeziehen. Es ist die durch Praktizierung dieser Art von Beziehungen historisch entwickelte Sensibilität, die bis zur Zuverlässigkeit eines Instinkts gehen kann.« (Ebd.)

Ravaioli sieht gute Chancen für Frauen, sich mit dieser Beziehungspraxis zukünftig stärker im Berufsleben durchsetzen zu können, angesichts der ökonomischen Verschiebungen vom primären und sekundären zum tertiären Sektor. Hier prognostiziert sie eine »wachsende Nachfrage nach 'Arbeit im Gefühlsbereich'« (ebd.), also Arbeit, die vorwiegend mit Kundenkontakten und Herstellung von »unkomplizierten, persönlichen Beziehungen« (ebd.) zu tun habe.

»Es handelt sich also um Fähigkeiten, die in spezifischer Weise mit der historischen Rolle der Frau zusammenhängen und herkömmlich als besondere weibliche Eigenschaft betrachtet werden.« (Ebd.)

Die Feministin Barbara Böttger (1985) sieht ebenfalls in der »zunächst vielleicht erzwungene(n) und unbewußt gesuchte(n) Distanz von der technikbeherrschten Arbeitswelt eine historische Chance für Frauen und damit auch für die gesamte Gesellschaft.« (256) Frauen lebten anders als Männer und machten andere Erfahrungen als diese. Sie verfügten über andere Kompetenzen als Männer, wie z.B. intuitiv miteinander umzugehen. Die technologische Entwicklung ist ihr eine männlich geprägte und dominierte. Dagegen gelte es, »feministische Visionen darüber (zu entwickeln), wie wir in Zukunft — und auch schon heute — mit einem Minimum an Maschinen *gut* leben« könnten (250), um »unsere 'innere Technisierung', unsere — verdrängte — Unterwerfung, die mit der Verkümmerung der Fähigkeiten einhergeht, die Maschinen inzwischen übernommen haben« (239), abzuwehren.

Wir stimmen den Autorinnen insoweit zu, als wir die »historisch entwickelte Sensibilität (von Frauen, EW), die bis zur Zuverlässigkeit und Unmittelbarkeit eines Instinkts gehen kann« (Ravaioli 1987, 147), die lange geübte Praxis von Frauen, Beziehungen herzustellen und zu pflegen, für *ein* wichtiges Moment bei der Entwicklung einer menschlichen, solidarischen Gesellschaft halten. Wir denken aber, daß dies *gerade nicht* ausreicht, die Anforderungen der Automation an die Kooperationsfähigkeit und Kollektivität der Menschen zu bewältigen, sondern daß es darüber hinaus *notwendig* ist, Abstraktionsfähigkeit und vermittelte Einsicht zu entwickeln. Die Forderung kann nicht lauten »Kommunikation/Kooperation *versus* Abstraktion«, sondern »Kommunikation/Kooperation *und* Abstraktion«. Nicht daß Menschen *überhaupt* miteinander kommunizieren und kooperieren, ist das Entscheidende, sondern *wie* und *worüber*/mit welchem Ziel.

Frigga Haug und Kornelia Hauser (1985) argumentieren gegen diese »Beschwörungen« weiblicher Beziehungskultur: ausgehend von der Trennung der Gesellschaft in einen gesellschaftlichen (Arbeit) und einen privaten (Familie) Bereich untersuchen sie den Zusammenhang zwischen der Aufgabenzuweisung des Familienbereichs an (und Übernahme durch) Frauen und deren Identität. Sie kommen u.a. zu dem Ergebnis, daß gerade die Unmittelbarkeit und Spontaneität in der Familie die aktive Teilhabe der Frauen an der Gesellschaft verhindere:

»Sich bewußt in einen sinnhaften Zusammenhang zu stellen, bedarf ... auch einer gewissen Abstraktionskraft, die dem Wunsch nach Unmittelbarkeit entgegensteht. Unmittelbar ist fast nichts mehr einsichtig, weder in der gesellschaftlich-kollektiven Produktion noch in der Politik. In diesem Zusammenhang wird die Familie zu einem Ort, an dem Unmittelbarkeit zwischen Personen und Sachen ermöglicht wird.« (72)

Hier seien die Beziehungen zwischen den Familienmitgliedern, weil nicht auf eine »gemeinsame Sache« bezogen, durch primär »Persönliches«, durch Gefühle, durch Liebe bestimmt. Die Produktion von Gefühlsstrukturen, für die die Frauen zuständig seien, aber sei nicht planbar und außerdem abhängig von ebenfalls nicht planbaren Personen.

»Insofern scheint uns gerade das, was Familie in öffentlichen Diskursen positiv auszeichnet — die Bindungen an Personen, die Unmittelbarkeit — ihr Gefängnischarakter zu sein. Das Unmittelbare selbst ist das Illusionäre, weil es wesentlich zwischen den Gefühlen von Personen stattfindet. ... Zusammenarbeit und Einsicht in das Ganze der Gesellschaft braucht Vermittlung, nicht Unmittelbarkeit.« (Ebd.)

Dieser Argumentation folgend, heißt das für unsere Frage nach den Anknüpfungspunkten solidarischer Zusammenarbeit und kollektiven Handelns zwischen den Arbeitenden, daß wir die Beziehungen der Beschäftigten an Automationsarbeitsplätzen auch daraufhin untersuchen müssen, inwieweit diese Vermittlung von Einsicht in den Gesamtprozeß ein Element darin ist, auch, was als Kooperation/Kommunikation von den Beschäftigten gedacht wird, d.h. ob ihnen als kooperative Beziehung lediglich der direkte, unmittelbare Kontakt zu Kolleginnen und Kollegen gilt oder ob sie darunter auch z.B. über Technik vermittelte Zusammenarbeit fassen. Und es gilt herauszufinden, was die Frauen konkret miteinander verbindet und was sie in den Beziehungen zu ihren Kolleginnen »hält«.

Auch scheint uns problematisch an Ravaiolis Überlegungen, daß Frauen aufgrund ihrer fast instinkthaften Sensibilität für Beziehungen und menschliche Kommunikation, aufgrund jener »Fähigkeiten, die ... herkömmlich als besondere weibliche Eigenschaft betrachtet werden« (147), besonders für Eingriffe in die technologische Entwicklung geeignet seien: Instinkte und Eigenschaften sind nicht erlernbar — entweder man hat sie oder man hat sie nicht, ihre Existenz bzw. der Prozeß ihre Entstehung bedarf keiner Erklärung. Man muß sich ihre Anwendung und Wirkungsweise auch nicht mühsam rational bewußt machen, sondern sie »funktionieren« sozusagen »von selbst«. Wir meinen dagegen, daß die in der Automationsarbeit notwendige Kommunikations- und Kooperationstätigkeit *bewußt und aktiv* hergestellt werden muß. Dies ist in unseren fremdbestimmten Verhältnissen nicht schon selbstverständlich, sondern muß als Fähigkeit erst angeeignet und (weiter)entwickelt werden. Die Schilderung eines unserer Diskussionsteilnehmer, in der er über Probleme in der Zusammenarbeit zwischen zwei Kolleginnen in einer Weiterbildungsmaßnahme berichtet, belegt anschaulich, wie eine Orientierung auf Sympathie, auf Harmonie als *primär* notwendige Elemente auch in Arbeitskontakten für Frauen als Behinderung bei der Entwicklung einer Sachbeziehung wirksam wird:

»Es war so, daß von der Persönlichkeitsstruktur her eine Lehrerin, die wir hatten, die uns das Programm beibringen sollte, mit der Persönlichkeit der Sekretärin nicht übereinstimmte. Und die Sekretärin ging schon eigentlich hin, um das Programm zu lernen, sie hatte schon mal einen Kursus besucht, der sie nicht befriedigt hatte, und sollte am System lernen, was ihr gar nicht liegt und was sie nicht mag ... Ging schon fristig hin, und hat auch herbe Kritik geäußert an der Lehrerin, teilweise auch ein bißchen herb und unberechtigt, und das fand die Lehrerin natürlich gar nicht amüsant. Und da kann man sehen, ... daß sie da also Schwierigkeiten hatte, das aufzunehmen und immer nur sagte, aber der andere Lehrer hat das besser gemacht. ... Und deswegen mag die Lehrerin nicht so gerne so'n Kursus geben, wenn die Rosi (die Sekretärin) dabei ist, verständlicherweise, und andersrum wohl auch nicht, Rosi möchte nicht zu der Lehrerin ...«

Die Abbildungsweise von Beziehungskonflikten als Probleme unterschiedlicher Persönlichkeitsstrukturen, »nicht übereinstimmender Charaktere« von Menschen verhindert die gemeinsame und kritische Bearbeitung dieser Schwierigkeiten. Als »Eigenschaften« haften sie den Menschen »naturwüchsig« an, sind somit auch nicht veränderbar. Hier liegt die »Lösung« dieses Problems auch folglich darin, daß sich die beiden aus dem Weg gehen, womit der Konflikt scheinbar aus der Welt ist. Wir denken demgegenüber, daß es in kooperativen Beziehungen zwischen EDV-Beschäftigten *gerade* kritischer und kollektiver Konfliktverarbeitungsweisen bedarf.

Kritik als notwendiges Element von Kollektivität

Die Projektgruppe Automation und Qualifikation hat herausgearbeitet, daß die Arbeitenden sich in der Automation bewußt auf den Gesamtprozeß beziehen und daher auch ein Bewußtsein ihrer eigenen arbeitsteiligen Zusammenhänge in diesem Gesamtprozeß haben müßten. Es sei für sie notwendig zu wissen, mit wem sie zur Erreichung ihres gemeinsamen Ziels, eines ungestörten Produktionsablaufs, zusammenarbeiten könnten.

»Dies *bewußte Verhalten zu dem arbeitsteiligen Zusammenhang* ist die Voraussetzung, daß sie in unvorhergesehenen Not- und Problemsituationen die aktuell notwendigen Kooperationsbeziehungen unmittelbarer oder vermittelter Art selbst herstellen können. In aktuell hergestellten Kooperationsbeziehungen treffen unterschiedliche Eingriffsarten mit unterschiedlichen Fähigkeiten und Erfahrungen aufeinander. Die Kooperationsforderung ist, sich über die Problemsituation zu verständigen, ... das Vorgehen abzusprechen.« (PAQ 1987, 82)

Dies erfordere darüber hinaus ein bewußtes Verhalten zum Kooperationsvorgang selbst (»*metakooperatives Verhalten* zur Kooperation«, ebd., 83): die Beschäftigten müßten in Verfolgung ihres gemeinsamen Ziels ihre Kooperationsbeziehungen und -erfahrungen bewußt gestalten, auswerten und verändern/weiterentwickeln. Dies schließe ein »kritisch/selbstkritisches Verhältnis zu den vergangenen Taten« ebenso mit ein, wie ein gemeinsames Bewußtsein über »*Entwicklungsnotwendigkeit* und *-fähigkeit* erreichter Naturbeherrschung« (ebd.). Wenn die Arbeitenden miteinander kooperierten, müßten sie »sich wechselseitig zueinander als *in Entwicklung* befindliche verhalten.« (Ebd.) Dies beinhalte aber auch, daß sie gemeinsam diese Notwendigkeit zur Entwicklung bestimmten und die dabei entstehenden Probleme von ihnen gemeinsam bearbeitet und bewältigt würden, da nur so die Bereitschaft, aus Fehlern und Problemen gemeinsam zu lernen, zu erreichen sei. Dies aber sei notwendig in der verwissenschaftlichten Produktion.

Einer solchen selbsttätigen und bewußten Gestaltung und Veränderung/Weiterentwicklung ihrer Kooperationsbeziehungen steht freilich entgegen, daß im kapitalistischen Arbeitsprozeß Kooperation als Anforderung der Unternehmer, als »von oben« erzwungen auftritt, Entwicklung und Lernen konkurrenzhaft, gegen KollegInnen gerichtet erfahren wird und die Notwendigkeit zur Entwicklung nicht bewußt und gemeinsam bestimmt wird. — In ihren empirischen Untersuchungen hatte die Projektgruppe u.a. Hinweise darauf erhalten, daß es eben diese Anforderungen sind, die den Arbeitenden Probleme bereiten. Eines der Hauptmerkmale von Automationsarbeit ist es, Störungen und Fehler im Arbeitsprozeß zu erkennen, zu vermeiden und zu beseitigen.

»Die Dynamik des Arbeitshandelns wird revolutioniert. Die Hoffnung, die eigene Handlungsfähigkeit in einem störungsfreien Ablauf erleben zu können, wird durch die nächste Störung zerstört. ... Die erworbene Handlungsfähigkeit wird relativiert, zur Hauptanstrengung wird, die Grenze der Handlungsfähigkeit immer weiter zu verschieben.« (PAQ 1983, 51)

Dies müsse besonders Arbeiter, die sich ehemals auf einem bestimmten Niveau als kompetent und handlungsfähig erlebten, verunsichern. Die ständige Auseinandersetzung mit Störungen und Fehlern, die Notwendigkeit, Störungsursachen schnell zu erkennen und zu beseitigen, »all dies verlangt von den Individuen eine Härte in der Sache, die auch vor Kritik an Kollegen nicht Halt macht.« (Ebd., 52) Wenn sie über ihre Arbeit diskutieren, sprechen sie über Fehler und Fehlverhalten, sie müssen Kritik an anderen und an sich selbst üben und ertragen, sie müssen ihre Erfahrungen in Frage stellen (lassen) und für neue Erkenntnisse und Erfahrungen offen sein.

»In der Kooperation riskieren die Individuen, Kritik zu erfahren, mit den eigenen Ansichten in Frage gestellt zu werden. Ängste, eigene Schwächen und Fehler erkennen und zugeben zu müssen, blockieren den Kooperationsprozeß.« (PAQ 1987, 83)

Besondere Kritikfähigkeit von Frauen?

Sicher sind die Verarbeitungsweisen solcher Ängste und Unsicherheiten nach Geschlechtern unterschiedlich. Wenn zuvor davon gesprochen wurde, daß die in den Familien erworbene weibliche Beziehungsfähigkeit und -praxis wegen ihrer Unmittelbarkeit, ihrer Unplanbarkeit und Unsicherheit, ihrer Notwendigkeit, sich auf die Bedürfnisse anderer ein- und umzustellen, also flexibel auf andere zu reagieren, keinesfalls jenen Anforderungen an eine erweiterte Kooperativität und Kollektivität der an Automationsarbeitsplätzen Beschäftigten genügen kann, so denken wir aber zugleich, daß *gerade* Elemente, wie Unplanbarkeit, Unsicherheit, Flexibilität, Gemeinsamkeit herstellen, Haltungen begünstigen, die kollektive Entwicklung, Auseinandersetzungen und Kritik zulassen. Sich mit eigenen Fehlern und Fehlverhalten auseinanderzusetzen, die eigene Kompetenz immer wieder in Frage gestellt zu sehen, flexibel und schnell auf unvorhergesehene Ereignisse und Störungen reagieren zu müssen, die verschiedenen Bedürfnisse (der einzelnen Familienmitglieder) »unter einen Hut« bringen, also koordinieren zu müssen usw. — alle diese Anforderungen sind Teil weiblicher Vergesellschaftung, mit denen Frauen tagtäglich in der Familie konfrontiert werden. Von daher vermuten wir, daß sie solche Anforderungen besser verarbeiten können als Männer, daß sie z.B. eher als Männer in der Lage sind, eine fehlerhafte Anwendung der technischen Geräte oder Programme zuzugeben und mit Kolleginnen auf Abhilfe hin zu diskutieren. Wir denken uns diese weiblichen Verarbeitungsweisen der Kooperationsanforderungen keineswegs widerspruchsfrei und unproblematisch, sondern vermuten die Frauen darin gegen die Notwendigkeiten und Möglichkeiten der Kooperation zugleich widerstrebend und bejahend. Denkbar wäre z.B., daß sie über Probleme am Bildschirm Arbeitskontakte herstellen, in deren Verlauf ihre mangelnde Kompetenz zum betreffenden Problem thematisiert wird und daß diese punktuelle Inkompetenz von ihnen als ihre »Dummheit«, als ihre persönliche Eigenschaft abgebildet wird, Entwicklung an diesem Punkt so verhindert wird. Wir wollen herausfinden, zu welchem Zweck die Beschäftigten, wie und mit wem Arbeitskontakte herstellen, was darin als Konflikt vorkommt, wie sie Konflikte be-/verarbeiten, wie Aneignung in ihren Beziehungen vorkommt, welche Rolle das Geschlechterverhältnis in den Beziehungen spielt, wie Frauen ihre Kollegen wahrnehmen (kollegial oder beherrschend), wie sie sich selbst im Geschlechterverhältnis wahrnehmen usw.

Dabei erwarten wir, daß Frauen eher *persönliche* Probleme mit KollegInnen als Konflikte benennen werden als Männer, und daß sie bei diesen Konflikten stärker als Männer zu harmonisierenden, ausgleichenden Verarbeitungsweisen neigen; wir erwarten nicht, daß sie Probleme kritischer als Männer verhandeln, daß sie also stärker an der Sache orientiert Kritik üben und herausfordern, sondern daß sie Kritik an sich selbst besser ertragen können, nicht sofort mit Rückzug reagieren, da das Infragestellen in der Kritik, das Verunsichernde an Kritik Teil ihrer Vergesellschaftung und Alltagsbewältigung (vor allem in der Familie) ist.

Unser empirisches Material sind Protokolle von Gruppendiskussionen, die im Rahmen der zuvor erwähnten Untersuchung (vgl. Brosius/Haug 1987) durchgeführt wurden. Es handelte sich um gemischtgeschlechtliche Gruppen von jeweils drei bis fünf TeilnehmerInnen, die je Gruppe aus gleichen oder vergleichbaren Tätigkeitsbereichen kamen. In diesen Gruppendiskussionen baten wir die TeilnehmerInnen, u.a. zu der Frage zu diskutieren, wie sich durch die neuen Techniken die Zusammenarbeit, der Zusammenhalt und das Zusammengehörigkeitsgefühl zwischen Kolleginnen und Kollegen verändert. (Zur Methode und zur genauen Fragestellung vgl. ebd., 46f., 86f.) Wir hatten erwartet, daß die Befragten sich in diesem Zusammenhang auch über neue Konflikte und Probleme in ihren Beziehungen und zu Konfliktverarbeitungsweisen äußern würden. Unser Ziel bei der Auswertung war,

Problemanordnungen, Konstruktionen, Verknüpfungen, Problemverschiebungen, Leerstellen usw. herauszufinden und durch theoretische Bearbeitung neue Erkenntnisse für politische Strategien zu gewinnen und neue Forschungsfragen entwickeln zu können.

Bei der Auswertung verblüffte uns, daß es Konflikte und Probleme in der Zusammenarbeit und in den Beziehungen unserer DiskussionsteilnehmerInnen nicht zu geben scheint. Eine *Notwendigkeit* zur Zusammenarbeit behaupten sie zunächst überhaupt nur, um sich gegen Vorgesetztenwillkür und mangelndes Verständnis von Chefs bei systembedingten Arbeitsunterbrechungen und -verzögerungen wehren zu können. Unsere Frage, ob sie bei auftretenden Problemen und Konflikten in ihrer (Computer-)Arbeit lieber mit Kolleginnen oder lieber mit Kollegen zusammenarbeiten und ob sie in dem Zusammenhang andere Umgangsweisen mit Problemen bei Frauen und Männern festgestellt hätten, wird von unserer Diskussionsgruppe verschoben zur Frage nach Widerstandsmöglichkeiten gegen Vorgesetzte:

Helmut: »Bei solchen schwierigen Sachen hab' ich schon bei mir gemerkt, daß ich gezielt an den 'rangehe, von dem ich weiß, daß er mir helfen kann und ein höheres Wissen hat. Die einzige Waffe, einem Chef so'n bißchen beizukommen, ist, daß man übers System mehr weiß als er. ... Also ich hab's immer so gemacht, ich geh' an den 'ran, der mir die höchste Kompetenz hatte, das waren in den Fällen eigentlich immer Frauen, aber das sind auch, da gibt's auch nur Frauen, die Kompetenz haben, in meinem Bereich jetzt. Und dann kommt natürlich hinzu, daß ich mich nur an den wende, von dem ich eine gewisse Verschwiegenheit erwarte und weiß, daß der nicht gleich ... ein Vertrauen braucht man zu dem Menschen, daß der nicht, also irgendwie mit dem Chef zusammenarbeitet auf irgendeine Art oder eine Unart und das hinterträgt, sondern sich heimlich schlaumachen und heimlich zurückschlagen. Und da spielt es keine Rolle, ... ob es 'ne Frau oder ein Mann ist, sondern die bestimmte Person muß gut sein, einfach nur gut und nur helfen können in der Situation.«

Helmut führt uns seine Erfahrungen mit den betrieblichen Herrschaftsverhältnissen als außerordentlich bedrohlich vor. Die bewußt und aktiv hergestellte Kooperation wird als Befreiung und Widerstand gegen solche willkürliche Hierarchie erlebt, zugleich bleibt die darin liegende Möglichkeit zu kollektivem, solidarischem Handeln, zur Auseinandersetzung mit betrieblicher Herrschaft durch die Anforderungen »Verschwiegenheit« und »Geheimhaltung« ungenutzt, der Widerstand bleibt individuell, die durch Kompetenzzunahme erreichte Handlungsfähigkeit unsicher.

Aber wir erhalten noch einen weiteren Hinweis: Das Zustandekommen solcher Kooperation bedarf der Solidarität im voraus als Basis. Diese Solidarität wird gesprochen als Vertrauen und Sachkompetenz. Sachkompetenz wird damit ein Element von Solidarität, soweit es eine gemeinsame Vertrauensbasis gibt. In diesem Sinne äußert sich auch unsere Diskussionsteilnehmerin:

Birgit: »Ja, ich würde vielleicht, wenn ich einfach bedauert und gestreichelt werden möchte, mir die Person aussuchen, die mir am sympathischsten ist, sei es Mann oder Frau. Wenn ich aber möchte, daß mir geholfen wird, würde ich mir die kompetenteste Person in diesem Fachbereich aussuchen, und da wäre es mir dann egal, ob es Mann oder Frau ist. Weil bei dieser Person die Kompetenz des Zurückschlagens das Ausschlaggebende ist.«

Spontan waren wir geneigt, dies für eine durchaus vernünftige Strategie zu halten: persönliche Beziehungen kommen ohne eine gewisse Sympathie nicht zustande und für »Sachbeziehungen« braucht es Sachkompetenz. Dies schien uns einleuchtend, wurde damit doch von Birgit, wie auch von Helmut — soweit es die Arbeitskontakte betraf — eine Erweiterung ihres Handlungsspielraums angestrebt.

Uns verwirrte aber zunächst, daß sowohl in Helmuts wie auch Birgits Erfahrungen die Geschlechterverhältnisse keine Rolle zu spielen scheinen. Wir hatten erwartet, daß beide — gängigen Vorurteilen folgend — Sachkompetenz eher Männern als Frauen zusprechen würden. Uns verblüffte daher ihre Aussage, daß Männer und Frauen gleichermaßen kompetent sind und auch so erfahren werden. Eine solche Wahrnehmung, mit solcher Selbstverständlichkeit geäußert, setzt eine »Revolution« in den vorhergehenden Erfahrungen voraus. Das Geschlechterverhältnis als Kompetenz-/Inkompetenz-Verhältnis, als Über-/Unterordnungs-Verhältnis scheint sich hier zunächst erledigt zu haben.

Bei der Suche nach den konkreten Inhalten der Kooperation fällt auf, daß Aneignungsprozesse darin eine große Rolle spielen:

Birgit: »Du mußt plötzlich etwas machen, was dir nicht beigebracht worden ist, dann suchst du dir jemanden, der das kann, und dann sagst du zu dem, kannst du mir das mal zeigen, und wenn der jetzt gewillt ist und Zeit hat, dann zeigt er das, und wenn er also dir sehr zugetan ist, dann opfert er auch zwei Privatstunden dafür ...«

Aus Birgits Aussagen erfahren wir, daß Lernen in der Arbeit keinen Raum hat, privat organisiert werden muß. Solche Lern- und Arbeitsbedingungen sind der Entwicklung solidarischer Kollektive gewiß nicht förderlich. Zugleich liegt in dieser Organisierung des Lernprozesses im privaten selbstbestimmten Raum auch eine unerhörte Ermächtigung, ein enormes Selbstbewußtsein. Als private Personen stellen sie Arbeitsbeziehungen her, in denen sie als Lehrende und Lernende miteinander kooperieren. — Unter dem Eindruck dieser positiven Kooperationserfahrung relativiert Birgit ihre zuvor getroffene Äußerung, wonach ihr in persönlichen Beziehungen Sympathie und in Arbeitsbeziehungen Sachkompetenz das wichtigste sei:

Birgit: »Man sucht sich nicht unbedingt, ich würde sagen, dieses Lernenkönnen am Computer ist doch sehr persönlichkeitsbezogen. Ich als meine Person würde sagen, wenn ich von irgend jemandem, der mir stinkend unsympathisch ist, ein Programm lernen soll, dann würde ich es schwieriger haben, obwohl er kompetenter sein kann, als wenn ich zu irgend jemand gehe, der mir sympathisch ist, der es vielleicht etwas schlechter erklärt, aber ich hab' die Bereitschaft mehr, mich zu öffnen, weil ich dem also keinen Widerspruch entgegensetzen muß oder erstmal die Antipathie runterkämpfen muß und mich dann voll einsetzen kann ...«

Wie zuvor bei Helmut sind Sachkompetenz *und* Sympathie für Birgit wichtige Voraussetzungen für das Zustandekommen von Arbeitsbeziehungen.

Unsere Vorannahmen sind auf mehrfache Weise verschoben. Folgen wir den Antworten unserer DiskussionsteilnehmerInnen, so scheint unter dem Druck von Produktivkräften und Produktionsverhältnissen eine neue Anordnung gegeben, in der Fragen der Geschlechterverhältnisse am Arbeitsplatz, die Dominanz der persönlichen über die Sachbeziehungen auf eine höhere Stufe gelangen. Unsere Frage nach den geheimen Vorzügen der Ungleichheit der Geschlechter für Frauen in den neuen Anforderungsstrukturen konnten wir nicht im Prozeß von Arbeit und Konfliktlösung erkennen, wohl aber im Resultat: der fast selbstverständlichen Gleichheit der Geschlechter.

Wir können wohl davon ausgehen, daß die Unterdrückung der Frauen im Arbeitsleben (in bezug auf Arbeitsteilung, Unterordnung, Lohngleichheit, Sexismus) auch die Funktion hat, die relativ reibungslose Reproduktion der kapitalistisch organisierten Arbeitsprozesse zu erleichtern. Die neuen Bedingungen erweisen sich in den Dimensionen Qualifikation, Selektion und Kooperation als so beherrschend, daß die Klassenverhältnisse gegenüber allen anderen auch im Erfahrungsbereich dominant sind. In dieser neuen Anordnung haben sich die Kämpfe auch zugunsten der Frauen verlagert. Die Basis ist freilich prekär: offen ist, wieweit ihre bloße Teilhabe am Arbeitsprozeß paritätisch gesichert werden kann, und ungelöst ist die Regelung jenes großen Bereichs der menschlich-individuellen Reproduktion, für den zuständig zu sein Frauen bisher vom Kampf um Qualifikation, Arbeitsplatz und Mitbestimmung abgehalten hat.

Politik im Felde der Arbeit scheint sich ein weiteres Mal zu verschieben in und um die angrenzenden Bereiche. Für die Entwicklung der Produktionsverhältnisse wird die der Reproduktion grundlegend.

Literaturverzeichnis

Bendixen, P., 1985: Ohnmacht und Widerstand. In: Dörhage, W., u.a. (Hrsg.): Technik im Griff? Hamburg

Böttger, Barbara, 1985: Wir haben nur dann eine Zukunft, wenn wir sie heute schon leben. In: Huber, M. u.a. (Hrsg.): Blick nach vorn im Zorn. Weinheim, Basel

Briefs, U., 1984: Informationstechnologien und Zukunft der Arbeit. Köln

Brosius, G., und Frigga Haug (Hrsg.), 1987: Frauen/Männer/Computer. West-Berlin

Dombois, R., 1982: Die betriebliche Normenstruktur. In: Dohse, K., u.a. (Hrsg.): Statussicherung im Industriebetrieb. Frankfurt/M., New York

Gilligan, Carol, 1984: Die andere Stimme. Lebenskonflikte und Moral der Frau. München

Haug, Frigga, und Kornelia Hauser, 1985: Probleme mit weiblicher Identität. In: Haug/Hauser (Hrsg.): Subjekt Frau. Kritische Psychologie der Frauen. Band 1. West-Berlin

Holzkamp, K., 1983: Grundlegung der Psychologie. Frankfurt/M., New York

Jansen, S., 1984: Magie und Technik. In: Beiträge zur feministischen Theorie und Praxis. Heft 12. Köln

Marx-Engels-Werke (MEW), 1978: Band 23. Berlin/DDR

Mayo, E., 1946: Probleme industrieller Arbeitsbedingungen. Frankfurt/M.

Oppolzer, A., 1976: Hauptprobleme der Industrie- und Betriebssoziologie. Köln

Projekt Automation und Qualifikation (PAQ), 1980: Automationsarbeit: Empirische Untersuchungen Teil 1. West-Berlin

dass., 1983: Zerreißproben — Automation im Arbeiterleben. Empirische Untersuchungen Teil 4. West-Berlin

dass., 1987: Widersprüche der Automationsarbeit. Ein Handbuch. West-Berlin

Ravaioli, Carla, 1987: Die beiden Seiten des Lebens. Von der Zeitnot zur Zeitsouveränität? Hamburg

Jutta Meyer-Siebert

Parteiform und Subjektivität

Geschlechtsspezifische Verarbeitung von Berufsverboten

»Nur Erfahrung ist imstande, zu korrigieren und neue Wege zu öffnen. Nur ungehemmtes, schäumendes Leben verfällt auf tausend neue Formen, Improvisationen, erhält schöpferische Kraft, korrigiert selbst alle Fehlgriffe.« (Rosa Luxemburg)

Einleitung

In der Januarnummer der niedersächsischen GEW-Zeitung springen mir auf einer Seite neben dem Bild eines *einzigen* Mannes vier fröhliche, lachende Frauengesichter entgegen. Überrascht über soviel weibliche Präsenz in einer Zeitung, die sonst — das kann man ohne Übertreibung sagen — fast ausschließlich mit Männerköpfen ausgestattet ist, suche ich den Grund dieser »Verschiebung« des Geschlechterverhältnisses und lese: »Nach Abschluß der letzten Berufsverbotsverfahren — die Betroffenen haben das Wort« (E&W 1/88, 16).

Also nicht etwa ein radikaler Durchbruch der Frauen bei der KandidatInnenaufstellung der bevorstehenden Personalratswahlen wird hier sichtbar, sondern Anlaß dieser »Frauenseite« ist der Skandal der Entlassung der (Hochschul)LehrerInnen Heike Fleßner, Dorothea Voigt, Irmelin und Matthias Schachtschneider aus dem Dienst und der monatlichen Gehaltskürzung für Ulrike Marcks. In allen Fällen sind die Sanktionen gegen die LebenszeitbeamtInnen mit deren aktiver Mitgliedschaft in der DKP begründet worden.

Neben meiner Empörung über diese neuerlichen Berufsverbotsurteile setzen sich hartnäckig Fragen in meinem Kopf fest, die angesichts der schwierigen Situation, in der sich die betroffenen Frauen befinden, provokativ sind, die ich aber trotzdem stellen will: Welche Befreiungsperspektiven, welche Politikvorstellungen und welche politischen Strategien lassen Frauen das Risiko eines Berufsverbotes eingehen für eine Partei, die nach wie vor Frauen nicht ausdrücklich in ihre Befreiungsstrategie eingeschlossen hat, die nach wie vor Frauenunterdrückung als Nebenwiderspruch abbildet?[1] Etwas weiter gefaßt ist dies die Frage nach der Widersprüchlichkeit im politischen Handeln von Frauen, die sich — wie die vom Berufsverbot betroffenen — für eingreifendes

Handeln mit der Perspektive der Befreiung aller Menschen in einer politischen Form entschieden haben, die historisch von Männern durchgesetzt worden ist.

Theoretisch gehen wir davon aus, daß Menschheitsbefreiung ohne Frauenbefreiung nicht möglich sein wird. Diese Einsicht ist angesichts des gattungsbedrohenden Weltzustandes unmittelbar verknüpft mit der Frage des Überlebens der Menschen: Frauenbefreiung heißt dann, unsere weiblichen Erfahrungen in den politischen Machtzentren als (überlebens)*notwendige* Produktivkraft für politische und kulturelle Lebensformen durchzusetzen, in denen die einzelnen nicht in lähmendem Fatalismus gefangen sind, sondern in gemeinsamer Anstrengung die destruktiven Entwicklungen der Vergangenheit positiv nach vorne zu wenden versuchen. Um in diesem Sinn die *Frauenfrage* als die *aller* Menschen im Prozeß der Veränderung der gesellschaftlichen Verhältnisse durchzusetzen, erscheint es uns notwendig, daß wir Frauen diesen Prozeß auch *in* den Männerformen versuchen voranzutreiben; und dies bis hin zur Zersetzung dieser Formen, wenn sie sich prinzipiell als nicht veränderbar in Richtung allgemeiner revolutionärer Politik erweisen. Dazu brauchen wir eine politische Strategie. Um diese entwickeln zu können, müssen wir herausfinden, welche Widersprüche von Frauen in den Männerparteien ausgetragen, ausgeblendet und/oder selbst zur Politik getrieben werden.

Die Problematik der Berufsverbote scheint uns für Frauen von zerreißender Widersprüchlichkeit. Staatliches Handeln trifft sie hier zugleich in zwei Bereichen, in denen sie gerade erst Fuß zu fassen beginnen: in der Berufswelt und in der Politik. Aber während der Beruf ein gewisses Maß an eigenem Leben ermöglicht, scheint die Organisation der Partei gerade Hingabe und eine Aktivität zu verlangen, in der Eigenes aufgegeben wird, zumindest was die politische Artikulation alltäglicher Probleme von Frauen angeht. Die Politik geschieht von oben nach unten. Die staatliche Berufsverbotspolitik legt auf dieses prekäre Gleichgewicht eine ungeheuerliche Last. Dabei gehen wir davon aus, daß die Androhung des Verlustes der materiellen Existenzgrundlage die einzelnen vor die Entscheidung stellt, sich solidarisch zur Partei und ihrer Politik zu verhalten oder Berufsausübung und Existenzsicherung Priorität zu geben und sich aus den politischen Zusammenhängen zurückzuziehen, durch die beides gefährdet erscheint. Es erscheint uns naheliegend, daß diese Entscheidung für die Betroffenen eine grundlegende Klärung ihres Verhältnisses zur Partei notwendig macht. Gleichzeitig sehen wir darin die allen Krisen — also auch dem Berufsverbot — immanente Chance der Weiterentwicklung: Krisen verlangen Entscheidungen und provozieren damit »bewußtes Verhalten zu den Verhältnissen« (Holzkamp), d.h., sie ermöglichen das Herstellen von Distanz, und im Falle des Berufsverbotes scheint uns dies die Möglichkeit für Betroffene *und* Partei zu beinhalten, Widersprüchlichkeiten aufzudecken und voranzutreiben.

Berufsverbot als Verhinderung von Erfahrungen

Der Sozialpsychologe Peter Brückner, der lange Jahre an der Universität Hannover gelehrt hat, bevor ihn die Niedersächsische Landesregierung 1977 vom Dienst suspendierte[2], schrieb 1976 in einem Aufsatz:

»Die staatliche Repression ist groß. Gut, wir wissen, daß es der Naturzustand zwischen bürgerlicher Gesellschaft und einer linken Opposition ist. Berufsverbot? — Ich meine, das ist ein Risiko des politischen Lebens. Da gibt es keine Rückversicherung. Such is life.« (113)

Peter Brückner ist tot. Berufsverbot hatte er erhalten, weil er in die aufgeregte Auseinandersetzung um den Terrorismus Ende der 70er Jahre den Gedanken einbrachte, daß der Staat selber Produzent von Gewalt sei. Er starb wenige Monate, nachdem er in einem skandalösen Gerichtsverfahren[3] eine »Teilrehabilitation« erreicht hatte — Risiko des politischen Lebens. Die Biografie Peter Brückners gibt diesen Sätzen eine besondere Tragik. Sie lassen eine Ahnung von der Bedeutung eines Berufsverbotes für die Betroffenen zu: von psychischem und physischem Leiden, zerstörten Hoffnungen, abgeschnittenen Perspektiven. Gleichzeitig nehmen sie einem Berufsverbot im bürgerlichen Staat alles Spektakuläre sowohl in ihrer Bedeutung für politische Bewegungen als auch für die Betroffenen. Sie eröffnen keinen Raum für die Helden und Märtyrer. Sie verweisen auf Berufsverbot als Normalität.

In der Tat kommt diese Sanktion in unserer Gesellschaft in fast alltäglicher, vielfältiger Weise daher. Da ist die Redakteurin der Zeitschrift *Das Argument*, der nach erfolgreichen Bewerbungsgesprächen kurz vor Vertragsunterzeichnung plötzlich mitgeteilt wird, daß aufgrund ihrer Argument-Tätigkeit die Zusage zurückgezogen wird; da ist die seit mehr als zehn Jahren habilitierte marxistisch-feministische Wissenschaftlerin, der eine Professorinnenstelle verweigert wird, weil sie für die einen zu links, für die anderen zu feministisch und für die dritten zu links *und* feministisch ist; da ist der Geschäftsführer, der den Vertragsentwurf für seine neue Tätigkeit schon auf dem Tisch liegen hat und dem plötzlich in einem knappen Telefongespräch mitgeteilt wird, daß seine Aktivität in der Friedensbewegung unvereinbar sei mit einer Zusammenarbeit mit ihm; da sind die vielen aktiven Frauen und Männer in den Mitbestimmungsorganen ihrer Betriebe, die mit fadenscheinigen Gründen in andere Abteilungen versetzt werden, deren berufliche Aufstiege plötzlich stagnieren, die im Zuge des allgemeinen Arbeitsplätzeabbaus die ersten sind, die ihren Arbeitsplatz verlieren. Viele dieser Berufsverbote werden in der Öffentlichkeit gar nicht bekannt.[4] Gemeinsam ist ihnen die Funktion, individuelle Betroffenheiten und Erfahrungen im gesellschaftlichen Regelungsprozeß zu verhindern, durch die die bestehenden Herrschaftsverhältnisse in Frage gestellt sein könnten.

Wir beziehen uns in diesem Aufsatz auf Berufsverbote, mit denen der Staat unmittelbar als Verhinderer von Erfahrungen auftritt: gemeint ist die seit der Verabschiedung des Radikalenerlasses (1972) etablierte Praxis, BewerberInnen und Angehörigen des öffentlichen Dienstes in öffentlichen Verfahren ihre aufgrund ihres politischen Engagements mit »Verfassungsfeindlichkeit« begründete Nicht-Eignung für den Staatsdienst nachzuweisen. Da diese Praxis den Möglichkeitsraum der Verarbeitung der Betroffenen wesentlich bestimmt, scheint es uns notwendig, kurz ihre Funktion im gesellschaftlich-politischen Prozeß der Bundesrepublik darzustellen.

Die Praxis des Radikalenerlasses

Am 28. Januar 1972 haben die Ministerpräsidenten der Länder und der damalige Bundeskanzler Willy Brandt einen Beschluß verabschiedet, nach dem die Voraussetzung für die Tätigkeit und Einstellung von Beamten und Angestellten in den öffentlichen Dienst die Gewähr sein müsse, daß die Bediensteten jederzeit für die »freiheitlich-demokratische Grundordnung« einträten. Die diesem als »Radikalenerlaß« in die Zeitgeschichte eingegangenen Beschluß folgende 16jährige Praxis der Bespitzelungen, Anhörungen, Einstellungsverzögerungen bis hin zu endgültigen Berufsverboten zeigt ihn als sehr wirksame Antwort der sozialdemokratischen Regierung auf eine gesellschaftliche Entwicklung, die durch Entspannungspolitik (Ostverträge Anfang der 70er Jahre) einerseits und die innergesellschaftliche Unruhe im Zuge der Studentenbewegung andererseits gekennzeichnet war. Beides zusammen drohte die sozialistische Alternative in den Bereich des Möglichen zu rücken, und so waren die Berufsverbote eine Strategie, um die Bewegung der Studenten teils als »frisches Blut« in den Staat zu integrieren, teils ins Unwirksame abzuspalten (Paech 1981, 702; Markard 1981, 163).

Betroffen von dieser Praxis waren Organisationen, deren Programmatik die Veränderung der Herrschaftsverhältnisse aufweist, allen voran die DKP. Das heißt aber nicht, daß die Organisationen *unmittel-*

bar der Gegenstand der Anschuldigungen und Überprüfung ihrer Verfassungsmäßigkeit sind, sondern die staatlichen Instanzen wählen für ihre Strategie einzelne Mitglieder dieser Organisation aus, bilden sie öffentlich als Verfassungsfeinde ab und zwingen ihnen als Individuen den Konflikt auf, ihre politische Handlungsfähigkeit in dem von ihnen gewählten Maß und in der von ihnen gewählten Form nur um den Preis des Verlustes ihrer Erwerbstätigkeit im öffentlichen Dienst aufrechterhalten zu können.

Auch wenn Berufsverbote für Beamte und Angestellte des öffentlichen Dienstes kein massenhaftes Phänomen sind[5] und in der Öffentlichkeit wenig Beachtung finden, kommt ihnen u.E. als Instrument des »Klassenkampfes von oben« eine wichtige ideologische Bedeutung zu. Zum einen tragen auch dosierte Erinnerungen an staatliche Disziplinierungsmöglichkeiten dazu bei, den als »Schere im Kopf« bekannten Effekt zu erzeugen: die Handelnden an ideologischen Schaltstellen im kulturellen und politischen Bereich tragen durchschnittlich auch ohne äußeren Druck durch selbsttätige Kontrolle ihres Handelns dafür Sorge, daß widerständiges Verhalten in für den Staat »verkraftbaren« Grenzen bleibt. Zum anderen ist vor allem nicht zu unterschätzen, daß in der auf dem Radikalenerlaß beruhenden Berufsverbotepolitik Berufsbeamtentum und Antikommunismus, zwei in Deutschland verhängnisvoll über den Faschismus hinaus ungebrochene Traditionen, zusammenlaufen und reproduziert werden.

Die in der Folge des »Radikalenerlasses« entstandene Rechtsprechung zeigt exemplarisch die ideologische Funktion des Justizapparates: 1975 lieferte das Bundesverfassungsgericht durch die Kreation des Begriffes »verfassungsfeindlich«, der im Grundgesetz nicht vorkommt und juristisch nicht definiert ist, die notwendige Konstruktion, um Mitgliedern einer nicht verbotenen, also *verfassungsgemäßen* Organisation die Arbeit im öffentlichen Dienst zu verwehren, wenn die Organisationen von den an den Entscheidungen beteiligten Instanzen als »verfassungsfeindlich« erkannt worden sind. Praktisch lief das darauf hinaus, daß die Entscheidung über die »Verfassungsfeindlichkeit« einer Partei den mit den Berufsverbotsfällen befaßten Gerichten zugeschoben worden ist, und sehr schnell setzte sich die »Erkenntnis« der Verfassungsfeindlichkeit der DKP als unhinterfragte Entscheidungsgrundlage in Berufsverbotsverfahren durch. Gesetzlich vorgeschriebene Einzelfallprüfungen gerieten für aktive Mitglieder der DKP zur Farce, weil mit der »Verfassungsfeindlichkeit« der Partei schon von vornherein das Dienstvergehen ihrer Mitglieder feststand. So enthalten die Gerichtsentscheidungen häufig die Schizophrenie, den Beschuldigten ihre tadellose Dienstausübung und ihr »stets verfassungs- und gesetzeskonformes Verhalten« (E&W 1/88) zu bescheinigen und sie gleichzeitig wegen ihrer Aktivität für die DKP aus dem Dienst zu entfernen. Ich habe zahlreiche dieser Verfahren miterlebt und immer wieder fassungslos vor der »Arroganz der Macht« gestanden, mit der Staatsvertreter und Richter in nicht zu durchbrechender Eintracht den Betroffenen den Diskurs verweigerten und Antikommunismus zum Maßstab ihrer Entscheidungen machten, in jüngster Zeit auch ungerührt von der Tatsache, daß die Internationale Arbeitsorganisation (ILO) nach anderthalbjährigen gründlichen Recherchen in der Bundesrepublik zu dem Ergebnis gekommen ist, die Berufsverbotepolitik in der BRD verstoße gegen die Antidiskriminierungskonvention der ILO, die die Bundesregierung schon 1958 unterzeichnet hat (Dokumentation ILO-Bericht, 29ff.; vgl. auch Dammann/ Siemantel 1987).

Trotzdem ist auf der anderen Seite eine Tendenz festzustellen, die *Praxis* der Berufsverbote in der bisherigen Form nicht weiter fortzusetzen.[6] Aber selbst wenn der »Radikalenerlaß« tatsächlich auf dem vielbeschworenen »Müllhaufen der Geschichte« landete, wäre dies kaum ein Ausdruck der »Entspannung« zwischen bürgerlichem Staat und linker Opposition. Uns schiene es vielmehr als eine »logische« Anpassung des Staates an die veränderten Widerstandsformen, wie sie sich etwa mit dem Entstehen der neuen sozialen Bewegungen als Folge der »Krise der Politikformen« (auch der traditionell revolutionären) entwickelt haben (Buci-Glucksmann 1982, 39ff.). Und diese Notwendigkeit der Anpassung scheint die staatlichen Instanzen keineswegs in eine »Krise der Repressionsformen« zu stürzen: die Berufsverbotepolitik hat ihnen über den Radikalenerlaß hinaus rechtliche und politische Grundlagen geschaffen, die eine Kontinuität des »Klassenkampfes von oben« auch ohne »Radikalenerlaß« gewährleisten kann.

Gesellschaftliche Erfahrungen der Geschlechter

In der Berufsverbotebewegung und der in ihrem Kontext entstandenen Literatur über Berufsverbotsbetroffene (z.B. Bethge 1976; de Lorent 1977; Dres u.a. 1977; 3. Internationales Russelltribunal 1978; DVZ 1981; Markard 1981; IMSF 1985; Spoo 1987) ist die Betroffenheit nicht geschlechtlich differenziert. Ausgegangen wird von den einheitlichen Praxen des Staates, die Umsetzung individueller Erfahrungen in widerständiges politisches Handeln durch Berufsverbote zu verhindern, denen mit einheitlichen *politischen* Gegenstrategien geantwortet werden muß. In dieser Anordnung bleibt die Frage nach der *individuellen*

Verarbeitung dieser staatlichen Sanktion weitgehend eine Leerstelle, in die auch die Geschlechterfrage eingeschlossen ist. Auch die beiden uns bekannten Arbeiten, die auf unterschiedlichen Ebenen und mit unterschiedlicher Begrifflichkeit die subjektive Verarbeitung des Berufsverbotes zum Thema haben, kommen ohne die Kategorie des Geschlechts aus (Markard 1981; Juhl u.a. 1982). Eine wichtige Frage in diesem Zusammenhang, die weiter zu verfolgen uns für die Handlungsfähigkeit der Bewegung nützlich erscheint, ist die nach Widerstand und Erfahrung: erhalten nicht Strategien des Widerstandes, die nicht die *Vielfältigkeit* der Erfahrungen der einzelnen als Produktivkraft nutzen, sondern in der Vorstellung des einheitlichen widerständigen Subjektes eliminieren, genau wie der Staat die Funktion der *Verhinderung* von Erfahrungen; und werden damit nicht Möglichkeiten effektiven Widerstandes vergeben?

Wir gehen davon aus, daß die unterschiedliche Betroffenheit der Geschlechter durch das Berufsverbot politisch lehrreich ist. Zum einen sind Männer und Frauen historisch auf der Grundlage geschlechtlicher Arbeitsteilung in den gesellschaftlichen Praxisformen als »soziale Geschlechter« konstituiert und in einem Herrschaftsverhältnis angeordnet, in dem die Frauen den Männern untergeordnet sind. In der feministisch-sozialistischen Literatur gibt es eine umfangreiche Diskussion darüber, in welcher Weise sich die Verarbeitungsprozesse des Biologischen und Gesellschaftlichen in einer weiblichen »Identität« als das »Andere« gegenüber der männlichen vermitteln (vgl. z.B. Haraway 1987). Weibliche Identität stellt sich danach eher als »Nicht-Identität« dar, da in einem permanenten krisenhaften Prozeß das eben Zusammengefügte wieder zerfällt und — individuell und kollektiv — neu hergestellt werden muß. Dies macht die Unmöglichkeit deutlich, von so etwas wie einem einheitlichen Weiblichkeitskonzept auszugehen, aber stärker als etwa strukturalistisch-psychoanalytische Erklärungsansätze legen wir den Schwerpunkt auf die Bedeutung der gesellschaftlichen Praxisformen für weibliche »Identität« (vgl. z.B. Haug/Hauser 1985) und sehen ein wesentliches Bestimmungsmerkmal der Konstituierung des weiblich »Anderen« in den durch die gesellschaftliche Arbeitsteilung begründeten unterschiedlichen Anforderungsstrukturen für die Geschlechter. Während gesellschaftliche Erwartungen an die Männer sich auf die Regelung der Gesellschaft in den öffentlichen Bereichen von Arbeit/Politik beziehen, sind sie für Frauen an die Zuständigkeit für den privaten Bereich der individuellen Reproduktion geknüpft. Selbst wenn Frauen heute aufgrund verschiedener Entwicklungen diese Trennung privat/öffentlich überschreiten und an öffentlich-gesellschaftlicher Arbeit teilhaben, unterscheidet sich ihre »Identität« von der männlichen dadurch, daß sie das Geschlecht sind, das prinzipiell zwischen beiden Bereichen wählen kann (Hauser 1987). Darin scheint uns für die Verarbeitungsweise des Berufsverbotes ein wesentlicher Aspekt zu liegen: die Verweigerung der Berufsausübung erhält für Frauen durch die Alternative der Arbeit im Privaten eine grundsätzlich andere Bedeutung als für Männer (in diesem Aspekt liegen auch die Bedeutungen von Erwerbslosigkeit und Berufsverbot für die einzelnen sehr eng zusammen).

Zum zweiten sehen wir das sich über die gesellschaftliche Arbeitsteilung herstellende Herrschaftsverhältnis der Geschlechter in alle Lebensbereiche verwoben. Entsprechend der den Männern gesellschaftlich zugewiesenen Aufgabe der Regelung der Gesellschaft haben sich die politischen Parteien als *Männerform* herausgebildet.

»Die Männer sahn in der Partei ihr Werk. Die Partei war für die Männer der Boden, um zu wachsen« (Weiss 1981, 80).

Während wir also davon ausgehen, daß der Standpunkt der vom Berufsverbot betroffenen Männer durch eine prinzipielle Übereinstimmung mit der Politik und Form ihrer Organisation zu kennzeichnen ist und ihnen »Sicherheit« verleiht, sehen wir die Frauen in dem Konflikt so *ortlos* wie in der Gesellschaft. Die Grenzen des Privaten überschreitend haben sie den Ort verlassen, der nicht mehr der ihre ist, und landen an gesellschaftlichen Orten, die noch nicht die ihren sind.

»Zu den Erfahrungen ihres Lebens in der Partei gehört, ... daß für Männer die Arbeit in der Partei eine andere persönliche Bedeutung hat als für sie ... Die Frauenrolle, in der die Frau ... auf die zweitrangige Funktion des Dienens, der Gehilfin praktisch und psychisch reduziert wird, findet ihre Entsprechung in der 'Rolle' des bestimmenden, körperlich und geistig überlegenen, immer leistungsfähigen Mannes. Die lautlose, permanente Gewalt von alltäglich praktizierten Funktionsteilungen zwischen den Geschlechtern und von den gängigen normativen, ideologischen Vermittlungen, die sie begleiten und ergänzen, hat von der Kindheit an die Verhaltensstrukturen auch der Frauen und Männer beeinflußt, die sich in der Partei zusammenfinden.« (Dölling 1987, 58f.)

In Döllings Analyse des Geschlechterverhältnisses in der kommunistischen Partei, wie sie es von Peter Weiss in der »Ästhetik des Widerstands« vorgeführt sieht, wird die Verweigerung eines *sinnhaften* Ortes für Frauen in der Partei deutlich, d.h. eines Ortes, an dem sie *im Tun für andere* etwas *für sich selbst* tun (Haug/Hauser 1985, 22ff.): fortgeschrieben sind die geschlechtsspezifischen Haltungen und Vereinseitigungen, wie sie sich in der kapitalistischen Produktionsweise herausgebildet haben; vereinnahmt für »revolutionäre« Politik verselbständigen und festigen sie sich gleichsam. Gibt es eine Perspektive? Wir finden sie in Döllings dialektischer Problemanordnung. Im weiteren Verlauf ihrer Analyse arbeitet sie in Ansätzen die in den »alten« Unterdrückungsstrukturen enthaltenen Möglichkeiten für das »Neue« heraus und zeigt auf, wie die im Reproduktionsbereich erworbenen Kompetenzen und »Eigenschaften« von Frauen »als Aspekt praktizierter Beziehungen unter Genossen zugleich ein perspektivisches, auch utopisches Moment künftiger menschlicher Beziehungen enthalten« (1987, 60). Damit bringt sie weibliche Erfahrung als Produktivkraft im revolutionären Prozeß der Gestaltung einer menschlicheren Welt auf die Tagesordnung und verweist zugleich für unsere Fragestellung auf die Partei als Rahmen für Subjektionsprozesse, in dem sich alte Haltungen im Neuen entfesseln oder die alten Unterdrückungsverhältnisse stabilisieren können. Zu fragen ist also auch, inwieweit der Berufsverbotekonflikt die Suche der Frauen nach dem sinnhaften Ort in der Partei verstärkt und den dialektischen Prozeß revolutionärer Politik vorantreibt.

Das Arbeiten mit Erfahrungen: die Kritische Psychologie und die Bedeutung gesellschaftlicher Praxisformen

Zu den vergnügten Gesichtern angesichts des Berufsverbots in der GEW-Zeitung passen die Kommentare der Frauen, wie z.B der von Dorothea Voigt:

»Ich verlerne den aufrechten Gang nicht; denn im Kampf um mehr Verständigung und Demokratie, um eine neue politische Kultur stehen viele an meiner Seite, und sie wissen: wir kämpfen gemeinsam um die Überwindung der Überreste faschistischen Denkens in Politik und Justiz« (E&W 1/88, 16).

Die Lehrerin löst den *Widerspruch* zwischen subjektiv erkannter Notwendigkeit widerständigen Verhaltens und — als Folge ihrer Realisierung — materieller Existenzbedrohung durch den Staat in der *Eindeutigkeit* des Bildes der trotz Anfeindungen »aufrechten« Persönlichkeit und entspricht damit der Strategie der Bewegung im Kampf gegen Berufsverbote.[7]

Meine Skepsis gegenüber solcher Art öffentlicher Konfliktverarbeitung hat mich schon 1985 veranlaßt, mich intensiver mit der Frage zu beschäftigen, wie denn einzelne einen solchen Konflikt durchstehen, wenn sie sowohl in den Gerichtsverfahren als auch in der Bewegung gegen die Berufsverbotepolitik quasi eine StellvertreterInnenposition für die Partei einnehmen. Sie verschwinden als konkrete Person hinter der Partei als dem eigentlichen Subjekt des widerständigen Handelns, obwohl die zu erwartenden Folgen nicht unmittelbar die Partei betreffen, sondern in erster Linie den bisher gesicherten Lebenszusammenhang der Betroffenen in einen Zustand prinzipieller existentieller Unsicherheit verwandeln.

Den Anstoß dazu gab mir die Politik der niedersächsischen Landesregierung, die seit 1982 versucht, flächendeckend allen BeamtInnen oder Angestellten des öffentlichen Dienstes, die für die DKP bei Landtags- oder Kommunalwahlen kandidiert haben, mit der oben dargestellten Konstruktion der Verfassungsfeindlichkeit die Ausübung ihres Berufes zu verbieten. Die Praxis der Berufsverbotepolitik hatte ich immer empört verfolgt und dies — wann immer sich Gelegenheiten dazu boten — auch öffentlich kundgetan. Dennoch stellten die niedersächsischen Verfahren eine neue Dimension meiner Erfahrungen dar. Betroffen waren jetzt Frauen und Männer, die ich persönlich kannte, mit denen ich in der Schule, Gewerkschaft oder Friedensbewegung zusammengearbeitet hatte und über die mich als Nichtbetroffene die Vorstellung, von einem auf den anderen Tag meinen Arbeitsplatz nicht mehr betreten zu dürfen und mich statt dessen in Anhörungen, Gerichtsverfahren usw. der arroganten Macht der Herrschaftsfunktionäre aussetzen zu müssen, als Bedrohung und Angst einholte. Um so mehr verwirrte es mich damals (wie heute), die Betroffenen bei ihren öffentlichen Auftritten überlegen, gelassen, stark zu erleben. Wie bei Dorothea Voigt nichts von Angst, Bedrohung, Wut — schon eher Mitleid mit den Vertretern der Macht, die abgebildet werden als Opfer ihrer Korruptheit und nicht als diejenigen, die ihnen ganz konkret ihre materielle Existenzgrundlage zu entziehen in der Lage waren. In meinem Gefühl der skeptischen Bewunderung war es die Skepsis, die mich veranlaßte, in einer empirischen Untersuchung mit Betroffenen herauszufinden, welche Bedingungen es ihnen möglich machen und um welchen Preis es ihnen gelingt, die staatlichen Repressalien in der beschriebenen Art und Weise auszuhalten.

Bevor ich mich wieder der Frage von Frauen im Berufsverbotekonflikt zuwende, will ich diese Untersuchung skizzieren: obwohl ich mir vorgenommen hatte, das Geschlechtsspezifische in den Verarbeitungsweisen der Betroffenen zu bearbeiten, war dieser Aspekt am Ende der Untersuchung auf der Strecke geblieben. Da dies nicht an meinem mangelndem Interesse liegen konnte, habe ich den Grund in der theoretischen Anordnung der Arbeit gesucht und bin zu der Erkenntnis gekommen, daß mein »Verlieren« der Frauenfrage mit einem grundsätzlichen Mißverständnis in der Verwendung der Kategorie der »Handlungsfähigkeit«, wie sie von Klaus Holzkamp (1983) aufgefaltet worden ist, zusammenhängt.

Holzkamp hat in der Grundlegung der Psychologie mit den Begriffen »restriktive« und »verallgemeinerte« Handlungsfähigkeit ein Begriffspaar entwickelt, das einen nützlichen kategorialen Rahmen herstellen kann in der Erforschung des konkreten Lebens der einzelnen, das sich in der bürgerlichen Gesellschaft immer in dem Verhältnis objektive Bestimmung/subjektive Bestimmtheit realisiert. Während *restriktive Handlungsfähigkeit* das Arrangement mit den Herrschenden meint, also den Verzicht auf die Teilhabe an der Verfügung über die Lebensbedingungen, und damit für die einzelnen langfristig gegen grundlegendes menschliches Bedürfnis verstößt, bedeutet *verallgemeinerte Handlungsfähigkeit*, an dem *langfristigen* Bedürfnis der Kontrolle der eigenen Lebensbedingungen festzuhalten unter Inkaufnahme des Risikos, Sanktionen der Herrschenden ertragen zu müssen, d.h. kurzfristig mit empfindlichen Einschränkungen der Lebensqualität rechnen zu müssen. Holzkamp denkt verallgemeinerte Handlungsfähigkeit kollektiv, d.h. als Werk vieler im »kooperativen Zusammenschluß«, der »dann allerdings im Interesse der kollektiven Machtentfaltung zur Durchsetzung des Handlungsziels hier selbst wieder mehr oder weniger *organisierte* Form annehmen (muß) und u.U. als 'Bewegung' o.ä. seine *eigene überindividuelle Geschichte und Kontinuität* (gewinnt)« (ebd., 331).

Zunächst begeisterte es mich, in Holzkamps Darstellung der Kategorie der verallgemeinerten Handlungsfähigkeit *umstandslos* die Berufsverbotsbetroffenen entdecken zu können: Menschen, die trotz des Risikos, ihren Beruf zu verlieren, im kooperativen Zusammenschluß der kommunistischen Partei kollektiv mit ihren GenossInnen Widerstand leisteten. Sogar für ihre demonstrierte Stärke während der öffentlichen Verfahren gegen sie fand ich darin spontan die Erklärung. Auf den zweiten Blick wurde es mir aber zum Problem, diesen scheinbar unmittelbaren Zusammenhang zwischen Empirie und Kategorie wieder aufzulösen und Holzkamps »konkretistische« Darstellung restriktiver/verallgemeinerter Handlungsfähigkeit als analytischen Rahmen zu begreifen, in dem ich meine Frage nach der subjektiven Verarbeitung des im Berufsverbot zugespitzten »Grundkonflikts« des bürgerlichen Individuums erforschen konnte. Was sollte denn noch zu fragen sein bei Menschen, die ihre individuellen Probleme im Konflikt überwinden und »aufrecht« für die gemeinsame Sache stehen?

Hilfreich schien mir an dieser Stelle die Anordnung des Problemfeldes bei Markard (1981), mit der er auf die Widersprüchlichkeit des Erlebens des Berufsverbotes der einzelnen abhebt und die oben beschriebene Tendenz der *öffentlichen Widerspruchseliminierung* einzelner im Berufsverbotskonflikt in ihrer politischen Funktion für die Bewegung gegen Berufsverbote problematisiert. Er geht davon aus, daß die Tendenz der »Entwichtigung« der subjektiven Probleme der Betroffenen kurzsichtig sei in der Perspektive kollektiver Handlungsfähigkeit. Wenn man die Betroffenen nicht in der gesamten Widersprüchlichkeit ihrer subjektiven Befindlichkeit abbilde, sondern ihnen die Fähigkeit des »Standhaltens« gegenüber den Repressalien der Machthabenden quasi als Eigenschaft, die man hat oder nicht hat, anhänge, liefe man Gefahr, daß die intendierte Vorbildfunktion für politisches Handeln eher abschreckend wirke für diejenigen, die die Notwendigkeit politischen Handelns zwar erkannt haben, aber aufgrund der subjektiven Einschätzung ihrer mangelnden Stärke diese lieber nicht realisierten. Erst wenn es gelänge, die Verarbeitungsprozesse der Krisensituation *Berufsverbot* in ihren gesamten Handlungsmöglichkeiten bis hin zur Konsequenz des Austritts aus der Partei auch für *potentiell* Betroffene transparent zu machen, gäbe es die Chance, Erfahrungen mit Berufsverbot zu verallgemeinern in der Perspektive verstärkten verändernden politischen Handelns.

Dieser Problemanordnung liegt die allgemeine Erkenntnis der Kritischen Psychologie zugrunde, daß Widerspruchseliminierungen in der individuellen Verarbeitung von Konflikten immer eine doppelte Funktion haben: zum einen ermöglichen sie den einzelnen, sich ihr Leben lebbar zu gestalten; gleichzeitig bedeuten sie, sich in den fremdbestimmten Verhältnissen einzurichten und diese zu reproduzieren. Forschung in der Perspektive der Befreiung kann demnach nur heißen, der Tendenz der Widerspruchseliminierung entgegenzuarbeiten und Voraussetzungen für die Entwicklung kultureller und politischer Formen zu schaffen, in denen im kollektiven Prozeß die gesellschaftlichen Widersprüche bewußt vorangetrieben werden können.[8]

Markards Darstellung half mir zunächst weiter. Mit ihr fand ich sowohl meine spontane Skepsis theoretisch begründet als auch den Weg aus dem Dilemma des vorschnellen Gleichsetzens widerständigen Handelns mit verallgemeinerter Handlungsfähigkeit. Meine Frage war jetzt die nach der *Widersprüchlichkeit* widerständigen Handelns, und ich formulierte für die empirische Untersuchung: wie leben die Betroffenen die Konfliktsituation, welche inneren/äußeren Bedingungen sind bedeutungsvoll für ihre Entscheidung des tendenziellen »Durchhaltens«/»Umfallens«, mit welchen Strategien ermöglichen sie sich das »Standhalten«? Ich führte Interviews mit je vier betroffenen Frauen und Männern. Sieben von ihnen hatten Berufsverbot aufgrund ihrer Aktivitäten für die DKP (einer von ihnen war im Laufe des Verfahrens aus der DKP ausgetreten, also ein »Umfaller«) und einer wegen seiner Funktionärstätigkeit für die Deutsche Friedensunion (DFU).

Ich will hier nicht im einzelnen den Verlauf und die Ergebnisse darstellen (vgl. Meyer-Siebert 1985). Mein thesenhaftes Ergebnis lautet: das »Standhalten« nach außen stellt im wesentlichen eine Einzelleistung der Betroffenen dar, weil die Strukturen der revolutionären Partei in der bürgerlichen Gesellschaft von dieser bestimmt sind. Mit ihrer Reproduktion von Konkurrenzförmigkeit und der Trennung des Politischen vom Privaten stellt die Partei nur sehr bedingt einen Stützpunkt dar für die mit dem Staat in Konflikt Geratenen. Ihr (äußerliches) »Standhalten« bleibt ihre individuelle »Leistung«. Entsprechend reichten dann die Verarbeitungsstrategien der Betroffenen von dem kompromißlosen Sich-Entwerfen als politischer Persönlichkeit im Dienst der Partei über Kompromisse des Auslagerns von Gefühlsarbeit in den nicht politischen Lebensbereich, individuelle Rückzüge *innerhalb* der Partei bis hin zum öffentlichen Austritt aus der Partei.

Wo war die Perspektive des »kooperativen Zusammenschlusses«, in dem individuelle Handlungsfähigkeit zugleich die Macht des Kollektivs konstituiert? Ich hatte mir darüber gerade von *den* Menschen Aufschluß erhofft, die doch über durchschnittliches Verhalten hinausgehend bereit waren (und sind), ihren Widerstand aufrechtzuerhalten.

Die Verfolgung dieser Frage führt mich zu einem Aspekt kritisch-psychologischer Forschung, dessen Nicht-Beachtung ein Grund für die »unbefriedigenden« Ergebnisse zu sein scheint: es ist die Notwendigkeit, vor der Aufbereitung empirischen Materials in dem kategorialen Rahmen, den Holzkamp mit seinen Gegensatzbegriffen vorschlägt, eine Analyse der Formen durchzuführen, »in denen die Menschen ihr Leben konkret-historisch produzieren« (F.Haug 1987, 125). Marx hat in der Warenform die Widersprüchlichkeit der Austauschbeziehungen als Grundlage der Bewegungsform der warenproduzierenden Gesellschaften analysiert. Entwicklung stellt sich Marx also so vor, daß die Menschen in den Praxisformen solange widersprüchlich handeln, bis die Widersprüche die alten Formen sprengen und die Notwendigkeit der Entwicklung neuer entsteht. In unserem Zusammenhang ist an der Marxschen Formanalyse bedeutsam, daß er das »Wesen« einer Praxisform und ihre vorfindliche Praxis in eine Widerspruchsanordnung (verkehrte Verhältnisse) bringt, damit die Möglichkeit aufzeigt, daß — wie F.Haug es auf den Punkt bringt — »unter bestimmten Verhältnissen etwas in Form seines Gegenteils auftritt« (ebd., 124; zur Formanalyse vgl. W.F.Haug 1985[3] u. Hauser 1987).

Während Holzkamp mit seiner Kategorialanalyse vor allem auf die Erweiterung der Handlungsfähigkeit der einzelnen zielt, die — wenn auch im Zusammenschluß mit anderen — die behindernden gesellschaftlichen Bedingungen überwinden, stünde mit der Formanalyse die

Veränderung der Formen im Zentrum, in denen die Handlungsfähigkeit erworben wird, und das Verhältnis der einzelnen zu den Formen. Beides steht nicht gegeneinander, sondern in dem Vorschlag, die Kategorialanalyse durch die Formanalyse zu ergänzen, sehen wir eine Möglichkeit, das Fragespektrum für empirische Forschung zu erweitern. Dabei erscheint uns der Streit, ob Holzkamps Kategorialanalyse die Formanalyse enthält oder nicht, nicht sehr hilfreich. Sicherlich ist eine Formanalyse nicht ausgeschlossen, wenn Holzkamp schreibt:

»Die in den Fragestellungen und darin liegenden empirischen Verallgemeinerungen angesprochenen Lebensbedingungen (Institutionen, Arbeitsplätze, Familie, Medien, besondere Umgebungen, künstlerische Exponate und alles erdenklich andere) sind als *realhistorische Konkretisierungen formations-, lage- und positionsspezifischer Bedeutungskonstellationen einschließlich ihrer gesamtgesellschaftlichen Verweisungen* auf das darin liegende *'typische' Verhältnis von Handlungs-/Verfügungsmöglichkeiten und deren Einschränkungen/Mystifizierung* hin zu analysieren.« (Holzkamp 1983, 552)

Das Vernachlässigen der Praxisformen bei der theoretischen Begründung der Fragestellung hat in meiner Untersuchung dazu geführt, daß mir bei der Analyse des Materials zum einen die Begriffe für die Bearbeitung der Geschlechterfrage fehlten. Zum anderen »vergaß« ich die Strukturen der politischen Organisationen als Bedeutungsfaktoren im Berufsverbotekonflikt zu analysieren. Nahegelegt durch die »konkretistische« Beschreibung des kooperativen Zusammenschlusses als Organisation in Holzkamps Kategorialanalyse hatte ich die Partei von Anfang an unhinterfragt auf der Seite erweiterter Handlungsfähigkeit gesehen. Bestärkt wurde ich darin durch Markards Vorschlag, in dem er zwar einen weniger dogmatischen Umgang mit den Betroffenen vorschlägt als das in der Partei bzw. in der Bewegung gegen Berufsverbote üblich war (ist), aber seine Konstruktion ist die, daß in der Partei zu bleiben mit langfristiger Bedürfnisbefriedigung gleichgesetzt wird und der Austritt »Selbstfeindschaft« bedeutet (Markard 1980, 649f.). In seinen Begriffen des »Standhaltens« bzw. »Umfallens« scheint als Maßstab für die Beurteilung des Verhaltens der Betroffenen die »richtige« Politik der Partei und das »Vorbild« der »revolutionären« Persönlichkeit durch. Die Partei als Widerstandsform bleibt unhinterfragt. Dies scheint mir gerade in unserem Zusammenhang problematisch. Wir vermuten, daß die Berufsverbote durch den sozial-demokratischen Staat und die damit einhergehenden Versuche, die kommunistische Partei ins Illegale abzuschieben, jene Form des Politischen *intensiviert* haben, in der die Politik der Mitglieder wesentlich im »Dazustellen« sich erschöpft. Teilhabe an der Regelung von Gesellschaft oder auch nur Politik als Form, in die

Frauen hineinwachsen könnten, sind dadurch von vornherein ausgeschlossen.

Die »revolutionäre« Partei als »Stellvertreterpartei«

Die Widersprüche innerhalb der DKP zwischen einer auf Teilhabe drängenden Basis und der Führung der DKP spitzen sich derzeit — angeschoben durch »Perestrojka« und »Glasnost« in der Sowjetunion — unübersehbar zu. Erstmals seit der Konstituierung der Partei 1968 scheint es nicht zu gelingen, eine öffentliche Austragung innerparteilicher Auseinandersetzungen zu verhindern.[9] Gleichzeitig präsentieren sich in den Sanktionierungsversuchen der Parteiführung (Parteiausschlußverfahren, Abmahnungen usw.) die Parteistrukturen, gegen die die Proteste der Parteimitglieder sich richten: es sind die Strukturen von Stellvertreterpolitik, in denen die Parteiführung von oben die Politik bestimmt. Für die DKP ergibt sich die »Logik« des Stellvertreterprinzips aus der Eindeutigkeit der Bestimmung ihrer Politik durch den Standpunkt, daß der Klassenwiderspruch *die* Bewegungsform kapitalistischer Gesellschaften darstellt, aus der sich alle anderen gesellschaftlichen Herrschaftsformen ableiten (vgl. kritisch dazu Elfferding 1983). Am Beispiel der Frauenfrage haben wir zu Beginn schon deutlich gemacht, daß diese Sichtweise das komplexe Wirkungsgefüge des *Ensembles von Herrschaftsverhältnissen* in dieser Gesellschaft reduziert und vor allem selbst noch keine Politik ist, die Arbeits- und Lebensweise der Menschen in unserer Gesellschaft erreicht und umfaßt. Gleichzeitig erschwert die Vereindeutigung »revolutionärer« Politik ihre Korrektur in der Parteiform, da sie ein »Wissen« über die »richtige« Politik produziert und darüber passivierende Stellvertreterstrukturen legitimiert, die Willensprozesse in der Partei von unten nach oben weitgehend verhindern.

Revolutionäre Politik müßte also immer gleichzeitig ihre Formen in Frage stellen. In der Sowjetunion findet dies z.Z. in radikaler Form statt. Dort, wo sich die bürokratischen Strukturen der Partei aufgrund ihrer hegemonialen Stellung als Staatsform verallgemeinert haben, findet ihre radikale Kritik als »Revolution von oben« statt und ist somit selbst noch Ausdruck der Strukturen.[10] Lassen wir mit Rosa Luxemburg die Frau zu Wort kommen, deren politische Strategie immer auch leidenschaftliche Kritik an »bürokratisch verrosteten« Parteistrukturen war:

»Der idealste Parteivorstand einer Partei wie die Sozialdemokratie wäre derjenige, der als das gehorsamste, prompteste und präziseste Werkzeug des Willens der Gesamtpartei fungierte. Aber der idealste Parteivorstand wird nichts ausrichten können, wird unwillkürlich im bürokratischen Schlendrian versinken, wenn die natürliche Quelle seiner Tatkraft, der Wille der Partei, sich nicht bemerkbar macht, wenn der kritische Gedanke, die eigne Initiative der Parteimasse schläft. Ja, noch mehr. Ist die eigne Energie, das selbständige geistige Leben der Parteimasse nicht rege genug, dann haben ihre Zentralbehörden den ganz natürlichen Hang dazu, nicht bloß bürokratisch zu verrosten, sondern auch eine völlig verkehrte Vorstellung von der eignen amtlichen Autorität und Machtstellung gegenüber der Partei zu bekommen.« (RL, GW 3, 40)

Das *dialektische* Verhältnis von Parteiführung und Parteibasis durchkreuzt die Vorstellungen von Politik, die zweifellos *auch* konstitutiv sind für Stellvertreterstrukturen und quasi die Kehrseite der Medaille darstellen: das Sich-Einrichten der einzelnen Parteimitglieder in die Strukturen mit der beruhigenden Gewißheit, daß die eigene Betroffenheit im Prinzip »oben« schon richtig aufgehoben ist. Dagegen rückt Rosa Luxemburg, indem sie die Parteistrukturen als *hergestellte* und damit auch *veränderbare* deutlich macht, die Verantwortlichkeit jedes einzelnen Subjektes für die Parteiform und damit für die Effizienz ihrer Politik in den Blickpunkt. Hatten wir bisher nur begründet, weshalb uns die Art und Weise der *weiblichen* Aneignung von Parteistrukturen, die historisch von Männern durchgesetzt worden sind, in der Perspektive von Befreiung notwendig erscheint, erhalten die Aneignungsprozesse *der Geschlechter* in der Partei jetzt von der Analyse der Parteiform her noch einmal allgemeine Bedeutung: Wenn Stellvertreterstrukturen revolutionäre Politik in der Partei behindern, müssen die Prozesse analysiert werden, mit denen die einzelnen Parteimitglieder diese Strukturen reproduzieren oder aus der Form treten und die Politik im Sinne Rosa Luxemburgs an die Basis zurückholen.

Zusammenfassung: Die Anordnung des Berufsverbotes

In der Krise der kapitalistischen Produktionsverhältnisse sind individuelle Erfahrungen für gesellschaftliche Veränderungen um so wertvoller, je dichter sie an Pannen, Brüchen gesellschaftlicher Nahtstellen erfahren und artikuliert werden. Gleichsam brauchen sie eine Bewegungsform, in der ihre je einzige Bedeutung in kollektiver Handlungsfähigkeit verallgemeinert wird. Wir denken, daß eine politische Organisation einerseits ganz unabhängig von den Individuen ein »historisches Wissen« um die Nervstellen der Gesellschaft hat, daß sie aber andererseits in der Form der Stellvertreterpolitik, mit der sie für die anderen die relevanten Punkte gesellschaftlicher Entwicklung deutet und bestimmt, verhindert, die Erfahrungen der einzelnen wahrzunehmen und als Produktivkraft von Veränderungspolitik zu begreifen.

Frauen sind in der Form der Stellvertreterpolitik doppelt betroffen, weil mit der allgemeinen Verhinderung der Artikulation gesellschaftlicher Betroffenheit auch die Bedeutung der Erfahrungen verloren geht, die Frauen aufgrund der geschlechtlichen Arbeitsteilung in den um die Reproduktion von Leben angesiedelten Kernfragen der Menschheit machen und die verallgemeinert das kapitalistische Zivilisationsmodell in Frage stellen.

In dieses Verhältnis Partei/Individuum greift der Staat mit den Berufsverboten ein, die eine Strategie vom Herrschaftsstandpunkt aus darstellt, gesellschaftliche Erfahrungen zu verbieten. Wissend um das »Wissen« der Partei zielt der Staat stellvertretend für diese auf Individuen und inszeniert quasi von »außen« einen Konflikt der Betroffenen nach »innen«: mit der Partei und ihrer Politik solidarisch zu sein, bedeutet gleichsam, den Kampf um die gesellschaftliche Erfahrung »Beruf« in die Zweitrangigkeit zu verweisen. Ihr die Priorität einzuräumen, heißt vom Parteistandpunkt aus »umzufallen«.

Problemverschiebung: die neuen Fragen an die Empirie

Unsere Eingangsfrage nach der geschlechtsspezifischen Verarbeitung hat sich mit dieser Problematisierung des »Dreiecksverhältnisses« im Berufsverbotekonflikt Staat — Individuum — Politik (Partei) verschoben. Problematisierten wir zu Beginn für die Politik der Frauen in der kommunistischen Partei vor allem die Unterordnung der Frauenfrage unter die Klassenfrage, so ist uns jetzt deutlich geworden, daß dieser Blickwinkel die Analyse der politischen Handlungsfähigkeit von Frauen in der Perspektive *allgemeiner* revolutionärer Politik verkürzte. Selbst wenn die Partei Frauenunterdrückung als nicht aus den Klassenverhältnissen abgeleitet erkennt und in dieser Weise in ihre Programmatik aufnimmt — und der soeben von der DKP der Öffentlichkeit zur Diskussion vorgelegte Entwurf einer neuen Programmatik scheint darauf hinzudeuten[11] — ist dies noch ein Ausdruck von Stellvertreterpolitik. Hatten wir eingangs die Frage formuliert, wie verarbeiten Frauen *im Unterschied zu Männern* das Berufsverbot für eine Partei, die sie nicht in ihre Befreiungsperspektive einschließt, so lautet unsere Frage jetzt: wie verarbeiten Frauen und Männer den Konflikt des Berufsverbotes, in den sie der Staat als StellvertreterInnen für eine Organisation zwingt, die stellvertretend für sie die Politik bestimmt.

So klärend uns das Resultat unserer bisherigen Überlegungen erscheint, so stellt es uns doch gleichzeitig vor eine Schwierigkeit. Sind wir davon ausgegangen, die in der ersten empirischen Untersuchung durchgeführten Analysen nur um den Aspekt des Geschlechterverhältnisses zu ergänzen, so ergibt sich aus der neuen Fragestellung die Notwendigkeit einer völligen Neubearbeitung des empirischen Materials. Wir stehen vor dem Phänomen, daß empirisches Material arbeitet, ohne daß die Befragten ihre Aussagen ändern. Es ändert seine Bedeutung durch die Reflexion der Problemanordnung.[12] Im Rahmen dieses Aufsatzes beschränken wir uns jetzt darauf, in den Aspekten *Konfrontation mit dem Staat, Beruf oder Politik* und *Bedeutung beruflicher Arbeit* beispielhaft vorzuführen, wie das Material auf die neue Fragestellung antwortet. Unsere Leitfragen sind folgende:

- Was ermöglicht/verhindert die Partei an Erkenntnissen/Erfahrungen in dem staatlichen Eingriff des Berufsverbotes?
- Wo liegen in den Verarbeitungsweisen Reproduktionen bzw. Proteste, In-Frage-Stellungen der Politikstrukturen?
- Wo bestimmen Frauenerfahrungen die Verarbeitungsweise? Wo treten Frauen aus der Form und verallgemeinern ihre Erfahrungen?
- Ergeben sich neue Politikvorschläge aus den Verarbeitungsweisen?

Erfahrungen der Betroffenen

> »Wir sind so weit gekommen, daß es *in den Leuten denkt*: ES, das sind die Verhältnisse selbst, sie lauern den Leuten auf, fallen über sie her, dringen in sie ein und beginnen in ihnen zu denken, und keiner befreit sie davon. Der Buschfunk meldet, daß sie nimmer von uns verlangen, für ihre Gedanken gradezustehn, daß sie es uns nicht länger zumuten, *daß sie uns von der Verantwortung für ihr Denken befreien.*« (Volker Braun)

Die Konfrontation mit dem Staat

Die Berufsverboteverfahren im öffentlichen Dienst werden in der Regel mit einer Aufforderung an die Betroffenen eingeleitet, sich zum Zwecke der »Überprüfung ihrer Verfassungstreue« zu einer Anhörung bei einer von der jeweiligen Länderregierung eingesetzten Kommission einzufinden:

Hannes: »... da kam ich also in diesen Saal rein, er erschien mir als Saal. Am gegenüberliegenden Ende hockten da hinter ihren Tischen diese Ministerialbürokraten und 15 m auf der anderen Seite durfte ich Platz nehmen und mein Anwalt ... und dann war schon diese große Entfernung, und ich war irgendwie so das kleine Würmchen, das dahinten plaziert war.«

Lisa: »Die Tische selber, die anderen Tische waren im Hufeisen aufgestellt, und ich mußte mich dann davor setzen, so daß ich den Eindruck hatte, ich bin also eingekreist, so von allen Seiten ...«

Eva: »... und ich am ganz anderen Ende, so daß du also schon einen riesigen Abstand hast und so in einem normalen Tonfall gar nicht reden kannst, sondern man ziemlich laut reden muß, und dir schon ziemlich klein vorkommst, wenn du so weit weg bist.«

In den Schilderungen der räumlichen Anordnung wird der *Verhör*charakter der »Anhörungen« deutlich. Das Szenario findet unter Ausschluß der Öffentlichkeit statt; der mehrköpfigen Kommission stehen die Betroffenen mit ihrem Rechtsanwalt gegenüber, dem aber in ihren Erinnerungen an die Anhörung kaum mehr als eine Statistenrolle eingeräumt ist. Er taucht nicht als möglicher Bündnispartner auf. In dieser Erinnerungslogik scheint ein ideologischer Effekt der Anordnung des Berufsverbotes sich schon wirksam zu zeigen: die Konstituierung von Heldentum.

»Das lief also stellenweise fast auf einer ironischen Ebene ab. Dieser Justizbeamte da, der diese Anhörung gemacht hat, hat also eine Frage gestellt und dann Frage und Antwort aufs Tonband gesprochen und dabei halt ständig seine Interpretation meiner Antwort ins Protokoll genommen anstatt meiner Antwort. Und das war halt der ständige Punkt, wo ich eingehakt habe, und wo er mir dann ständig laut schreiend — und das war mein Vorteil, daß ich relativ ruhig geblieben bin, und er typischer Choleriker ist — vorgehalten hat, wer ist denn hier der Verhandlungsführer und wer führt denn hier das Protokoll (...) Mein Rechtsanwalt hat hinterher gesagt: Mein Lieber, du warst ja ganz schön mutig manchmal, was du da mit dem gemacht hast und so. Das war mir in der Situation nicht so bewußt, aber so hintennach denke ich dann auch irgendwo, na gut, das ist ja auch eigentlich richtig so (...) Daß ich in der Lage war, es nicht nötig zu haben, mich zu verteidigen, das hat den offensichtlich ziemlich auf die Palme gebracht — und das war schon auch ein Stück persönliches Erfolgserlebnis für mich.

Auf der anderen Seite ist natürlich schon so ein beschissenes Ohnmachtsgefühl dabei. Ich hab' dann immer halt auch so Gegenfragen gestellt: das ist unsere Position, das deckt sich mit der und der vertraglichen Vereinbarung ... jetzt weist mir doch mal nach, was daran verfassungsfeindlich sein kann? Das ist eine Sache, die mich dann mit Zorn erfüllt hat, wenn die dann sagen können, wir haben hier nichts zu beweisen, Sie müssen nachweisen, daß Sie verfassungstreu sind. Das sind dann so Punkte, da kommst du dir schon ziemlich ohnmächtig und beschissen vor (...) aber wenn ich so Formulierungen dann wähl': Leute, das sage ja nicht nur ich, das sagen ja mittlerweile auch die und die, und die einzigen, die das nicht sagen, seid ihr von der CDU (...) also wirklich so das Gefühl, das stimmt ja eigentlich, was du sagst, das gaukelst du denen ja nicht irgendwie vor (...) ihr könnt zwar im Moment mit mir Sachen machen, gegen die ich mich nur schwer oder gar nicht wehren kann, aber auf die Dauer könnt ihr das so nicht machen.«

Deutlich ist die *Siegerkonstruktion* in der Situation des *Ausgeliefertseins*. Sie gelingt Jürgen über die widerspruchslose Identifikation mit der Politik seiner Organisation und der Bewegung: die Gewißheit, im

Besitz der »Wahrheit« zu sein, und die Überzeugung, daß diese langfristig siegt (das Konstrukt des »langen Atems«), sind die Stützen seiner »Handlungsfähigkeit«, die ihn zum Helden werden läßt. Wem nützt eine solche Heldenkonstruktion?

Wir waren davon ausgegangen, daß der Staat mit seinem Eingriff des Berufsverbotes von außen einen Konflikt der Betroffenen mit ihrer politischen Vereinigung organisiert. An Jürgens Beispiel deutet sich eine Verschiebung dieser Annahme an, die sich durch die Aussagen von anderen Betroffenen erhärtet (z.B. Rainer: »... ich bin dadurch wieder näher an die DKP rangekommen«): wir stellen jetzt fest, daß der staatliche Eingriff Widersprüche in der Organisation nicht vorantreibt, sondern eher entwichtigt. Während die Bewegung gegen Berufsverbote das heldenhaft Standhafte der Betroffenen dem Staat als Beleg des Scheiterns seiner Politik entgegenhält, über die einzelnen die Handlungsfähigkeit der Organisation zu zersetzen, scheint uns die Widerspruchseliminierung im Heldenhaften auf einen — wenn auch so nicht kalkulierten — *doppelten Erfolg* des Staates zu verweisen. Zum einen setzt er die Verhinderung beruflicher Arbeit von Menschen durch, deren Erfahrungen die Verhältnisse in Frage stellen; zum anderen scheint er über die Bereitstellung eines Raumes der »Heldenkonstituierung« Widerspruchseliminierung und damit die Verfestigung der bestehenden Parteistrukturen zu organisieren.

So gesehen spricht Jürgen über den ideologischen Effekt der Anordnung des Berufsverbotes, d.h. über sich als das, was er sein soll. Er stellt kaum Distanz her zu seinem Siegerbild und hat somit keinen Standpunkt, von dem aus die in seiner Darstellung enthaltene Widersprüchlichkeit des *Siegers in der Ausgeliefertheit* in ihrer Funktion der Ver-Kehrung der Verhältnisse bearbeitbar wäre.

Jürgens Entwurf des Helden erhält noch einen Höhepunkt, wenn er sagt:

»Also ich bin jemand, der von sich behaupten kann, er hat von Anfang an in der Bewegung gegen Berufsverbote mitgearbeitet, und — ich sag's mal so, auch wenn es blöd klingt: sie haben also mit mir keinen getroffen, der das nicht verdient hätte.«

Dagegen liest sich Evas Erfahrung der Anhörung wie ein Kontrastentwurf:

»Ja, insgesamt war das — also dieses Frage-Antwort-Spiel, da hatte ich nicht so das Gefühl, ich könnte da irgendwas dran umdrehen oder das Gespräch beeinflussen in irgendeinem Sinn, wie ich es gerne hätte, in meinem Sinn gestalten. (...) Und auch, ob du nun ein freundliches Gesicht erstmal machst, wenn du reinkommst — das interessierte die überhaupt nicht, wirklich Automaten, du bist nur abgeblitzt. An mir als Person hatten die überhaupt kein Interesse, das war denen völlig schnurze. (...) Auch so Sachen, was ich da an Stellungnahmen abgegeben habe über meine Tätigkeit, meine bisherige, wie ich mich verhalten habe in meiner Berufstätigkeit, ob ich da irgendwie indoktriniert habe oder nicht, und wie ich mich Kollegen gegenüber verhalten habe — sie sind nicht, auch nur mit einem Wort, darauf eingegangen. Also noch nicht einmal so: 'ja, gucken wir uns mal an' oder irgend etwas, nix, null (...) Dann habe ich so irgendwie immer gedacht, die spinnen doch, du bist doch so ein harmloser Mensch, das bißchen, das du politisch gemacht hast — was wollen die eigentlich von dir; tun, als ob du ein wer weiß was für ein großer Revoluzzer bist — also daß ich immer wieder so Gefühle gekriegt habe, die meinen dich überhaupt nicht (...) Ich habe so ein Bild, daß praktisch die symbolisch behaupten, ich hätte grüne Haare, und ich sage immer, guck doch hin, ich habe keine grünen Haare, ich habe blonde Haare, und Sie können mich auf den Kopf stellen und alle möglichen Beweise anschleppen, ich hab' keine grünen Haare. Und die gucken überhaupt nicht hin, das interessiert die überhaupt nicht, sondern die behaupten: 'du hast grüne Haare, und mit grünen Haaren stellen wir dich nicht ein'.«

Spontan lesen wir Jürgens und Evas Schilderungen als Repräsentation des Geschlechterverhältnisses in den politischen Männerformen, wie sie uns Irene Dölling am Beispiel der kommunistischen Partei vorgeführt hat: dem *bedeutenden* Funktionär steht die Parteifrau gegenüber, die sich als *unbedeutend* in den politischen Zusammenhang einbaut, der ihr das Berufsverbot »beschert« hat. Auch hier provoziert der staatliche Eingriff nicht die Zuspitzung von Widersprüchen: Die Wichtigkeit, die Eva vom Staat durch das Berufsverbot verliehen wird, und die im Widerspruch steht zu ihrer (Un)Wichtigkeit in der Partei, führt nicht unmittelbar zu einem Infragestellen der Geschlechterhierarchie in ihrer Organisation.[13] Dennoch durchkreuzt Eva anders als Jürgen die Konfliktanordnung und verhält sich widerständig zu deren ideologischem Effekt. Sie verweigert die Stellvertreterinnenrolle und versucht, ihren *eigenen Sinn* in die Anordnung einzubringen. Darüber gelingt ihr eine materialistischere Darstellung der Anstrengung widerständigen Verhaltens in der Situation des Ausgeliefertseins, wenngleich im Ausdruck des »Frage-Antwort-*Spiels*« auch bei ihr eine Verkennung der realen Machtverhältnisse zum Ausdruck zu kommen scheint. Im Zentrum steht die Erfahrung ihrer *Kommunikationsunfähigkeit* gegenüber den Verhörenden, die traumatische Dimensionen in ihrer Erinnerung erreicht. Die vorwärtsweisende Verweigerung der Heldenrolle wird zur Überforderung, weil Strategien fehlen, die Anordnung des Berufsverbotes *eigensinnig* zu durchbrechen, ohne die Machtverhältnisse aus dem Blick zu verlieren. So hat Evas Widerständigkeit den Effekt von Sprachlosigkeit, und auch damit sind wir wieder erinnert an Irene Döllings Beschreibung der Frauen in der Partei, die »überall anspruchslos und selbstverständlich getan hatten, was getan werden mußte« (Dölling 1987, 58), in die sich »sprachlos« widerspruchsfrei einschreiben ließe. Sprachlosigkeit von Frauen ist ein Aspekt, über den sich ihre Unterdrückung herstellt. Eva führt uns vor, wie in der Anordnung des Berufsverbotes Sprachlosigkeit produziert wird, indem Frauen mit ihrer ihren spezifischen Lebensbedingungen erwachsenen Fähigkeit scheitern, »Ereignisse als ganzheitliche Subjekte, mit ihrem Verstand, ihren Sinnen und ihrem Körper wahrzunehmen« (ebd., 62), sie mit Eigen-Sinn zu verbinden. Gleichzeitig trägt so das Berufsverbot zur Reproduktion des Geschlechterverhältnisses in der Partei bei.

Die Entscheidung: Beruf oder Politik

Wenn wir uns vorgestellt haben, daß das drohende Berufsverbot die einzelnen in eine Krise stürzt, in der dramatische Prozesse der Entscheidung für/gegen Beruf/Politik ablaufen, so überraschte uns in den Darstellungen der Betroffenen das undramatisch Selbstverständliche, mit dem sie sich auf die Seite der Politik stellen, einige in ihren gesamten Darstellungen so eindeutig, daß sich die Frage nach einer Entscheidung überhaupt erübrigte. Was erfahren wir über die Prozesse, mit denen die Betroffenen so anscheinend umstandslos die mit ihrem Beruf verbundenen Möglichkeiten gesellschaftlicher Arbeit aus ihren Entscheidungen ausblenden?

Aufschlußreich ist Rainers Darstellung, weil sich in ihr die mit den Begriffen des »Standhaltens« und »Umfallens« verknüpfte *Heldenkonstruktion* in den Verarbeitungsweisen zuspitzt. Rainer, der im späteren Verlauf seines Berufsverboteverfahrens aus der Partei ausgetreten ist, trifft das Anhörungsverfahren in einer Phase, in der er schon ein sehr problematisches Verhältnis zu seiner Partei hat. Trotzdem weist er die Frage seines Anwaltes vor der Anhörung, ob er nicht aus der Partei austreten und die Angelegenheit damit erledigen wolle, fast empört zurück:

»Ich habe versucht, das dem Rechtsanwalt zu erklären. Ich möchte das durchmachen, das also erstmal durchstehen. Und ich habe die Anhörung dann auch durchgemacht und habe mich auch ganz klar dazu bekannt — zur Partei und habe die ganzen Bedenken, die ich so zur DKP hatte, nicht gesagt, weil ich denke, das gehört da nicht hin ... das gehört in eine Parteiversammlung oder in Gespräche mit Freunden.«

Rainer gibt sich wie Jürgen eine Bedeutung als Held. Der Unterschied ist, daß er damit nicht nur nicht sich selbst, sondern noch nicht einmal der Partei nützt (denn sie verliert ihn). Zugleich ist die Nützlichkeit seines Verhaltens nicht seine Frage. Er unterwirft sich einem Wert, der in sich gut ist: der männlichen Ehre, der Loyalität. Dabei ist diese nur auf das Ganze gerichtet und bedeutet gleichzeitig — problemlos für ihn — Illoyalität sich selbst gegenüber: das Aufrechte gilt nur der Partei, nicht ihm selbst. Es ist dies ein krasses Beispiel von Heldentum, das sich mit der Unterwerfung unter das große Ganze konstituiert: das Individuum verschwindet hinter der Parteiform. Die große Parteipolitik schluckt selbst die individuell überdachte Politik, die Mittel und Zweck der Regulierung abschätzt (»... ihre [der Partei; J.M.S.] Ziele werden nicht in den Mitteln deutlich«). Dabei scheint die Partei auf die männliche Heldenkonstituierung bauen und damit rechnen zu können, daß dem Mitglied die Bewertung der Person wichtiger ist als sein eigener Verstand. Sie arbeitet mit der in bürgerlichen Verhältnissen erworbenen Fähigkeit der Männer, sich freiwillig fremdbestimmten Zielen zu unterstellen und sich als Held zu fühlen. So unterstützt sie die Einwilligung in fremdbestimmte Verhältnisse bei gleichzeitigem Verlust der individuellen Kompetenz, für sich selbst zu sorgen und über den Einsatz seiner ganzen Person zu reflektieren.

Gudruns Ausführungen lesen sich zunächst als Kritik an den Parteistrukturen:

»Ich meine natürlich schon, daß also — der Großteil der Genossen war damals der Auffassung, es kann einfach nichts passieren, wenn wir kandidieren — also ich denke schon, daß das 'ne Fehleinschätzung war, und ich denke, man muß solche Sachen auch in Zukunft genauer diskutieren, also wie man da auch so mit der persönlichen Existenz da umgeht. Man muß da einfach auch genauer sein und da auch die politische Situation vielleicht genauer analysieren. (...) Na ja, hätten wir ein bißchen genauer nachgedacht, dann — oder andere Faktoren noch dazu gewußt oder so — dann wären wir vielleicht klüger gewesen damals. Also ich meine, daß wir uns das als Partei auch irgendwie in Zukunft nicht so ganz einfach machen sollten, ne, das sehe ich schon so (...) Aber persönlich austreten oder — nee, also da habe ich nie dran gedacht, das muß ich wirklich sagen, da gibt es auch gar keinen Grund für mich.«

I: »... na ja, ein Grund wäre ganz einfach der existentielle ...«

»Ja, wobei ich dann gar nicht weiß, was heißt das denn existentiell. Also ich stehe ja zu diesem Recht, kandidieren zu können, auch so mit meiner Überzeugung. Und ich weiß nicht, wie es mir so persönlich geht, wenn ich gegen meine Überzeugung auch handele oder irgend jemand dann in den Arsch kriechen würde — das weiß ich auch nicht, was dann aus mir wird. Dann hätte ich vielleicht meine finanzielle Existenz gesichert, wüßte aber nicht, wie das dann mit mir so psychisch aussehen würde (...) Aber ich wüßte auch, daß dann noch andere Probleme auf mich zukommen würden, und da weiß ich auch nicht, ob ich die meistern könnte — und dann denk' ich auch so, daß ich da irgendwo auch Verantwortung dafür habe, daß viele andere da auch nicht resignieren. Also wenn ich meinen Freunden und Bekannten erklären würde, ich mache das, um meine Existenz zu sichern, die würden das bestimmt alle verstehen. Aber ich denke, daß das noch einen anderen Effekt haben könnte auch so bei vielen anderen, daß die sich noch wesentlich eher einschüchtern lassen könnten — und da denke ich, da habe ich eine große Verantwortung.«

Der Frage, ob sie an Parteiaustritt gedacht habe, war Gudruns eindringliche Schilderung der Probleme vorausgegangen, die auf sie zukommen, wenn sie ihren Beruf als Lehrerin nicht mehr ausüben kann.[14] Sie ist alleinstehende Mutter und hat mit viel Energie gemeinsam mit anderen Frauen ihr Leben so organisiert, daß sie Beruf, Politik und Zusammenleben mit ihrem Kind in ein ausgewogenes Verhältnis bringen konnte. Ein wichtiger Faktor in ihrer Lebensplanung war die flexible Arbeitszeitgestaltung als Lehrerin, so daß die Vorstellung, durch das Berufsverbot zu einem »Job« gezwungen zu sein, der durch starre Arbeitszeiten das Zusammensein mit ihrem Kind auf ein Minimum schrumpfen lassen könnte, das größte Problem in ihrer Antizipation des Berufsverbotes darstellte.

Gudruns Kritik im ersten Teil des Gesprächsausschnittes erweist sich auf den zweiten Blick als eine, die nicht über die Parteistrukturen hinausweist. Sie bleibt stecken in ihrer widerspruchsfreien Zuordnung zur Partei. Wie Rainer stellt auch sie nichts in Frage. Dennoch ist ihre Bedeutungskonstruktion eine von Rainer deutlich unterschiedene. Sie denkt über das Ganze nach (»*wir* sollten ...«), während Rainer über seine *Positionierung* im Ganzen nachdachte. Andererseits denkt sie die Partei nicht politisch, sondern eher als Familie, in der sie wie eine Mutter eine Schutzfunktion übernimmt: in ihrer Konstruktion ist der Staat herausgefallen, und sie tut so, als könnte die Partei sich durch eine andere Politik dem staatlichen Zugriff, der die Mitglieder im Visier hat, entziehen. Dies erinnert an die Mutter, die über ihren Sohn nachdenkt, der mit schlechten Noten nach Hause gekommen ist, und wie die Familie ihn unterstützen kann; die aber nicht über die Schule nachdenkt, durch die Anordnungen vorgegeben sind, denen der Sohn nicht einfach entfliehen kann.

Aufschlußreich für die durch das Berufsverbot angeschobenen Denkprozesse ist Gudruns Konstruktion des *potentiellen* Umfallens. Die Frage Beruf oder Politik verschiebt sich jetzt zu der Frage, sich dem Staat oder ihren Gefühlen auszuliefern. Ihre Unsicherheit, sich selbst zu trauen und mit ihren Gefühlen *umzugehen* (»ich weiß nicht, welche *anderen* Probleme auf mich zukommen«), läßt sie sich für die »Rettung ihrer Seele« entscheiden, ohne ihre Gefühle zu *befragen*. Es stellt sich hier die Frage, inwieweit die Partei das Lernen aus Gefühlen verhindert, indem sie die Entscheidungsmöglichkeiten im Konflikt in einem mit »Standhalten« und »Umfallen« verknüpften »Richtig/Falsch-Dualismus« festlegt und darüber die Einbeziehung von Gefühlen als Möglichkeit, die Entscheidungsgrundlagen zu erweitern, ausschließt. Gudrun rettet sich in ihrer Unsicherheit durch die Übernahme von Verantwortung *für andere* und gibt sich Bedeutung als Vorbild. Doch da das Vor-Bild ohne Befragung der eigenen Gefühle zustandekommt, hat es selbst keine Gefühle und damit den Effekt, daß die anderen lernen, vor-bildlich unreflektiert Entscheidungen zu treffen. Zugespitzt könnte man sagen: sich über die Tätigkeit »für andere«, in die das »für mich« nicht eingeschlossen ist, Bedeutung zu verschaffen, reproduziert die Parteistrukturen gegen die einzelnen.

Die Bedeutung beruflicher Arbeit

Entsprechend der Eindeutigkeit, mit der die Betroffenen sich als StellvertreterInnen ihrer Organisation auf die Seite der Partei stellen, spielt der Beruf als Möglichkeit, in die Gesellschaft verändernd einzugreifen, in ihren Verarbeitungsprozessen eine geringe Rolle.

Eine Ausnahme stellen Henriettes Ausführungen dar. Sie ist Kunstwissenschaftlerin, und der Schwerpunkt ihrer Arbeit lag z.Z. des Interviews in der Analyse von ästhetischen Wahrnehmungsprozessen und der Entwicklung einer Methode, mit der individuelle Ausblendungen der Wahrnehmung und Vereindeutigungen im kollektiven Prozeß überwunden werden sollen. Berufsverbot bedeutete für sie, daß sie ihre Arbeit nicht mehr im institutionellen Rahmen der Universität ausüben konnte. Seitdem ist sie gezwungen, sich selbst Zusammenhänge zu schaffen, die ihr sowohl die materielle Existenz sichern als auch wissenschaftliches Arbeiten ermöglichen. Abgesehen von der Leidenschaft, mit der sie über ihre Arbeit spricht und ihr einen breiten Raum in ihrer Darstellung einräumt, liegt das »aus dem Rahmen fallende« ihrer Verarbeitungsweise in der Verknüpfung des Berufsverbotes mit der gesellschaftlichen Bedeutung ihrer Arbeit.

»Es ist natürlich auch die Frage, weswegen du eigentlich Berufsverbot bekommst, und natürlich führen sie in den 10 Punkten (gemeint sind die von der Regierung gesammelten Punkte ihrer Aktivität für die DKP, mit der diese die Einleitung eines Berufsverboteverfahrens begründet hat; J.M.S.) inhaltlich nichts auf, da geht es nur um politische Fragen. Ich bin aber persönlich der Überzeugung, daß es sehr wohl auch diese Auffassung von Kunstgeschichte ist, um die es geht. Also daß es nicht nur um diese 10 Punkte geht und nicht nur um die Frage der Organisation und diesen ganzen Scheiß (...) Meine These, warum ich inhaltlich hier auch nicht lande, ist — weil ich mit meiner Form der Arbeit an ein Tabu rühre. Und das Tabu heißt: eigene Erfahrung reflektieren (...) Nun stellt sich die Frage, warum ist das mit der Kunst so wichtig? Warum erregt die das so, warum ist das offenbar ein heißes Pflaster? Da kann ich nur sagen, das ist sehr einfach, wenn die Masse der Bevölkerung drei Stunden am Tag vor dem Fernseher sitzt und nicht in der Lage ist, den Wirkungsmechanismus, der da abläuft, zu reflektieren, dann ist es vielleicht klar, woran du rührst, wenn du anfängst, diese Wirkungsmechanismen zu reflektieren. (...) Jeder sieht was anderes (in einem Bild), und jeder hat recht, weil das aus seinem subjektiven Ding kommt. Und dann reden 10 Leute darüber und machen die Erfahrung, daß jeder was anderes sieht, daß sie alle recht haben, daß alles drauf ist auf dem Bild. Und dann kommt die Frage: Ja, wie hängen diese Dinge auf der Fläche miteinander zusammen? Wie hat der Künstler die zueinander in Beziehung gesetzt? Und dann kommst du auf bestimmte Gestaltungsmuster (...) Dann bist du bei dem, was man die Abstraktionsebene des Bildes nennt, also die Ebene, die du nicht siehst, die du erarbeiten mußt, d.h., du trainierst, in Zusammenhängen zu denken, Zusammenhänge zu sehen, und die führen dich in die Geschichte, in den historischen Prozeß, und das darf nicht sein, deswegen ist das ein Tabu (...) du kommst auf die Widersprüche, und dann geht es weiter, dann mußt du weitermachen, weiterdenken. Wenn du nicht weiterdenkst, bleibt dir nur eins: verdrängen. Also wenn du so willst — zwangsläufig mußt du ein Dialektiker werden, oder du mußt bestimmte Dinge aus deinem Leben ausradieren, was ja auch stattfindet, was ein Mechanismus ist, der — wenn du so willst — bei den Raketen endet.«

Genau umgekehrt wie in den anderen Interviews erscheint das Berufsverbot in Henriettes Entwurf nicht in erster Linie gegen die Partei, sondern gegen die individuelle Verarbeitung gesellschaftlicher Erfahrungen gerichtet, die den Staat in Frage stellen. Die politischen Handlungen im Parteizusammenhang stellen in dieser Abbildung nur den vordergründigen Anlaß für ihr Berufsverbot dar. Mit dieser Sichtweise weigert Henriette sich nicht nur, eine Stellvertreterposition für die Partei einzunehmen. Ihre Widerständigkeit liegt in der Bedeutung, die sie sich selbst innerhalb und außerhalb der vorgegebenen Anordnung des Berufsverbotes (Staat-Partei-Beruf) gibt. Mit ironischem Unterton bescheinigt sie dem Staat, mit ihr die Richtige getroffen zu haben, weil sie mit ihrer Arbeit subversiv ist. Durch das Berufsverbot wird der Beruf aufgewertet und gleichzeitig politisiert. Er kommt aus dem Elfenbeinturm zum Volk. Ver-rückterweise liefert nicht das Volk den Beweis ihrer eingreifenden Aktivität, sondern der Staat.

Wie Jürgens Entwurf ist auch dies eine Siegerkonstruktion. Aber während Jürgen innerhalb der Anordnung geblieben war und die ideologischen Effekte reproduzierte, ermöglicht Henriettes marginale Positionierung in der Anordnung prinzipiell, mit ihren in der Arbeit mit Kunst gewonnenen Erfahrungen revolutionierend vorgegebene Anordnungen zu durchkreuzen. Ob die Partei künftig ihr Ort für solches Handeln sein wird, bleibt offen. Vorläufig hat sie sich von Aktivitäten innerhalb der Organisation eher zurückgezogen.

Fazit

Unsere These, daß der Staat durch das Berufsverbot von »außen« einen Konflikt nach »innen« organisiert, hat sich nicht bestätigt. Dagegen scheint der staatliche Eingriff die Parteistrukturen gegen eine revolutionäre Praxis *und* gegen die Veränderung von Persönlichkeitsstrukturen zu intensivieren: vorgegebene Eindeutigkeiten verhindern zu lernen, in Widersprüchen zu denken und zu handeln (möglich scheint dies nur *außerhalb* der Partei, wie uns Henriettes Beispiel zeigt). Damit geht einher, daß den einzelnen die Partei als *Mittel* für einen bestimmten Zweck nicht einsichtig ist. Sie verhalten sich zu ihr wie zu einem Ziel, und dies scheint uns zu verhindern, daß sie bei gesellschaftlichen Strukturen ankommen, in denen sie selbst vorkommen.

Und die Geschlechter? Kaum unterschieden unterwerfen sie sich den vorgegebenen Strukturen. Dies verweist zunächst auf deren Wirksamkeit. Dennoch glauben wir Unterschiede in der Art und Weise der Unterwerfung ausmachen zu können. Die männlichen Heldenkonstruktionen haben wir als Effekt der bürgerlichen Individualisierung ausgemacht, die durch das Berufsverbot intensiviert zu werden scheint. So entwerfen sich die Männer einsam, aber überlegen, und die Organisation hilft ihnen bei dieser Konstruktion mit den »richtigen« Einsichten. Dagegen denken die Frauen weniger für sich, sondern für alle und andere, also eher in Verhältnissen. Dies ist noch kein Ansatz von Revolutionärem, wenn sie dabei — wie Gudrun — in bürgerliche Formen (wie z.B. die Familie) fallen und sich über diese artikulieren. In dem Phänomen, daß diese unterschiedlichen individuellen Problemanordnungen nicht in Konkurrenz oder Streit miteinander geraten — was den Effekt der Bewegung der Partei hätte — repräsentiert sich das Geschlechterverhältnis: das »friedliche« Nebeneinander der unterschiedlichen Aneignung entspricht der Über-/Unterordnung der Männer und Frauen. Die Problemlösungen der Geschlechter bewegen sich in dem gleichen Verhältnis wie die Geschlechter selbst. Sie können nicht in Streit geraten, weil sie nicht egalitär sind. Es gilt also, den Streit zu organisieren, das Geschlechterverhältnis zu verändern, und in einem gesellschaftlichen Bereich mehr stehen die Frauen vor der Herausforderung, in revolutionärer Perspektive in die Strukturen einzugreifen. Das Revolutionäre in den traditionellen linken Politikformen wäre deren *Entbürgerlichung*. Der Weg dorthin wäre der Kampf der Frauen um ihre Emanzipation innerhalb der Parteiform.

Anmerkungen

1 Vgl. z.B. Thesen des 8. Parteitages der DKP in Hamburg, 87.

2 Brückner war 1977 von der niedersächsischen Landesregierung vom Hochschuldienst suspendiert worden mit der Begründung, er habe gegen das Beamten auferlegte Gebot der Mäßigung und Zurückhaltung bei politischer Betätigung und des Eintretens für die freiheitlich-demokratische Grundordnung verstoßen. »Belegt« wurde dieser Vorwurf mit Veröffentlichungen Brückners in der Folge des in

Göttingen publizierten »Buback-Nachrufes« (1977 hatte ein »Mescalero« im Widerstreit seiner Gefühle und Reflexionen über den Tod des durch einen terroristischen Anschlag ums Leben gekommenen Generalbundesanwaltes Buback auch eine »klammheimliche Freude« zum Ausdruck gebracht), in denen Brückner sich mit dem Staat und Terrorismus auseinandersetzt. (Vgl. Anschuldigungsschrift der Nds. Landesregierung zur Einleitung des Disziplinarverfahrens gegen Brückner vor dem Verwaltungsgericht Hannover in: Brückner/Oestmann, o.J.; zu Brückners Auseinandersetzung mit dem Buback-Nachruf vgl. vor allem Brückner 1978.)

3 Die Gerichtsverhandlung fand 1981, also fünf Jahre nach Brückners Berufsverbot, statt (vgl. Berichterstattung der Tagespresse vom 7.-12.10.81; Die Zeit v. 16.10.81). Ich habe als Zuhörerin dieser Verhandlung vier Tage lang erfahren, wie ein Staat — hier in der Gestalt des vorsitzenden Richters — physische Gewalt ausüben kann durch die Ignoranz der Differenziertheit der Argumente seiner »Opfer« und durch die *Unfähigkeit*, solcher Argumentation auch nur zu folgen.

4 Mit der Fernsehsendung »Monitor« der ARD ist am 5.4.88 bekannt geworden, daß der Konzern Mannesmann *alle* BewerberInnen durch den Verfassungsschutz überprüfen läßt. Es gibt keine Veranlassung anzunehmen, daß dies die vereinzelte Praxis *eines* Unternehmens ist.

5 Offizielle Zahlen der Regierungen über das Ausmaß von Berufsverboten gibt es z.Z. nicht. H.Bethge und H.Holländer (1987) vom Arbeitsausschuß der Initiative »Weg mit den Berufsverboten« sprechen — gestützt auf Zahlenmaterial aus Verfassungsschutzberichten, Presseveröffentlichungen, Informationen der regionalen Initiativen gegen Berufsverbote und dem Bericht der Internationalen Arbeitsorganisation (ILO) — von 3,5 Millionen politischen Überprüfungen, von denen ca. 10000 zu Berufsverbotemaßnahmen (Entlassungen, Ablehnungen von Bewerbern, Anhörungen, Disziplinarverfahren usw.) führten. Tatsächlich Bestand hatten von diesen 10000 Maßnahmen allerdings nur 1.000, was Bethge und Holländer auf die die Berufsverbote begleitenden vielfältigen Proteste zurückführen.

6 Die Praxis wird nur noch in CDU-geführten Bundesländern und gegenüber Bundesbeamten angewendet; das Saarland hat den Radikalenerlaß grundsätzlich abgeschafft; selbst in den CDU-Ländern gibt es keine *neuen* Verfahren mehr, allerdings werden die »alten«, wie z.B. die Oldenburger Prozesse zeigen, in unverminderter Härte »durchgezogen«.

7 Hans-Peter de Lorent, selbst Berufsverbotsbetroffener, schreibt z.B. 1977: »Trotzdem ist es den Berufsverbietern in keinem Fall gelungen, *den Betroffenen* zu brechen. Im Gegenteil: bei allen existentiellen Schwierigkeiten hat sich die Persönlichkeit bei allen weiterentwickelt, weiter gefestigt. Jedem von uns ist durch eigenes Erleben spürbar geworden, daß er auf der richtigen Seite steht und daß eine für die Bundesrepublik gefährliche Entwicklung nur durch aktiven Widerstand gestoppt werden kann — auch wenn das mit persönlichen Nachteilen verbunden ist.« (Hervorhebung J.M.S.) Die als Mann konstruierte »revolutionäre Persönlichkeit« verweist noch einmal mehr auf die Widersprüchlichkeit des Berufsverbotekonflikts für Frauen.

8 Die kollektive Erinnerungsarbeit, die Frigga Haug mit Frauen des Frauengrundstudiums entwickelt hat und mit der auch in diesem Buch gearbeitet wird, ist dafür ein Vorschlag (vgl. F.Haug 1983; Haug/Hauser 1985 und 1986).

9 Indiz dafür scheinen mir ganzseitige Artikel in der *taz* über interne DKP-Auseinandersetzungen, die sich u.a. auf Informationen von DKP-Funktionären stützen (taz v. 6.10.87 und 15.3.88).

10 Michail Gorbatschow hat die Auswirkungen der Verselbständigung des Partei-/ Staatsapparates vom Parteivolk und dessen gleichzeitiger Regierung durch »administrativen Druck« vorgeführt. Die Individuen haben sich diesem Druck durch Apathie und Gleichgültigkeit entzogen und die Produktionsverhältnisse in die Krise gestürzt, indem sie sich widerständig gegenüber der Übernahme gesellschaftlicher Anforderungen verhalten (haben). Die Antwort in der Sowjetunion ist der Versuch der radikalen Umgestaltung aller gesellschaftlich relevanten Bereiche, und in ihrem Zentrum steht das Bemühen, Anordnungen zu schaffen, durch die die Massen aktiviert werden und den von oben inszenierten Demokratisierungsprozeß von unten lebendig werden zu lassen. (Vgl. die Analyse der »Perestrojka« von W.F.Haug 1988.)

11 Bundesrepublik 2000. Vorschläge der DKP zu einer friedensorientierten und demokratischen Reformalternative für die 90er Jahre, 37f. Beilage der UZ v. 30.6.1988.

12 An dieser Stelle wäre sicherlich eine Diskussion des Vorschlages von Holzkamp (1983, Kap.9) interessant, empirische Forschung immer *unmittelbar* an die Personen zu knüpfen, die über ihre Erfahrungen Auskunft geben könnten. Wir denken, daß sich Erfahrungen im Prozeß ihrer Bearbeitung von den konkreten Personen verselbständigen und in Form neuer Erkenntnisse zu ihnen zurückkehren und ihren Möglichkeitsraum verändern können. Forscher und Beforschte *gleichermaßen* als Subjekte des Forschungsprozesses zu begreifen, scheint uns nicht *in jedem Fall* zu bedeuten, daß beide personell am Forschungsprozeß beteiligt sein müssen. Die Beteiligung stellt sich in Abhängigkeit von den Forschungsbedingungen unterschiedlich dar, aber wesentlich erscheint uns immer der Forschungs*standpunkt*: wenn Forschung vom »Standpunkt des Volkes« (Rosa Luxemburg) aus geschieht, sind die Beforschten als Subjekt einbezogen, auch wenn ihre Erfahrungen unter bestimmten Bedingungen ohne ihre *Person* bearbeitet werden.

13 Interessant in diesem Zusammenhang ist, daß Eva in der Rückmeldung zu meiner Untersuchung von 1985, in der ich die beiden Interviewausschnitte ebenfalls bearbeitet habe, kritisierte, daß das Geschlechterverhältnis in meiner Analyse nicht enthalten sei, und daß diese Frage für sie zunehmend wichtiger im Parteizusammenhang werde.

14 Gudrun stand z.Z. des Interviews unmittelbar die Gerichtsverhandlung bevor, in der über ihre Entlassung aus dem Dienst entschieden werden sollte.

Literaturverzeichnis

Arbeitsausschuß »Weg mit den Berufsverboten« (Hg.), 1987: Dokumentation. ILO-Bericht über die Berufsverbote in der BRD. Hamburg

Bethge, Horst (Hg.), 1976: Die Zerstörung der Demokratie durch Berufsverbote. Köln

Bethge, Horst, und Hannes Holländer, 1987: Das bisherige Ausmaß der Berufsverbotepolitik und ihre neueren Tendenzen. In: Dammann/Siemantel (Hg.): Berufsverbote und Menschenrechte in der Bundesrepublik. Köln

Braun, Volker, 1988: Weitgehend durchdachter Plan einer schmerzlosen und radikalen Lösung der herangereiften ideologischen Pläne. In: ders.: Verheerende Folgen mangelnden Anscheins innerbetrieblicher Demokratie. Frankfurt/M.

Brückner, Peter, 1976: Die Partikularität des Weltgeistes. In: ders., 1984: Vom versöhnlichen Frieden. West-Berlin

ders., 1978: Die Mescalero-Affäre. Ein Lehrstück für Aufklärung und politische Kultur. Hannover

Brückner, Peter, und Axel Oestmann, o.J.: Über die Pflicht des Gelehrten, auch als Bürger tätig zu sein. Hannover

Buci-Glucksmann, Christine, 1982: Formen der Politik und Konzeptionen der Macht. Entformalisierung der Politik, Demokratie und Hegemonie. In: Elfferding/W.F.Haug (Hg.): Neue soziale Bewegungen und Marxismus. Argument-Sonderband 78. West-Berlin

Dammann, Klaus, und Erwin Siemantel (Hg.), 1987: Berufsverbote und Menschenrechte in der Bundesrepublik. Köln

De Lorent, Hans-Peter, u.a. (Hg.), 1977: Bin ich ein Verfassungsfeind? Zur Person: Berufsverbotsbetroffene haben das Wort. Frankfurt/M.

Deutsche Kommunistische Partei, 1987: Thesen des 8. Parteitages. Hamburg

Deutsche Volkszeitung, 1981: Nrn. 11, 14, 15, 17, 19, 21, 23

Die Tageszeitung, 6.10.87 u. 15.3.88

Die Zeit, 16.10.81

Dölling, Irene, 1987: Frauen im Klassenkampf — Klassenkampf und Geschlechterfrage in Peter Weiss' »Ästhetik des Widerstands«. In: Krenzlin, Norbert: Ästhetik des Widerstands. Erfahrungen mit dem Roman von Peter Weiss. Berlin/DDR

Dres, u.a. (Hg.), 1977: Wir Verfassungsfeinde. Köln

Elfferding, Wieland, 1983: Klassenpartei und Hegemonie. In: Projekt Parteitheorie (Hg.): Marxismus und Theorie der Parteien. Argument-Sonderband 91. West-Berlin

Erziehung und Wissenschaft (E&W) Niedersachsen, 1/88

Haraway, Donna, 1987: Geschlecht, Gender, Genre. Sexualpolitik eines Wortes. In: Hauser, Kornelia (Hg.): Viele Orte. Überall? Feminismus in Bewegung. Festschrift für Frigga Haug. West-Berlin

Haug, Frigga (Hg.), 1983: Sexualisierung der Körper. Frauenformen 2. Argument-Sonderband 90. West-Berlin

dies., 1987: Eine Hausfrau im Widerstand kann keine Hausfrau sein. Notiz zur Kritischen Psychologie der Frauen. In: W.F.Haug/Pfefferer-Wolf (Hg.): Fremde Nähe. Festschrift für Erich Wulff. Argument-Sonderband 152. West-Berlin

Haug, Wolfgang Fritz, 1985³: Vorlesungen zur Einführung ins »Kapital«. West-Berlin

ders., 1988: Gorbatschow — oder Revolution wider die Apathiemaschine. In: Das Argument 170

Haug, Frigga, und Kornelia Hauser, 1985: Probleme mit weiblicher Identität. In: dies. (Hg.): Subjekt Frau. Kritische Psychologie der Frauen. Band 1. Argument-Sonderband 117. West-Berlin

dies. (Hg.), 1987: Der Widerspenstigen Lähmung. Kritische Psychologie der Frauen. Band 2. Argument-Sonderband 130. West-Berlin

Hauser, Kornelia, 1987: Strukturwandel des Privaten? Das »Geheimnis des Weibes« als Vergesellschaftungsrätsel. EPS 9. West-Berlin
Holzkamp, Klaus, 1983: Grundlegung der Psychologie. Frankfurt/M., New York
3. Internationales Russelltribunal (Hg.), 1978: Zur Situation der Menschenrechte in der Bundesrepublik Deutschland. Band 1. West-Berlin
Institut für marxistische Studien und Forschung, 1985: Berufsverbote. Neue Entwicklungen, Kritik, Erfahrungen des Widerstandes. Frankfurt/M.
Juhl, K., u.a., 1982: Psychische Belastung und ihre Verarbeitung angesichts drohenden Verlustes der beruflichen Existenz: Vom »Radikalenerlaß« Betroffene äußern sich in Tiefeninterviews. In: Mitteilungen der DGVT 4/1982
Markard, Morus, 1980: Berufsverbot als Konflikt zwischen Existenzbedrohung und Selbstverleugnung. In: Demokratische Erziehung 6
ders., 1981: Berufsverbote, Opportunismus, Subjektentwicklung. In: Forum Kritische Psychologie 8. Argument-Sonderband 66. West-Berlin
Meyer-Siebert, Jutta, 1985: Aspekte »subjektiver Befindlichkeit« unter den Bedingungen des (drohenden) Verlustes der materiellen Existenzgrundlage aus politischen Gründen. Eine empirische Untersuchung mit Betroffenen. Unveröffentlichte Diplomarbeit. Hamburg
Luxemburg, Rosa: Gesammelte Werke, Band 3 und 4. Berlin/DDR
Paech, Normann, 1978: Gesinnungsjustiz. Zur politischen Justiz der Radikalenverfolgung. In: Blätter für Deutsche und Internationale Politik 6. Köln
Spoo, Eckart, 1987: Was wäre, wenn es Dich träfe? Die Wirkungsweise eines angeblich nicht existenten Phänomens. In: Dammann/Siemantel (Hg.): Berufsverbote und Menschenrechte in der Bundesrepublik. Köln
Unsere Zeit, 30.6.1988
Weiss, Peter, 1981: Ästhetik des Widerstands. Band 3. Frankfurt/M.

Barbara Ketelhut und Susanne Schmidt

Literaturbericht

Bedeutet der Eintritt von Frauen in die parlamentarische Politik notwendig Teilhabe an Reformismus und politischer Bürokratie? Wie könnten sie so verändernd in die politischen Strukturen eingreifen, daß sie langfristige Perspektiven im Blick behalten und eine politische Umstrukturierung forcieren, die alle ins Politikmachen einbezieht? Wir werden im folgenden Aussagen von Parlamentarierinnen und Frauen aus den Bewegungen daraufhin untersuchen, welche Themen sie zur Frauenfrage erklären, in welcher Weise sie an den Alltag anknüpfen und welche Bedingungen sie für eingreifende Frauenpolitik vorschlagen.*

Die Situation im Deutschen Bundestag sieht so aus: Er besteht zu nur 15 % aus Frauen: CDU ca. 7,7 %, SPD ca. 16 %, Grüne ca. 56,8 % (NDR 3 vom 3.1.1988). Die Lage muß sich allerdings mit der Quotierung in der SPD dramatisch ändern.

Stellvertreterpolitik

Anders als noch vor vier bis fünf Jahren (vgl. Kempf 1984) rufen heute Parlamentarierinnen aus CDU und SPD Frauen dazu auf, in die Politik zu gehen. Ihr Vorschlag, daß Frauenfragen durch Frauen in der alten Parteiform geregelt werden sollen, ist allerdings noch wenig radikal. Die Berufspolitikerinnen stellen den Bereich, in dem sie täglich leben und arbeiten, weder von der Form (z.B. das Problem der »losgelösten« Existenz des Politischen von sonstigen Regelungen) noch von den Inhalten her grundsätzlich in Frage. Sie konzentrieren sich vornehmlich darauf, Unterstützung von Frauen zu fordern, d.h. mehr Frauen in die Berufspolitik zu agitieren. Mit Recht, denn immer noch gilt, daß jede »Frau in Bonn ... als Frau eine Herausforderung« (NDR 3, 6) darstellt. Die Frauen arbeiten im übrigen auf den »Linien« ihrer Parteien, z.T. gegen die Vorstellungen der männlichen Mitglieder, in einem hierarchisch organisierten Rahmen. Als Stellvertreterinnen der Frauen setzen sie sich für Gleichstellung der Geschlechter und Vereinbarkeit von Beruf und Familie ein.

* Wir stützen uns dabei auf Vorarbeiten eines Frauenseminars, in dem wir arbeitsteilig (einzeln und in kleinen Gruppen) die jeweiligen Bücher anhand eines Fragenkatalogs bearbeiteten und im Seminar zur Diskussion stellten.

Mit der Nominierung von *Rita Süssmuth* (1985) zur Familienministerin erkannte auch die konservative Regierungspartei Frauenfragen als parlamentsfähig an. Anders als noch ihr Vorgänger Blüm sucht Süssmuth nicht den Rückweg der Frauen in die Familie zu ebnen. Für sie stellt sich als allgemeines Frauenproblem: »Frauen werden gegenwärtig weder gleichberechtigt in den Arbeitsmarkt integriert noch hinreichend vom sozialen Netz aufgefangen. Klare Zukunftsperspektiven sind nicht erkennbar.« (1985, 13) Süssmuth streitet gegen die geschlechtsspezifische Arbeitsteilung im öffentlichen Bereich und setzt sich dort (ebenso wie Ballhausen u.a. 1986 vom Institut Frau und Gesellschaft, dem Süssmuth vorsteht) für die Gleichberechtigung der Geschlechter ein. Dabei konzentriert sie sich auf den Zugang zur Erwerbsarbeit.

Eindringlicher als Süssmuth fordern prominente SPD-Parlamentarierinnen die verstärkte Partizipation von Frauen an der Politik, an gesamtgesellschaftlich relevanten Entscheidungen. Frauen sollen die Macht ergreifen, nicht nur, weil jede der »exponierten Frauen in gehobener Position ... allein und isoliert« ist, wie die bayrische Bundestagsabgeordnete *Anke Martiny* (1986, 229) feststellt, sondern um überhaupt Verbesserungen für Frauen ermöglichen zu können: »Die Gesellschaft lebt von der Ausbeutung von Frauen und plant in ihr System eine wirkliche Verbesserung der Situation von Frauen nicht ein ... Daher begnügen sich viele Frauen nicht mehr mit einer formalen Gleichstellungspolitik, sondern wünschen eine radikale Veränderung der Gesellschaft zugunsten der Frauen.« (Randzio-Plath 1987, 229) Die Hamburger Bürgerschaftsabgeordnete und Vorsitzende der ASF, *Christa Randzio-Plath* (1987, 21), fragt nach gesamtgesellschaftlichen Veränderungen, die durch Frauen in der Politik initiiert werden und ihnen gleichzeitig eine Teilhabe an der Macht in allen gesellschaftlichen Bereichen ermöglichen könnten. Eine genaue Definition von Macht liefern beide Autorinnen nicht; Quotierung auf parteipolitischer und Frauenförderpläne auf wirtschaftlicher Ebene sollen nach Randzio-Plath Voraussetzung sein. Getragen werden soll das Ganze von den Frauenbewegungen durch Weiberräte und Frauennetzwerke, die mit ihren Erfahrungen und ihrem Wissen die parlamentarische Frauenpolitik unterstützen sollten. Mit diesem Konzept schlägt die Autorin eine Kooperation zwischen Partei und Bewegung vor, die zugleich eine solidarische Auseinandersetzung ermöglichen soll.

Mehr Frauen in der Politik

Süssmuth erwartet von den Frauen eine Politik, die stärker an den Bedürfnissen der Menschen orientiert ist, an der Erhaltung statt an der Zerstörung von Leben, da Frauen »aufgrund der besonderen Erfahrungen im Umgang mit Menschen, der häufigeren Gelegenheit zu intuitivem Denken und Spontaneität, diesen zentralen Aspekt des Ganzheitlichen wieder in das berufliche und öffentliche Leben einbringen.« (16) »Andere Qualifikationen« als die von Männern geforderten möchte *Randzio-Plath* im Parlament; Frauen hätten z.B. die Fähigkeit, sowohl sprechen als auch zuhören zu können, und seien »offener« als Männer; das könnte zu einer stärkeren Demokratisierung der Gesellschaft führen. Ihrer Meinung nach würden Frauen Abschied nehmen von der Zerstörung um des Profits willen, sie wären für Frieden und die Abschaffung von Atomwaffen. Erstaunlich bleibt die Hoffnung fast aller Autorinnen, Frauen, die bisher kaum Erfahrungen in der Politik gemacht haben, könnten — wenn man sie nur ließe und etwas unterstütze oder ihnen Mut mache — als solche die Gesellschaft verändern. So stellt sich für die Autorinnen kaum die Frage nach den Qualifikationen und Kompetenzen, derer es bedarf, um (Berufs-)Politik zu machen, sich in traditionell männlichen Strukturen durchzusetzen.

Süssmuth delegiert explizit einen Teil der gesellschaftlich zu lösenden Aufgaben an den privaten Ort der Geschlechterauseinandersetzungen (Erziehung und Haushalt sollen partnerschaftlich geteilt werden). Sie schafft aber auch eindeutige Verbesserungen für Frauen (z.B. finanzieller Art).

Im privaten Bereich reichen die Vorstellungen von *Randzio-Plath* am weitesten. Sie möchte »Erwerbsarbeit, Familie und soziale Existenz« für *beide* Geschlechter vereinbar machen, indem die Bedingungen in Wirtschafts- und Arbeitswelt, z.B. im Hinblick auf zeitliche Möglichkeiten, entsprechend verändert werden. Dafür fordert sie Unterstützung durch »die Einrichtung von Ministerien für Dienstleistungen, die den öffentlichen Auftrag für die Betreuung und Versorgung von Kindern und älteren, kranken, behinderten Menschen sowie die Auflösung der Privatisierung der Hauswirtschaft verdeutlichen sollen.« (151)

Gleichheit und Differenz

Gisela A. Erler (1985), Feministin und Mitglied der Grünen, streitet in ihrem Buch »Frauenzimmer« für »eine Politik des Unterschieds« zwischen den Geschlechtern. Von der Unfallstatistik im Straßenverkehr bis zu biologischer Fachliteratur und feministischer Theorie durchforstet sie die Materialien auf der Suche nach Ungleichheiten zwischen Mann und Frau, die ihrer Meinung nach bislang im Zuge von Gleichstellungspolitiken weder im Alltag noch in der Politik genügend berücksichtigt wurden. Entsprechend dem verwendeten Material sind auch die ausgemachten Unterschiede zwischen den Geschlechtern verrückt angeordnet. So spricht sie von hirnorganischen Unterschieden, die im Mathematikunterricht nicht zum Tragen kämen, ebenso wie von der »Entwicklung neuer Kooperationsformen und relativ hierarchiearmer Strukturen« (69), die vor allem der neuen Frauenbewegung zu verdanken und nur von Frauen initiierbar seien.

Erler kommt dabei auf gerade für den Politikbereich relevante Probleme, wenn sie feststellt, daß weibliche »Intuitivität« »schwer mit der heute gültigen Form der Öffentlichkeit zu vereinbaren« (69) sei. Daraus kann gelernt werden, daß weibliches Verhalten auch perspektivische Elemente enthält, aber nicht unmittelbar auf Bereiche übertragbar ist, in denen andere Regeln gelten als die, die Frauen sich angeeignet haben. Erler untersucht weder individuelle Vergesellschaftungsweisen, noch fragt sie nach den Folgen der vorgeführten Differenzen für feministische *Politik*. Ihre Betrachtungen enden mit einem Aufruf: »Ein gestalterisches Anerkennen der realen Unterschiede und dabei der ungeheuren weiblichen Fähigkeiten wäre ... ein Programm, das heute Reaktion und Fortschritt, beides Propheten einer ungebrochenen Industriekultur, zutiefst beunruhigen könnte.« (184)

Politik in Bewegung

Um Bewegungspolitik geht es in dem vom *Arbeitskreis Frauenpolitik* der Grünen herausgegebenen Buch »Frauen und Ökologie«, das den gleichnamigen Kongreß im Oktober 1986 dokumentiert. Das Buch verbindet feministische Theorie mit Politikvorschlägen. Einbezogen sind die sich nach Tschernobyl manifestierenden, grundlegenden Differenzen über Gesellschaftsanalyse und strategisches Vorgehen innerhalb der unterschiedlichen Gruppierungen in der Frauenbewegung.

Vertreterinnen der »Öko-Logik« (Mies, Bennholdt-Thomsen, Birk, Stöhr) deuten politische Ziele wie die Quotierung als Wunsch der Frauen, auf die Seite der Beherrscher zu gelangen. Eine Prüfung feministischer Grundsätze auf patriarchalische Verstrickungen hin zeige, daß die im Kampf um Quotierung enthaltene Emanzipationslogik Frauen implizit als rückständig gegenüber Männern begreife. Durch diese inhärente Fortschrittsideologie könne Frauenbefreiung innerhalb dieser Logik nur über weiteres industrielles Wachstum erfolgen, wenn nun auch die andere Hälfte der Menschheit (zumindest in der ersten Welt) die gleichen Möglichkeiten erhalten soll. Dem stellen die Autorinnen eine das Leben und die Bewahrung der Natur einbeziehende Frauenemanzipationsperspektive gegenüber. Diese müsse von der strukturellen Verknüpftheit der patriarchalischen Ausbeutung und Unterdrückung der »drei Kolonien« Frauen, Natur und Dritte Welt ausgehen. Der Emanzipationslogik folgend, könnten sich Frauen innerhalb dieses Geflechts nur auf Kosten der anderen beiden »Kolonien« befreien. Die konkrete Befreiungsperspektive, die von Mies u.a. vorgeschlagen wird, ist, die Versorgung aller Menschen auf sich selbst erhaltende, regionale Überlebenssysteme umzustellen. Abgesehen davon, daß das Leben auf einem vorindustriell organisierten, subsistenzwirtschaftlichen Kleinbetrieb mit schwerer körperlicher Arbeit mit harten Ausbeutungsstrukturen auf jeden Fall auch für Frauen einhergeht, scheitert dieser Ansatz auch daran, daß auf diesem Produktionsniveau nicht einmal die Hälfte der Menschheit überleben könnte.

Richtungweisend fanden wir an diesem Ansatz gleichwohl den Versuch, Vorschläge für konkrete Veränderungsstrategien im Alltag mit großen, das Weltwirtschaftssystem betreffenden Zielvorstellungen zu verbinden. Darin wird deutlich, daß Frauenunterdrückung kein Randproblem ist, sondern Grundstruktur der weltweiten gesellschaftlichen Krise, in der sich die Menschheit befindet. Ärgerlich ist deshalb, daß sich aus dieser theoretischen Verknüpfung der verschiedenen politischen Dimensionen nur solche Aktionsformen wie Konsumboykott ergeben, die für sich genommen nicht besonders effektiv sein können. Es wird zwar zu konkreter Handlung aufgefordert, die Durchführung bleibt jedoch jeder Frau einzeln überlassen. Die Vereinzelung, in der Frauen an den verschiedenen Orten ohnehin leben, wird dadurch sowohl gefestigt als auch aufgebrochen. Es entsteht eine Art ideeller Gemeinschaft. Wir brauchen aber breite reale politische Bündnisse, in denen wir Veränderungsstrategien entwickeln und nach Wegen suchen, diese durchzuführen.

Wo die Autorinnen in den Strategievorschlägen das fehlende Gemeinsame in der Vereinzelung von Frauen nicht als Problem erkennen, finden sie theoretisch das Merkmal »patriarchalisch-kapitalistisch ausgebeutet« ausreichend, um für Frauen und Menschen in der Dritten Welt eine gemeinsame Befreiungsperspektive zu suchen. Derart grobe Kategorien blockieren eher die mühsame Arbeit bei der Herausarbeitung von Interessen und Positionen, deren Gemeinsamkeiten, aber auch deren Unterschiede. Kleine Schritte sind es aber, die zu konkreten

Strategievorschlägen führen, in denen besonders Interessenunterschiede benannt werden müssen. Dies nicht zu sehen und die Frauenfrage mit der Lösung aller Menschheitsprobleme ineinszusetzen, bedeutet für Frauen in der ersten Welt, ihre Unterdrückung in den Industrieländern neben Umwelt- und Schuldenkrise erfahren zu müssen und sie daraufhin »einsichtig« wieder nur als nachrangiges Problem betrachten zu können.

Die Popularität des Ansatzes scheint daraus zu resultieren, daß mit der Selbstversorgungswirtschaft eine Perspektive aufgezeigt wird, den Problematiken von Tauschgesellschaften zu entgehen. Letztendlich ist der Ansatz Ausdruck der sich lähmend auswirkenden Schwierigkeit, im Moment, wo die Umweltkrise bereits ein Überleben der Menschheit und der Welt überhaupt bezweifeln läßt, dennoch feministische Strategien zu erarbeiten, die nicht bei der Aufhebung von Unterdrückungsepiphänomenen stehenbleiben, selbst wenn es ins Zurück geht.

Marxismus/Feminismus

Eine eindeutige Handlungsform zur Aufhebung der Geschlechterhierarchie stellen auch die Frauen des *Instituts für marxistische Studien und Forschungen* (IMSF) vor. Indem sie weiter daran festhalten, daß letztlich im Privateigentum Ursprung und Ursache der Frauenunterdrückung zu finden ist, bleibt für sie die Revolutionierung der Eigentumsverhältnisse einzige Hoffnung für die Beseitigung dieses Unterdrückungszusammenhangs. Ihre Auseinandersetzung mit feministischen Positionen wird auf dieser Basis zu einer widersprüchlichen Gratwanderung, in der sich hinterrücks das Problem von einer differenzierten Analyse des Geschlechterverhältnisses hin zur Rettung der »reinen« Lehre verschiebt. Weil feministische Ansätze durchweg als Angriff auf den Marxismus gewertet werden, werden sie entweder als Adhoc-Theorien und Mißverständnisse abqualifiziert bzw. als unberechtigte Kritik zurückgewiesen, oder es wird »belegt«, daß deren Erkenntnisse bereits in den Klassikern enthalten sind. Dabei ergeben sich logische Brüche, z.B. wenn der feministischen Kritik an der Vernachlässigung der Frauenfrage ein realer Kern zugesprochen wird (174), der jedoch historisch zu rechtfertigen sei, weil sich zur Zeit von Marx und Engels die proletarische Familie noch nicht in dem Ausmaß wie heute konstituiert habe. Hieraus und aus der Betonung, daß die marxistische Lehre als ein Denkangebot zu begreifen sei — es also nicht darum ginge, jede einzelne Aussage zu verteidigen (113) —, wird dann aber nicht gefolgert, daß aus dieser feministischen Kritik etwas für die marxistische Theorie gelernt werden kann. Durch die bloße Aneinanderreihung von Klassikerzitaten wird der Marxismus zum überhistorischen Dogma. Die implizite Ablehnung eines theoretischen Reagierens auf historische Veränderungen in diesem Gefecht, das die Frauenfrage unter monokausal wirkende ökonomische Prinzipien subsumiert, untergräbt damit mögliche Anknüpfungspunkte politischen Handelns. Dies wird deutlich bei der Zurückweisung, den Familienlohn — als historisch berechtigte Forderung der Arbeiterbewegung — heute als Diskriminierung der Frau erneut zu thematisieren. Dies sei theoretisch nicht gerechtfertigt und lenke politisch von den wesentlichen Aufgaben der Arbeiterbewegung ab (147). Deshalb bleibt unmöglich für die Frauenbewegung eine Handlungsstrategie zu entdecken, die sich nicht vollkommen mit der der Arbeiterbewegung deckt, denn durch die reine ökonomische Bedingungsanalyse des Geschlechterverhältnisses sind die Anknüpfungspunkte politischen Handelns im kulturellen Bereich verbaut.

Schwierigkeiten einer solchen Herangehensweise an die Frauenfrage stellt *Barrett* heraus. Durch die Beschränkung auf ökonomische Faktoren fielen die ideologischen Praxen aus der Analyse heraus. Gedanken und Wünsche von Frauen könnten dann höchstens als Effekt der Ökonomie betrachtet werden. Um auch die Eigentätigkeit von Frauen an der Reproduktion ihrer Unterdrückung zu fassen und für politische Veränderung zu öffnen, sei eine Subjektanalyse notwendig. Auch sie hält daran fest, daß frauenpolitische Ziele mit einer allgemeinen sozialen Befreiung verbunden sind, führt jedoch vor, wie feministische und marxistische Theorien produktiv miteinander verknüpft werden können. Zudem wendet sich Barrett nicht gegen die Möglichkeit einer Verbesserung der Situation der Frauen bereits im Kapitalismus. Problematisch ist, daß es ihr zwar gelingt, die verschiedenen feministischen Debatten und Streitpunkte zu vermitteln und innerhalb dieser Vorstellung ihre eigene Position zu verdeutlichen. Sie kommt hierdurch aber nur dazu, verschiedene wichtige Elemente einer sozialistisch-feministischen Zugangsweise herauszustellen, schafft es aber selbst nicht, diese zu verbinden und so die eigene Theorie weiterzuentwickeln.

Literatur

Ballhausen, Anne, Uta Brandes, Marva Karrer und Robert Schreiber, 1986: Zwischen traditionellem Engagement und neuem Selbstverständnis — weibliche Präsenz in der Öffentlichkeit. Eine empirische Untersuchung zur politischen und sozialen Partizipation von Frauen. Bielefeld

Barrett, Michèle, 1983: Das unterstellte Geschlecht. Umrisse eines materialistischen Feminismus. West-Berlin

Die Grünen, AK Frauenpolitik (Hrsg.), 1987: Frauen und Ökologie. Gegen den Machbarkeitswahn. Köln

Erler, Gisela A., 1985: Frauenzimmer. Für eine Politik des Unterschieds. West-Berlin

Frauenarbeitskreis beim IMSF (Hrsg.), 1985: Patriarchat und Gesellschaft. Beiträge zur Geschichte der Frauenunterdrückung, zu Reproduktionsbereich und Hausfrauisierung. Frankfurt/M.

Kempf, Ursula, 1984: Frauenpolitik — Ein Literaturbericht. In: Projekt Sozialistischer Feminismus: Geschlechterverhältnisse und Frauenpolitik. Argument-Sonderband 110. West-Berlin

Martiny, Anke, 1986: Wer nicht kämpft, hat schon verloren. Frauen und der Mut zur Macht. Reinbek

NDR 3: Grüne Hexen, rote Heide, lovely Rita? — Frauen in der Politik (von Jutta Brinkmann und Cornelia Benninghoven). Sendung vom 3.1.1988

Randzio-Plath, Christa, 1987: Frauenmacht — Ausweg aus der Krise. Köln

Süssmuth, Rita, 1985: Frauen — der Resignation keine Chance. Düsseldorf

Zu den Autorinnen

Frigga Haug (1937), Hamburg und West-Berlin, lehrt an der Hochschule für Wirtschaft und Politik in Hamburg, forscht über Automation, Frauenbewegung und Frauensozialisation. Sie ist Herausgeberin der Zeitschrift *Das Argument* und Mitglied der *Argument*-Frauenredaktion.

Kornelia Hauser (1954), Bielefeld, lehrt und forscht an der Universität Bielefeld und an der Universität Hamburg. Ihre Themen sind weibliche Vergesellschaftungsformen und das Verhältnis von öffentlich und privat. Sie ist Mitglied der ÖTV und der *Argument*-Frauenredaktion.

Barbara Ketelhut (1956), Hamburg, Diplom-Soziologin, wissenschaftliche Mitarbeiterin im Projekt »Beschäftigungschancen alleinstehender Frauen« an der Hochschule für Wirtschaft und Politik in Hamburg, forscht zu Zusammenlebensformen, Marxismus/Feminismus, Politik des Sozialen. Sie ist Mitglied in der ÖTV, der *Argument*-Frauenredaktion und der Feministischen Universität Hamburg.

Jutta Meyer-Siebert (1947), Hannover, Diplom-Psychologin, Pädagogin, ist Mitglied in der GEW, der Deutschen Friedensunion (DFU) und der *Argument*-Frauenredaktion.

Susanne Schmidt (1964), Hamburg, studiert Politikwissenschaften.

Frauke Schwarting (1962), Hamburg, studiert Soziologie, ist Mitglied der Feministischen Universität Hamburg.

Eva Stäbler (1955), Hamburg, Mitarbeiterin im Argument-Verlag, ist Mitglied der GEW, der *Argument*-Frauenredaktion und der Feministischen Universität Hamburg.

Ellen Woll (1946), Hamburg, Diplom-Sozialökonomin, arbeitet als Bildungsreferentin an der DGB-Bundesschule in Hattingen im SoTech-Projekt »Arbeit und neue Technik«. Sie ist Mitglied der ÖTV und der *Argument*-Frauenredaktion.

Die Szenen sind von: Gudrun Boveland, Frigga Haug, Frauke Schwarting, Eva Stäbler, Anke Tampke.